Pandemia e Sociedade

Reflexos da COVID-19 na institucionalidade contemporânea

João Paulo Allain Teixeira
(organizador)

EDITORA MERAKI

ISBN: 978-65-990-7757-9
Acompanhamento editorial Leonam Liziero
Diagramação Mateus Souza
Capa Claudio Damasceno
Imagem de capa: "O antes" (2020), de Lia Testa - (Colagem feita à mão)
@liatesta_colagista

T266   Teixeira, João Paulo Allain
        Pandemia e Sociedade: Reflexos do Covid-19 na
institucionalidade contemporânea/ João Paulo Allain Teixeira (Org.).
Andradina: Meraki, 2020.
        Bibliografia
        ISBN 978-65-990-7757-9
        1. Pandemia 2. Sociedade 3. Covid-19
        1. Título
        CDU – 316.4   CDD – 303.485

SUMÁRIO

Autores

ALESSANDRA LIGNANI DE MIRANDA STARLING E ALBUQUERQUE
Mestre em Direito Empresarial pela Faculdade de Direito Milton Campos
(FDMC), Especialista em Direito Civil e Processual Civil pela Universidade
Gama Filho, Graduada em Direito pela Universidade Federal do Espírito
Santo, Professora de Direito Empresarial na Faculdade de Direito de
Vitória (FDV), Advogada atuante na área empresarial. E-mail:
alessandralmsa@gmail.com.

ALINE VENUTTO
Advogada, Escritora, Especialista em Processo Judicial Eletrônico - PJe, Pós
Graduada em Direito Público pela Universidade PUC Minas/Praça da Liberdade,
Membro Efetivo da Academia Corintiana de Letras, Palhaça Humanitária - Grupo
Doutores Palhaços de Belo Horizonte.

AMANDA PORCIÚNCULA TEIXEIRA BASTO
Mestranda em Direito pela Universidade Católica de Pernambuco. Aluna
do curso de Pós-Graduação em Direito Médico e Saúde Suplementar pelo
Instituto Luiz Mário Moutinho. Bacharela em Direito pela Universidade
Católica de Pernambuco. Advogada no escritório Castro Numeriano
Dantas Advogados. Email: amanda_ptb@hotmail.com.

ANA FLÁVIA SILVA LIMA
Graduanda em Direito pela Universidade Estadual do Sudoeste da Bahia
(UESB). Discente no Programa de Iniciação Científica da UESB –
PIC/UESB. Membra da Clínica de Direitos Humanos da UESB
(CDH/UESB). Integrante do NEDIC – Núcleo de Estudos de Direito
Contemporâneo. Diretora de Pesquisa e Extensão do Centro Acadêmico
Ruy Medeiros – Direito/UESB.

ANA KELLY ALMEIDA DA COSTA
Assistente Social com atuação na 2ª Vara de Violência Doméstica e Familiar
contra a Mulher (TJPE) e no Juizado Especial Criminal do Idoso
(Ministério Público de Pernambuco). Pós graduada em Associativismo e
Cooperativismo pela UFRPE; MBA em Gestão do Ministério Público -
UPE. E-mail: ana.kelly@tjpe.jus.br; ana.kelly0202@gmail.com

ANA PAULA DA SILVA SOTERO
Advogada. Mestranda em Direito pela Universidade Federal da Bahia -
UFBA. Especialista em Direito Penal e Processual Penal pelo Instituto
Brasil de Ensino - IBRA. Especialista em Criminologia pela Faculdade de

Paraíso do Norte - FAPAN/UNIBF. Pós-graduanda em Direitos Fundamentais e Justiça, com ênfase na linha de Justiça Restaurativa e Teorias Contemporâneas do Direito Penal pela Universidade Estadual do Sudoeste da Bahia - UESB. Graduada em Direito pela Universidade Estadual do Sudoeste da Bahia - UESB. Professora de Direito Penal e Jurisdição Constitucional da Faculdade Santo Agostinho de Vitória da Conquista – FASAVIC. Coordenadora do Núcleo de Investigação e Produção Científica da Faculdade Santo Agostinho de Vitória da Conquista – FASAVIC. Membro do grupo de pesquisa Culpabilidade, Vulnerabilidade e Seletividade Penal (CNPq).

BÁRBARA TEIXEIRA BORGES
Mestranda em Direito pela Universidade Católica de Pernambuco. Especialização em Direito Público pela Universidade Anhanguera. Advogada.

BEATRIZ SOUTO ORENGO
Mestranda em Direito pela Universidade Católica de Pernambuco. Pós-graduanda em Direito Civil pela PUC/MG. Bacharela em Direito pela Universidade Católica de Pernambuco. Advogada. E-mail: beatrizsorengo@gmail.com

CHARLOTTH BACK
Professora no Departamento de Relações Internacionais da Universidade Federal Rural do Rio de Janeiro; Doutora em Ciências Jurídicas e Políticas; Advogada

FELIPE VINÍCIUS CAPARELI
Acadêmico de Direito da Universidade Federal de Ouro Preto (UFOP), foi monitor das disciplinas de Teoria da Constituição, na Universidade Federal de Lavras (UFLA). Realizou mobilidade acadêmica para a Universidade de Brasília (2017-2018), oportunidade em que foi monitor das disciplinas de Teoria Geral do Estado (UNB) e Sociologia Jurídica (UNB). E-mail: caparelifelipe@gmail.com

FILIPE EDUARDO MACEDO DE MENEZES
Mestrando em Direito (UNICAP), especialista em Direito Civil e Empresarial (UFPE), Advogado.

FREDERICO C. MENDONÇA
Bacharel em Direito pela Universidade Federal de Pernambuco- UFPE. Advogado Empresarial e Trabalhista. Crítico de cinema. E-mail: fredmendonca.adv@gmail.com.

HELDER FELIPE OLIVEIRA CORREIA
Doutorando, Mestre e Graduado em Direito pela Universidade Católica de Pernambuco (UNICAP). Professor de Direito Constitucional do Centro Universitário Barros Melo/UNIAESO e da Faculdade Nova Roma. Membro da Comissão de Estudos Constitucionais e Cidadania da Ordem dos Advogados do Brasil, Seccional Pernambuco. Bolsista do PROSUP/CAPES.

JACSON SANTOS CUPERTINO
Advogado, pós graduado em ciências criminais pela LFG/UNIDERP.

JANAÍNA REZENDES NUNES
Mestra em Gestão de Políticas Públicas pela UNIVALI (2019). Professora Permanente da Faculdade Sinergia no Curso de Direito. Advogada. E-mail: jana.jri@gmail.com

JOÃO HENRIQUE LUTTMER
Graduando em Direito pela Universidade Federal do Rio Grande (FURG). Membro pesquisador do Grupo de Estudos e Pesquisas em Direito Constitucional e Violência. Email: joaoluttmer@gmail.com.

JOÃO PAULO ALLAIN TEIXEIRA
Doutor em Direito pela Universidade Federal de Pernambuco – UFPE (2005) Mestre em Direito pela Universidade Federal de Pernambuco – UFPE (2000). Master em Teorias Críticas do Direito pela Universidad Internacional de Andalucía, Espanha (1998). Professor Adjunto da Universidade Federal de Pernambuco. Professor do Programa de Pós-Graduação em Direito da Universidade Federal de Pernambuco – UFPE. Professor do curso de graduação em Direito e do Programa de Pós-Graduação em Direito da Universidade Católica de Pernambuco. Estágio de pesquisa Pós-Doutoral no CES- Centro de Estudos Sociais da Universidade de Coimbra, Portugal (2018). Líder do grupo de pesquisa Recife Estudos Constitucionais REC - CNPq. Bolsista de Produtividade em Pesquisa (CNPq).

JULIANA MORAES LEITE
Graduanda de Direito na Universidade Federal da Paraíba. E-mail: jumoraesl@outlook.com

JULLYANNE ROCHA SÃO PEDRO
Psicóloga clínica e bacharela em Direito pela Universidade Federal de Campina Grande – UFCG. Doutoranda em Psicologia pela Universidade Federal do Rio Grande do Norte – UFRN. Mestra em Psicologia da Saúde

pela Universidade Estadual da Paraíba – UEPB. Membro associada do grupo de pesquisa "Política, Produção de subjetividade e Práticas de resistência" – UFRN. Idealizadora do Afetos Espaço Terapêutico. Contato: jullyanne.rocha@gmail.com.

LEONARDO BOCCHI COSTA
Graduando em Direito pela Universidade Estadual do Norte do Paraná (UENP), Campus Jacarezinho/PR; Pesquisa sobre Direito Constitucional e Direitos Fundamentais; E-mail: leonardo.bocchi@hotmail.com; Currículo Lattes: http://lattes.cnpq.br/1266896615620006

LISANGELA DE SOUSA SANTOS
Mestranda em Direito Processual Civil pela Universidade Católica de Pernambuco. Especialista em Direito Civil Direito Processual Civil pela Escola Judicial de Pernambuco – ESMAPE (2019). Possui graduação em Direito pela Faculdade Integrada do Recife (2007) Atualmente atuando no cargo de assessora de Desembargador do TJPE desde 2015. Pesquisadora Voluntária do PlacaMãe.Org..

LORENNA CANTANHEIDES DOS SANTOS
Graduanda em Direito pela Faculdade de Direito de Vitória (FDV). E-mail: lorennacantanheides@gmail.com

LUCAS MIGUEL MEDEIROS DE OLIVEIRA SANTOS
Mestrando em Direito pela Universidade Católica de Pernambuco (UNICAP), na linha de pesquisa Processo, Hermenêutica e Efetividade dos Direitos. Advogado.

LUCIANA GODOY DE MELLO MOTTA
Mestranda em Direito pela Unicap, Pernambuco, pós-graduada em Civil e Processo Civil pela Escola de Magistratura de Pernambuco - ESMAPE, advogada.

LUCIANA SANTOS SILVA
Advogada, professora do curso de Direito da UESB, doutora pela PUC/SP, coordenadora da Clínica de Direitos Humanos da UESB e líder do grupo de pesquisa: Direitos Humanos, Democracia e Discurso Contra Hegemônico.

MARIA AURORA MEDEIROS DE LUCENA COSTA
Mestranda no Programa de Pós-Graduação em Ciências Jurídicas pela Universidade Federal da Paraíba. Bolsista CAPES/DEMANDA SOCIAL. Editora-Assistente da Revista Prim@ Facie (Revista do PPGCJ). Graduada

em Direito pela Universidade Federal de Campina Grande. E-mail: auroramedeiroslc@gmail.com

MARIA JÚLIA POLETINE ADVINCULA

Advogada (OAB/PE). Pós-graduanda em Direito da Mulher (UniDBSCO). Pesquisadora militante em gênero e violência doméstica. E-mail: juliapoletine@gmail.com.

MARIA RUTHYELE FERREIRA DO NASCIMENTO GONZAGA

Acadêmica de direito do 7º período, cursando na Faculdade Cesmac do Agreste - Arapiraca/AL.

MATHEUS BARBOSA RODRIGUES

Advogado militante na área de Privacidade e Proteção de Dados e Direito à Saúde. Mestrado em andamento na Universidade Católica de Pernambuco (UNICAP). Pós graduação em andamento em Direito da Saúde e Saúde Suplementar na Universidade de Pernambuco (UPE). Bacharel em Direito pela UPE.

NATHÁLIA BORGES BARRETO MELO

Graduanda em Direito pela Universidade Estadual do Sudoeste da Bahia (UESB). Membra do NEDIC – Núcleo de Estudos de Direito Contemporâneo

PÂMELLA GIUSEPPINA PARISI COSTA

Mestranda em Direito pela Universidade Católica da Pernambuco. Especialista em Direito Público. Procuradora municipal efetiva. Advogada. E-mail: pamellaparisi@gmail.com

RACHEL PEREIRA DIAS CALEGARIO

Especialista em Direito Civil pela Pontifícia Universidade Católica de Minas Gerais (PUC-MG), Bacharel em Direito pela Faculdade Multivix - Cachoeiro de Itapemirim-ES, Professora de Metodologia da Pesquisa Científica e Filosofia das Religiões (CETEBES), Bacharel em Sistemas de Informação pela São Camilo - ES, Especialista em Educação Profissional e Tecnológica pelo IFES/ES, Especialista em Psicopedagogia Clínica e Institucional pela São Camilo – ES, Especialista em Informática Educativa pela Pontifícia Universidade Católica de Minas Gerais (PUC/MG), Bacharel em Sistemas de Informação, pela São Camilo – ES, Licenciada em Pedagogia pelo Centro Universitário São Camilo - ES.

RAYANN KETTULY MASSAHUD DE CARVALHO

Bacharel em Direito pela UFLA. Mestre em Direito pela UFMG.Membro do Núcleo de Estudos Direito, Modernidade e Capitalismo (UFMG) e do Grupo de Pesquisa Trabalho e Capital (UFMG). E-mail: rayannkmassahud@gmail.com

RENATO DURO DIAS
Pró-Reitor de Graduação da Universidade Federal do Rio Grande (FURG) vinculado a esta universidade como Professor da Faculdade de Direito, da Especialização em Educação em Direitos Humanos e do Programa de Pós-Graduação em Direito - Mestrado em Direito e Justiça Social. É Doutor em Educação com período de doutoramento sanduíche na Universidade de Lisboa, Portugal. Membro do Banco de Avaliadores do INEP/MEC. Foi Coordenador do Curso de Graduação em Direito (FURG). Atuou como Coordenador do Centro de Referência em Direitos Humanos - CRDH/FURG. Professor Visitante no Instituto de Educação da Universidade de Lisboa. Codiretor da Revista Pedagogía Universitária y Didáctica del Derecho, Facultad de Derecho, Universidad de Chile. Advogado. Diretor Regional Sul da ABEDi. Associado ao CONPEDI, a ABEDi, e a ABJD. É Vice-líder do Laboratório Imagens da Justiça - Grupo de Pesquisa do CNPq.

RICARDO MAURÍCIO FREIRE SOARES
Pós-Doutor em Direito pela Università degli Studi di Roma La Sapienza, Università degli Studi di Roma Tor Vergata e Università del Salento. Doutor em Direito pela Università del Salento/Universidade de São Paulo. Doutor em Direito Público e Mestre em Direito Privado pela Universidade Federal da Bahia. Professor dos Cursos de Graduação e Pós-Graduação em Direito da Universidade Federal da Bahia (Mestrado/Doutorado). Pesquisador vinculado ao CNPQ. Membro da Academia de Letras Jurídicas, do Instituto dos Advogados Brasileiros, do Instituto dos Advogados da Bahia e do Instituto de Direito constitucional da Bahia.

ROBERTA OLIVEIRA LIMA
Doutora em Ciências Jurídicas e Sociais pela Universidade Federal Fluminense (2018). Mestre em Gestão de Políticas Públicas pela UNIVALI (2012). Professora (UNESA/RJ). Advogada.

SORAYA MEIRA CAVALCANTI
Graduanda de Direito na Universidade Federal da Paraíba. E-mail: sorayamcavalcanti@gmail.com.

TIAGO CISNEIROS BARBOSA DE ARAÚJO
Mestrando em Direito (linha de pesquisa: Processo, Hermenêutica e Efetividade dos Direitos) pela Universidade Católica de Pernambuco. Pós-

graduado em Direito Civil-Constitucional e Processo Civil pela Faculdade Damas. Graduado em Direito pela Universidade Federal de Pernambuco. Graduado em Jornalismo pela Universidade Católica de Pernambuco. Advogado

TIRZA NATIELE ALMEIDA MATOS
Graduanda em Direito pela Universidade Estadual do Sudoeste da Bahia (UESB). Discente no Programa de Iniciação Científica da UESB – PIC/UESB. Membra do IBDU - Instituto Brasileiro de Direito Urbanístico. Integrante do NAJA – Núcleo de Assessoria Jurídica Alternativa. Membra do NEDIC – Núcleo de Estudos de Direito Contemporâneo. Integrante do GPDS - Grupo de Pesquisa Direito e Sociedade.

VICTOR DE LEMOS PONTES
Mestrando em Direito pela UNICAP. Pós-Graduando em Direito Penal e Direito Processual Penal pela faculdade Damas. Advogado (OAB/PE). E-mail: victorpontesdireito@hotmail.com

WILSON SERAINE DA SILVA NETO
Pós-graduando em Direito Constitucional pela Academia Brasileira de Direito Constitucional (ABDConst). Advogado inscrito na OAB/PI sob o nº 19.360. E-mail: wssneto@hotmail.com

YASMIN YANNAH BEZERRA AZEVÊDO
Graduanda de Direito na Universidade Federal da Paraíba. Email: yasmin.yannah@outlook.com

Pandemia e mobilização social: uma apresentação

Desde o advento da pandemia provocada pelo vírus SARS-COV-2 e a percepção dos seus efeitos, os diversos campos do saber médico-farmacêuticos estão mobilizados em torno da compreensão dos processos de contágio, prevenção e cura da COVID-19. Diante dos múltiplos esforços - até o momento não existe disponibilidade de vacinas e nem mesmo certeza de tratamentos comprovadamente eficazes - o impacto da emergência sanitária haverá de marcar este início do Século XXI. Na área das ciências sociais a COVID-19 trouxe uma ampla agenda de debates e reflexões cuja riqueza temática evidencia um nível de inquietação poucas vezes registrado na História contemporânea. Para entender os desdobramentos decorrentes da crise sanitária os mais diversos centros de pesquisa, universidades e programas de pós-graduação encontram-se nos últimos meses envolvidos na difícil tarefa de análise e compreensão dos impactos da pandemia sobre a vida das pessoas. Em um mundo plural e multifacetado, com diferentes dinâmicas sociais, políticas e econômicas, o campo analítico é significativamente amplo e oferece uma multiplicidade de olhares cujo potencial de envolvimento dos diferentes campos de pesquisa oferece reiterados convites à exploração.

O presente livro nasce no contexto dos debates havidos em torno da pandemia no âmbito da disciplina "Lógica do Procedimento Jurídico" conduzida por mim nos cursos de Mestrado e Doutorado do Programa de Pós-Graduação em Direito da Universidade Católica de Pernambuco (PPGD/UNICAP). Com a decretação da quarentena e a suspensão das aulas presenciais, os encontros da disciplina migraram para as plataformas virtuais. Com a elevada demanda por "lives", "webinars" e afins, percebi que o espaço da pós-graduação seria um locus privilegiado para o desenvolvimento de estudos interdisciplinares. A partir do universo jurídico, debatemos com os alunos os efeitos sociais da pandemia e lancei o desafio de, em um mês, construirmos juntos uma obra coletiva. O projeto extrapolou o espaço da sala de aula e recebeu preciosas contribuições provenientes de diferentes centros de pesquisa social do país, resultando em um panorama que evidencia a dimensão dos desafios do nosso tempo. O livro dialoga com um conjunto de outros textos e coletâneas produzidos no primeiro semestre de 2020 inscrevendo-se no âmbito das investigações conduzidas pelo grupo Recife Estudos Constitucionais (REC-CNPq) e pela Clínica Interdisciplinar de Direitos Humanos da UNICAP. Agradeço a todas as pessoas que contribuíram positivamente para a realização do projeto, particularmente Ezilda Melo, Raquel Sparemberger, Lia Testa e Leonam Liziero. Agradeço também aos autores pela parceria e pelas importantes contribuições. Ao leitor, desejo bons momentos de reflexão.

Da quarentena,

João Paulo Allain Teixeira
Recife, junho de 2020

O desconhecido porvir da Covid-19: um olhar através do Direito e da Literatura

ALINE VENUTTO

Ano de 2020, um ano que como todos os demais, nasceu cheio de grandes expectativas, grandes sonhos e promessas de efetivas mudanças. A festa mais esperada do ano chega, saímos às ruas, em blocos politizados, gritando por igualdade, defendendo minorias, e pregando um mundo de muito mais amor por favor. Mas "todo carnaval tem seu fim", e assim explode em uníssono: agora sim o ano começou. E o que era para ser um "start" se transmutou em um completo "rest".

E quando bailam permeando a cena: a sociedade, os cidadãos, valores, saúde, educação, vidas, economia, garantias e direitos-deveres, o regente desse acontecimento tão real e palpável, não poderia ser outro que não o Ordenamento Jurídico.

Hoje, são aproximadamente 80 dias de isolamento social, de medidas radicais de distanciamento, de comércios, escolas e tudo mais fechados, e ainda assim, não podemos dizer de uma concretização em termos do melhor direito a ser aplicado. A ciência jurídica, limita e funciona, agora de forma mais evidente como a deontologia que é, como a ciência do "dever ser", conformando as escolhas moralmente necessárias para tomada de decisão. Mas tomadas por quem? Partindo de qual lugar de fala? De qual lugar humano desse turbilhão social? E de quais necessidades morais tratar e priorizar?

Diante de tudo que estamos vivenciando, fica claro a dinamicidade do Direito que tende e tenta, acompanhar a mutação e as necessidades sociais que vem sendo impostas pela sucessão de novos fatos, ainda não abarcados pelo ordenamento vigente até então. Assistimos a um possível colapso, mas vemos, acima de tudo, também o descortinar de novas redefinições (com a maior permissão concedida pelo pleonasmo na literatura para demonstrar tamanho vigor) humanas, particulares, coletivas, sociais e culturais. É nesse espaço fronteiriço que o COVID-19 nos coloca, nesse lugar de tencionamentos, atitudes, estudo e de uma transform(ação).

Os efeitos do COVID-19 são até então incalculáveis, o dia de amanhã é um porvir incerto e desconhecido para todos nós. Existem teorias, estudos e análises de muitos profissionais competentes de várias áreas, mas, hoje, cabe-nos um passo de cada vez.

Sabemos que, distantes fisicamente, estamos direta e proporcionalmente ligados uns aos outros, e colaborando para que este momento passe da forma menos agressiva possível para todos. A escolha de conduta e atuação de cada um, afeta o próximo, empaticamente estamos cuidando dos outros ao nos amar, e ao cuidar de nós mesmos. Venceremos se aceitarmos a nossa condição de teia-humana, onde a consequência dos atos individuais sempre é para o todo, sempre atinge a coletividade.

A declaração da OMS, na primeira quinzena de março do corrente ano, decretando oficialmente a pandemia mundial, gerou e gera inúmeros impactos, em várias cearas institucionais, sociais e humanas. Contudo, principalmente no judiciário que, precisou de imediato normatizar lacunas existentes, não percorridas anteriormente, bem como também, regulamentar uma legislação transitória, para que enfrentássemos o momento com o máximo de segurança e menor concussão possível.

Estamos diante de uma situação totalmente atípica, de pleno desconforto, risco e reflexos que não são passiveis de mensuração. Há posto um desafio enorme tanto para as autoridades que precisam gerir toda a engrenagem governamental, quanto para toda a população que precisa executar as medidas de suspensão e isolamento. Um povo que precisa se manter vivo, em casa e, sobreviver com seus comércios fechados, e possivelmente com sua fonte de renda cortada. Somam-se, forças externas e internas da máquina do Estado, para uma superação inédita, e que ainda não sabemos como alcançar, ou qual caminho percorrer para que assim possamos dizer, superamos.

O povo que num Estado Democrático de Direito, como o nosso, sempre foi o elemento legitimador do poder, hoje, é para além disso, é quem executa e faz realmente acontecer o que chamam na área da saúde de "achatamento da curva" da doença. Única arma existente e viável até então. Nossa força agora, diz mais do que os direitos políticos constitucionalmente assegurados, diz da capacidade humana de compreensão, e de uma responsabilidade responsável advinda da consciência de uma universidade.

O cenário é de completa urgência mundial, e assim as exigências emergem simultaneamente e violentamente para a análise e ação imediata do Poder Público. As medidas de contenção, repressivas, preventivas, provisórias e muitos mais desdobramentos, que precisam ser tomadas, não são abarcadas pelo ordenamento existente no âmbito do Direito Administrativo Público, que se vê ineficaz, e puramente ineficiente. O estado pandêmico exige medidas novas, e excepcionais, em consonância ao que vivemos neste período.

E diante de todo o caos, se apresenta, a importância de mitigar todas essas necessidades e mecanismos a serem desenvolvidos, ao princípio da legalidade. Princípio que diz, que a Administração Pública somente pode atuar mediante autorização legal, caracterizando a subordinação da administração à vontade popular, configurada pelo exercício do agente público e da administração pautado pela vontade coletiva-comum, e não pela vontade própria.

Além deste princípio maior, ou de maior impacto agora, temos ainda de mesma repercussão, os princípios da impessoalidade, moralidade, publicidade e eficiência. Se analisássemos somente esses cinco princípios regentes da Administração Pública, na situação de completa urgência que vivemos já nos defrontamos com lacunas imensas, que abarcariam milhares de vidas humanas, no período de tramitação e tomada de decisão.

Não obstante a tudo isso, e ainda em caráter de uma premissa maior (se assim podemos falar), existem os Princípios Constitucionais, que fornecem base para todo o ordenamento jurídico brasileiro. Possuindo função ordenadora e ação imediata, atuando como critério de interpretação e de integração, fomentando e alimentando a coerência do sistema.

O modelo estatal vigente tem como supedâneo, a democracia, e desta forma, consagra a proteção dos direitos fundamentais e da dignidade da pessoa humana, que são sem sombra de dúvidas, os substratos de formação da nossa Constituição Federal. Nessa "nova era" (ainda anterior ao COVID-19), através da reforma administrativa, já vigorava a preeminência da concertação sobre a imposição nas relações de poder entre a sociedade e o Estado. Assistíamos uma passagem gradual e em fase de implementação, da Administração Pública Unilateral para a Administração Pública Consensual, o que é amplamente marcado pela conciliação entre eficiência do agir estatal com a garantia dos direitos fundamentais da pessoa humana.

É preciso considerar que, é a partir desse momento que o Estado passa a se preocupar com o ser humano, como cidadão. Quando dizemos de uma administração pública de concertação ou consensual, referimos a formas democráticas participativas do governo.

O recurso da consensualidade, vinha flexibilizando a atuação da administração e viabilizando soluções de casos atípicos, assim como o uso incessante desses mesmos instrumentos, implicaria na desconsideração do poder extroverso do Estado. Este poderia sim, ser um caminho que estava no porvir passado, que serviria no cenário atual como uma das possibilidades a serem usadas.

Por não ser objeto desse palavrear de agora, não verticalizaremos as análises e discussões sempre muitíssimo fundamentadas sobre os posicionamentos doutrinários, jurisprudenciais, teóricos e afins, entre princípios constitucionais, normas, necessidade moral, da validade deles como lei, e mais inúmeros outros desdobramentos. Abriremos mão nesse nosso texto-diálogo, de conceitos condicionantes, de regramentos, normativos, de todo o rastro forte de uma dogmática dura, fria e rígida vivida historicamente pelo Direito. Para dizer, do que realmente estamos vivendo, do que realmente precisamos agora: das questões humanas, questões da condição de uma existência humana, que numa presença tão ausente, nos mostra o quão carentes estamos.

São inúmeras mudanças com as quais precisaremos lidar, aprender e nos moldar. Um ato de pertença ao constante refazimento do homem enquanto ser em sociedade. E ato contínuo a isso, como móvel e consequência, o Direito se faz mutável, não estando nunca pronto, feito, e efetivamente consolidado, no que tange a mantença das condições mínimas humanas.

E é neste ponto que tocamos a zona de total desconforto e tencionamento, porque precisamos saber em absoluto a aplicação relativa, igualitária e equânime das desigualdades sociais, da individualidade humana, para poder dizer de uma dignidade preservada, mantida ou fornecida pelo Estado. O que vem a ser o mínimo possível para se viver, de qual lugar social falamos, ou de qual "não lugar" falamos. Há uma necessidade de escuta hospedeira, uma empatia social efetivamente praticada, dada a inviabilidade de sopesar vidas e CNPJs, em delimitar o que é liberdade, de qual premissa pensar sobre a garantia de direitos fundamentais, diante de uma enorme e calamitosa "peste", como a atual. E é nesse diapasão que incorremos o risco de hierarquizarmos vidas, através de critérios muitas vezes solipsistas.

São conflitos da nossa rasa e escassa humanidade, que não foi a pandemia que nos trouxe de presente. É sobre a maneira equivocada como sempre vivemos até que essa doença chegasse. O Covid-19 escancarou pontos "caros" a condição humana, como o amor e a morte. Nos lembrou que, temos e vivemos outras pandemias, tão ou mais, violentas e absurdas quanto essa. Como por exemplo as pandemias morais, que nos deixam em estado de absoluta cegueira relativa, vendo o que convém, transformando atrocidades em acontecimentos cotidianos, que já não nos geram repulsa, ou revolta. Estamos em catacrese, e temos deixado isso permanecer, como se passasse despercebido, como se escalonássemos diante de tanta correria e prioridades da vida ativa social.

Grande tema, de repercussão jurídica, com avassaladores efeitos e debates, em todas as dimensões, que possamos hipoteticamente ser capazes de delimitar, é da desigualdade social em tempos de pandemia.

O "fique em casa", soa como barbárie irracional pelas lentes da humanidade. Há uma maioria exponencial que não possui se quer um teto, comida, roupas, água, e tudo mais para uma subsistência/sobrevivência. São a resistência em forma de reexistencias, vivem à margem da sociedade, diminuídos e animalizados (se é queo termo comporta algum lado negativo para o qual é usado).

Não há que se falar em igualdade dita e assegurada no artigo 5º da Constituição Federal, que prevê igualdade de aptidões e possibilidades dos cidadãos de gozar de uma isonomia legal. É esse o princípio que veda as diferenciações, distinções arbitrarias e absurdas, que vão contra os valores constitucionais. E mais, é este o princípio que foi institucionalizado na atuação em duas vertentes, na lei e perante a lei. Ambas para significar que, as normas jurídicas não devem conhecer distinções, e que, há o dever de aplicar a Lei ao caso concreto. Devendo ser aplicado ainda, em dois planos, um frente ao executivo e ao próprio legislador, ao editar os atos normativos concernentes, impedindo assim tratamentos abusivamente diferenciados. Noutro plano, na obrigatoriedade à autoridade pública, mais especificamente ao intérprete.

Descrição e explicação, sucinta e horizontal, mas sem diminuir em espécie alguma o tom imperioso e de suma importância, diante da tragédia que se apresenta. É estarrecedor, termos uma Constituição tão plena, bem escrita e uma realidade tão diversa e distante dela.

E é aqui, no Direito vivente, na prática, na pele, no não abstracionismo que, a Literatura nos toca e nos alcança, trazendo à tona, à flor da pele, esse mal-estar nessa zona de inquietação. A literatura nos torna tolerantes, porque não se reduz a relação lógica, crítica e distante, guarda em si um compromisso democrático intrínseco. Externa um acolhimento hospedeiro, funcionando como a alteridade que acolhe outras dimensões do humano e do mundo. É essa literatura capaz de fazer da gente e com a gente a "catarse", sendo auxílio, alívio e purgação das dores e sentimentos da alma humana. Nos purificando na ação de caminhar ao encontro do que podemos ser melhores.

Nesse lugar do Direito "E" literatura, que mora a dimensão transformadora, o acreditar que podemos fazer um mundo melhor. É ter a literatura como catalisador do que tem que ter o direito. Nos permitindo alçar voos sempre em convergência às novas releituras de clássicos, tão atuais e atemporais, que são base de uma (des)construção social, cultural, econômica e política.

Nas palavras da Professora Luciana Pimenta, no artigo: Da loucura em Dom Quixote a' o coração da loucura: a questão do humano: "quando a literatura transgredindo o real, assume a capacidade de ser o outro da realidade, tantas vezes mais real que a própria realidade".

Que na permissão que a literatura nos traz possamos e consigamos, ser melhores, e que nesse nosso constante (re)fazimento, usemos da poética, da loucura literária, das humanidades tantas: música, cinema, teatro, pintura, para alcançar a alma humana. Mesmo que assim, nos tornemos inquietos. Que consigamos desmedidamente exercitar as artes que guarnecem e formam nossa identidade animal-humana. Percebendo que toda palavra, toda razão nada valem quando o amor se achega, nos habita, para além das amarras e nos subtrai todos e quaisquer pontos finais, ultrapassando tempo e espaço do estar vivo. Aceitar a realidade, em momento algum confunde-se a ser submisso a ela, mas sim, como o primeiro passo para poder transformá-la.

É através dessa leitura compartilhada da vida, dessa leitura da vida que preza o encontro, que nós entenderemos que, se as pessoas foram feitas para seguir uma legislação, essa legislação foi sim feita para atender verdadeiramente as pessoas. Um pensamento-convicção quase sensível, porque não invisível, que é como um sonho-engano, se transmuta, desenhando o Estado Democrático que almejamos. Aquele em que efetivamente sejamos protagonistas-ativos, e que a política seja elaborada com a participação, em parceria com a sociedade, de "baixo para cima", para que assim abracemos firmemente os direitos difusos que preteridos e pretendidos.

Experimentando significados e significantes, nesse jogo de palavras e interpretações múltiplas, dizemos de uma cidadania contemporânea quando, há consciência crítica, participação efetiva, e justeza nos direitos políticos. Nessa travessia que interliga tudo e todos, sobre os rastros históricos, culturais, raciais, somente assim talvez, solucionaremos uma crise de identidade cidadão-estado, que é o que esse modelo de representação estatal nos conclama, nos provoca e nos faz sentir.

O olhar através da literatura ou o olhar com olhos da literatura, é permissividade de perceber tudo que a vida nos proporciona, respeitando o outro, que também é parte integrante do eu, tanto no presente, como porvir, como instante-já, e como herança. É perceber que essa trajetória existencial, é também política, humana, jurídica, racial, cultural e para além de tudo isso é empática. Essa travessia nos coloca em frente ao espelho, e nos faz enxergarmos e vivermos como (uni)verso que somos, conscientes de que cada pessoa, cada ser humano, é um mundo inteiro, e completo, por isso, uma vida importa sim, seja ela de qualquer credo, raça, partido, nacionalidade, e tendo ela qualquer predicação. O amor só é amor quando é ao desconhecido, quando não exige precedentes e quando se dá sem análises, julgamentos ou escolhas.

> "O sapato do palhaço é grande porque não é dele. A concretude da colocação guarda uma metáfora: o palhaço simboliza nossa natureza humana, essencialmente despossuída, errante e perdedora".

> "É a partir desse "estado" que o palhaço exercita sua escuta do outro e do mundo. Estado de potência desguarnecida. "Estou aqui, inteiro, aberto e disponível". (O palhaço e o psicanalista – p. 79-80, Edição 2019).

É esse humano, essa capacidade de se colocar no lugar do outro (o lugar mais difícil de se chegar e de estar), esse encontro possível na vulnerabilidade que somos, essa literatura de pertencimento, de que tanto carecemos para explicar certas questões, coisas e até mesmo de uma certa autonomia do direito, do processo entrando pela nossa vida, reconstruindo permanentemente memórias e relatos, dialogando e comunicando por meio da dialética que é tão arraigada no nosso humano.

O pós pandemia é um porvir completamente desconhecido, incerto e sem dúvidas, distinto do que estamos "acostumados". A normalidade que se apresentará, é algo que ainda não desfrutamos, e não sentimos o sabor em nossas entranhas. O "rest", funciona essencialmente como redefinição, como ressignificar, como mudanças, transformações, evolução e crescimento. Teremos novas bases empíricas, jurídicas, de turismo, de economia, de cultura, de conhecimentos. E é na e através das artes, nas nossas humanidades que, buscamos e encontramos, refúgio enquanto guarda-chuvas, proteção e como balsamo que acalma e estimula, promovendo o voo.

Mais forte do que qualquer análise, é que essa quarentena forçada, intranquila, e tão cheia de grandes outras bombas-revelações simultâneas, nada mais é do que uma imensa e intensa metamorfose humana. Escolhamos passar por ela de mãos dadas, em polifonia, e na mesma vibração. Nos adequemos, nos moldemos, na permissividade que contém, o fato de sermos feitos de cera.

Para encerrar, cito o escritor desse nossos "Sertões-humanos" que, marca não a literatura humanista, mas toda a humanidade, no poema Flor da Pele de João Guimaraes Rosa: "O que a gente tem que aprender é, a cada instante, afinar-se como uma linhazinha para saber passar no furo de agulha que cada momento exige."

Na saúde e na doença vale tudo? as consequências jurídicas nas disposições de medicamentos em tempos da pandemia da Covid-19

AMANDA PORCIÚNCULA TEIXEIRA BASTO

> "A medicina, no plano filosófico, dispõe de muitas drogas, de pouquíssimos remédios bons e eficazes e de quase nenhum específico. **A diferença do remédio para o veneno é a dose.**"
>
> Fernando Basto, médico, cirurgião plástico

1 Introdução: *boom* da pandemia do novo coronavírus e suas incontáveis variáveis

O cenário mundial é caótico; vive-se um momento de incertezas, urgências, dúvidas e polêmicas e, diante de tal situação, fica difícil - frisa-se - para todos os lados, saber qual o caminho certo a seguir. A Pandemia instalada, causada pelo novo coronavírus, desestabilizou governos, organizações e Estados; isolou o mundo, trouxe uma nova realidade para as políticas públicas e privadas e, conseguiu, se é que isto seria possível, polarizar ainda mais as divergências sobre as diretrizes da administração governamental.

Desde o começo da explosão da Pandemia no Brasil, o país passou por inúmeras mudanças de posturas quanto ao tratamento adequado para os pacientes diagnosticados com a Covid-19. Entre o uso de máscaras, isolamento social e litros de álcool em gel, destaca-se o uso de medicamentos *off label* prescritos pelos médicos na tentativa de controlar e, até mesmo, curar a doença causada pelo novo coronavírus.

Mas, o que seriam medicamentos *off label*? No Brasil, há a necessidade da Agência Nacional de Vigilância Sanitária (ANVISA) homologar e registrar a comercialização de medicamentos, sendo certo que o registro de cada remédio fica acoplado às suas indicações de uso. Ocorre que a medicina evolui diariamente e, comumente, os médicos prescrevem medicações para o combate de uma determinada doença, que difere da indicação constante da respectiva bula. É exatamente isso que significa o medicamento *off label*.[1]

Afirma o renomado cirurgião plástico, Dr. Fernando Basto, que medicina é uma ciência belíssima, envolta por erros e acertos. Cresce rapidamente dentro das evidências clínicas, num universo de diversas drogas usadas com sucesso para determinadas doenças, que foram pensadas para outras. Recentemente houve relatos sobre casos concretos de drogas, exemplo a *finasterida*, indicada no passado em urologia para o tratamento da hiperplasia prostática benigna e que, com o tempo, a "observação clínica" mostrou a sua eficácia na calvície. Houve tempo suficiente para essa observação.

Assim como o uso da droga minoxidil, recomendada inicialmente, única e exclusivamente, para o combate da hipertensão arterial e, mais tarde, foi observado clinicamente uma melhora substancial no volume capilar dos pacientes hipertensos tratados com o medicamento, passando a ser aprovada e indiciada para os portadores de calvície.

Atualmente, com o enorme avanço do vírus, médicos buscam formas desesperadas de tratamentos para salvar a vida de seus pacientes e é neste momento que se verificam as enormes demandas das prescrições da Hidroxicloroquina, da Cloroquina e, mais recentemente, do Anita, os quais demonstraram atividade inibidora do coronavírus, muitas vezes associados à azitromicina.

Referidos medicamentos possuem um extenso histórico de uso prolongado para tratamento de doenças inflamatórias crônicas, malária, lúpus, amebíase e vermes, entre outros diagnósticos em conjunto com outros fármacos, o que os caracterizam como medicamentos *off label* indicados no tratamento da COVID-19.[2]

As incertezas causadas pelo SARS – Cov – 2 trazem questionamentos diários a respeito das condutas sanitárias a serem tomadas. Entretanto, enquanto cientistas ao redor do mundo pesquisam/desenvolvem uma vacina contra esse vírus, a população fica carente de posicionamentos e contando com a ajuda dos novos

---

[1] TOLEZANI, Estela do Amaral Alcântara. **Medicamento off label no tratamento da covid-19**. 2020. Disponível em: https://www.migalhas.com.br/depeso/327273/medicamento-off-label-no-tratamento-da-covid-19. Acesso em: 20 maio 2020.

[2] TOLEZANI, Estela do Amaral Alcântara. **Medicamento off label no tratamento da covid-19**. 2020. Disponível em: https://www.migalhas.com.br/depeso/327273/medicamento-off-label-no-tratamento-da-covid-19. Acesso em: 20 maio 2020.

"super-heróis" para salvar o planeta e, sim, estes correm contra o tempo e desafiam a ciência em busca de uma solução imediata.

Mais uma vez, a vida encontra-se diante de um eterno conflito: o que é legal x o que é eficaz.

2 Sim para os medicamentos *off label?* preceitos sobre a legalidade x eficiência

Desde o final de março de 2020, quando a Pandemia tomou conta do Brasil, registrando um alarmante número de casos, causando um drástico isolamento social, medidas de saúde foram adotadas para tentar conter o avanço do vírus. Houve a primeira Nota Informativa Nº 5/2020-DAF/SCTIE/MS, a qual tratava do uso da Cloroquina como terapia adjuvante no tratamento de formas graves do COVID-19.

Posteriormente, o Conselho Federal de Medicina (CFM) liberou o Parecer n° 04/2020, abrangendo o uso dos medicamentos Cloroquina e Hidroxicloroquina para pacientes diagnosticados com a COVID-19, em estágio inicial, mesmo demonstrando sintomas leves. Aqui é preciso estabelecer uma linha do tempo, explicada em perfeita dinâmica pelo jurista e pesquisador, Alexandre de Paula, em um debate sobre os Impactos da Covid-19[3].

Sabe-se, porém, que os agentes da saúde, tanto públicos como privados, no momento em que prescrevem drogas que não possuem comprovação científica de cura para determinadas doenças, podem ser responsabilizados civil ou administrativamente diante desta conduta. Contudo, observando o quadro pandêmico mundial, em meados de maio de 2020, o Presidente da República sancionou a Medida Provisória (MP) n° 966 de 13/05/2020, dispondo sobre a responsabilização dos agentes públicos por ação ou omissão no combate ao coronavírus.

Explica-se. O Código de Ética Médica (artigo 32) exalta que o médico deve usar todos os meios disponíveis de tratamento a seu

---

[3] ASPECTOS JURIDICOS DO USO DA CLOROQUINA E HIDROXICLOROQUINA NO TRATAMENTO DA COVID-19. Realização de Alexandre de Paula. Recife: Logos Webinar, 2020. vídeo/live no youtube, son., P&B. Disponível em: https://www.youtube.com/watch?v=pDWU-xq-IxU. Acesso em: 28 maio 2020.

alcance, em favor do paciente. Eis, a questão posta. Assim, com o intuito de permanecer na prática necessária de tratamento da COVID-19, a MP afirma que apenas serão responsabilizados os médicos que agirem com erro grosseiro, evidente e inescusável, no tentame de abalizar as ações sobre o uso desses medicamentos.

A Organização Mundial de Saúde (OMS), por sua vez, decretou suspensão dos testes clínicos em pacientes detectados com o SARS – Cov – 2, por perceber um número maior de mortalidade do que de cura, acarretando, novamente, uma reviravolta nos seguimentos abraçados, causando mais angústias e inseguranças em todo o mundo.

Ora, apesar de notória as incertezas dos mais diversos órgãos mundiais de saúde, esses medicamentos (Cloroquina e Hidroxicloroquina) estão dentro do plano da legalidade que, nas palavras do nobre jurista Hely Lopes Meirelles afirma que sendo praticados os atos conforme dispõe a lei, o agente público está em pleno poder de sua atividade funcional, além de não cometer infração ética, não podendo, também, ser responsabilizado por qualquer eventualidade pelo CFM.

> A legalidade, como princípio de administração, significa que o administrador público está, em toda sua atividade funcional, sujeito aos mandamentos da lei, e às exigências do bem comum, e deles não se pode afastar ou desviar, sob pena de praticar ato inválido e expor-se à responsabilidade disciplinar, civil e criminal, conforme o caso[4].

Todavia, conforme já explicitado anteriormente, são remédios autorizados legalmente pela ANVISA, utilizados para outras finalidades de tratamento. Nessa esfera, perante todas as dúvidas abrigadas, ausências de estudos científicos que não comprovam a eficiência[5] desses medicamentos contra o coronavírus, paira-se diante de questionamentos sociais, ideológicos e morais; onde se

---

[4] MIRELLES, Hely Lopes. **Direito Administrativo Brasileiro**. 30. Ed. São Paulo: Malheiros, 2005.

[5] *O princípio da eficiência exige que a atividade administrativa seja exercida com presteza, perfeição e rendimento funcional. É o mais moderno princípio da função administrativa, que já não se contenta em ser desempenhado apenas com Legalidade, exigindo resultados positivos para o serviço público e satisfatório atendimento das necessidades da comunidade e de seus membro.* (MEIRELLES. 2014, p. 102)

valer de provas científicas institucionais para ratificar um direito[6] e, até que ponto jurídico/legal/moral a liberação de drogas, ainda consideradas ineficazes cientificamente, estaria sendo apoiada de maneira constitucional para resguardar um bem fundamental protegido pela Carta Magna em seu artigo 196[7]: a saúde.

3 Relação médico/paciente diante dos tratamentos prescritos no combate a pandemia do coronavírus

O Ministério da Saúde disponibilizou orientações acerca das tratativas que devem ser adotadas pelos médicos e pacientes diagnosticados com a COVID-19. É importante destacar que para o manuseio medicamentoso de remédios ainda considerados ineficazes no tratamento do coronavírus, os cuidados e responsabilidades são redobrados, devendo obedecer a regras mais rígidas para evitar complicações judiciais futuras.

Não há como negar que a situação atual é extraordinária e pode-se admitir uma atuação do médico distinta da que adotava em tempos de normalidade. Necessário haver uma reflexão sobre as flexibilizações e mudanças nos padrões de condutas esperadas.

Preambulantemente, a ligação de médico/paciente deve ser pautada no quesito da confiança e segurança, para tanto, imprescindível que haja um Termo de Consentimento Informado,

---

[6] GOMES NETO, José Mario Wanderley; PAULA FILHO, Alexandre Moura Alves de; OLIVEIRA, Breno Duarte Ribeiro. **Judicialização, prova científica e políticas públicas de fornecimento de medicamentos no estado de Pernambuco: uma análise qualitativa da relação entre as decisões judiciais em matéria de medicamentos off label e os pareceres técnicos oficiais**. 2019. Disponível em: https://www.academia.edu/39738531/RBDPRO_106_Judicializa%C3%A7%C3%A3o_prova_cient%C3%ADfica_e_pol%C3%ADticas_p%C3%BAblicas_de_fornecimento_de_medicamentos_no_estado_de_Pernambuco_uma_an%C3%A1lise_qualitativa_da_rela%C3%A7%C3%A3o_entre_as_decis%C3%B5es_judiciais_em_mat%C3%A9ria_de_medicamentos_off_label_e_os_pareceres_t%C3%A9cnicos_oficiais. Acesso em: 01 abr. 2019.

[7] Art. 196: A saúde é direito de todos e dever do Estado, garantido mediante políticas sociais e econômicas que visem à redução do risco de doença e de outros agravos e ao acesso universal e igualitário às ações e serviços para sua promoção, proteção e recuperação.

assinado pelo paciente ou representante legal, além de uma conversa e explicação verbal, clara e muito bem estabelecida, a fim de apresentar ao doente todos os riscos, efeitos colaterais e informações necessárias ao seu tratamento.

Sendo tempos imprevisíveis, é dado ao profissional autonomia de assumir posturas mais arriscadas, no intuito de salvar seu paciente, com respaldo legal já mencionado no tópico anterior (Lei 13.989/2020).

O uso de medicamentos *off label* precisa ser pré-aprovado tanto pelo paciente como pelo médico, este último devendo realizar exames físicos e complementares, anamnese e absorver todo e qualquer conhecimento acerca da pessoa doente para, com total prerrogativa, indicar o melhor tratamento.

Neste toar, foi a posição do CFM que no parecer n. 4/2020 concluiu que "Diante da excepcionalidade da situação e durante o período declarado da pandemia, não cometerá infração ética o médico que utilizar a cloroquina ou hidroxicloroquina, nos termos acima expostos, em pacientes portadores da Covid -19"[8]. Por razões óbvias, isso não quer dizer que a pandemia por si só irá eximir a responsabilidade do médico na sua atuação, mas é possível afirmar, que o advento da COVID-19 contribuiu para um relaxamento na exigibilidade de determinadas condutas[9].

4 Conclusão: aspectos gerais sobre o impacto jurídico no uso dos medicamentos *off label* e considerações finais

O contexto global hodierno carece de um olhar cauteloso dos juristas, de uma compreensão da população em geral com a ainda pouca informação e nenhuma certeza acerca de como combater esse "monstro" viral e uma bravura e coragem de todos os profissionais

---

[8] GOLDIM, José Roberto. **COVID-19 e o Uso Compassivo ou Off Label de Medicamentos**. 2020. Disponível em: https://bioeticacomplexa.blogspot.com/2020/04/covid-19-e-o-uso-compassivo-ou-off.html?m=1. Acesso em: 23 abr. 2020.

[9] WESENDONCK, Tula. **A responsabilidade civil na esfera médica em razão da covid-19 de Medicamentos**. 2020. Disponível em: https://www.migalhas.com.br/coluna/migalhas-de-responsabilidade-civil/326237/a-responsabilidade-civil-na-esfera-medica-em-razao-da-covid-19. Acesso em: 07 maio 2020.

de serviços essenciais, em especial os médicos, que enfrentam com todos seus conhecimentos o desconhecido.

Quando a vida humana precisa sobreviver à atual pandemia e cada uma vida equivale à toda humanidade, despedaçada a cada uma de suas perdas de vidas, a solução de uso de medicamentos *off label* para além de prescrição médica torna-se prescrição ética, como uma outra esperança que se renova[10].

Como esperar da ciência mais mutante que existe um posicionamento sólido e rígido? Já dizia o ditado: A medicina é a ciência das verdades transitórias como a própria vida. Aqui, os contornos tradicionais da responsabilidade civil médica podem sofrer interferências significativas em virtude da Pandemia do novo coronavírus. A solução para a inexatidão é a abertura de novas alternativas que, no enfretamento da crise, podem consolidar novas saídas e dissoluções.

Nas palavras do Dr. Fernando Basto, que colaborou com breves comentários para abrilhantar este pequeno artigo, a observação clínica ou evidência clínica é medicina séria. E é claro que a comprovação científica, com base na terapia Hipocrática, é importante, mas no panorama vivido é de somenos relevância. Pandemia do novo coronavírus é condição de calamidade pública. É um "estado de guerra", com a morte rondando as pessoas. As drogas ofertadas para o combate são de ciência mundial e a luta diária é para salvar vidas. O estudo científico, meus amigos, que aguarde um pouco mais...

> "Que a grandeza da vida ilumine a consciência dos que detém o poder de despertar a esperança na humanidade."

Fernando Basto, médico, cirurgião plástico.

Referências bibliográficas

TOLEZANI, Estela do Amaral Alcântara. **Medicamento off label no tratamento da covid-19**. 2020. Disponível em:

---

[10] ALVES, Jones Figueirêdo. **O uso off label de medicamentos em combate da pandemia da Covid-19**. 2020. Disponível em: https://www.conjur.com.br/2020-abr-10/jones-alves-uso-off-label-medicamentos-combate-covid-19#w4. Acesso em: 10 abr. 2020.

https://www.migalhas.com.br/depeso/327273/medicamento-off-label-no-tratamento-da-covid-19. Acesso em: 20 maio 2020.

PAULA FILHO, Alexandre Moura Alves de. **ASPECTOS JURIDICOS DO USO DA CLOROQUINA E HIDROXICLOROQUINA NO TRATAMENTO DA COVID-19**. Recife: Logos Webinar, 2020. vídeo/live no youtube, son., P&B. Disponível em: https://www.youtube.com/watch?v=pDWU-xq-IxU. Acesso em: 28 maio 2020.

MIRELLES, Hely Lopes. **Direito Administrativo Brasileiro**. 30. Ed. São Paulo: Malheiros, 2005.

GOMES NETO, José Mario Wanderley; PAULA FILHO, Alexandre Moura Alves de; OLIVEIRA, Breno Duarte Ribeiro. **Judicialização, prova científica e políticas públicas de fornecimento de medicamentos no estado de Pernambuco: uma análise qualitativa da relação entre as decisões judiciais em matéria de medicamentos off label e os pareceres técnicos oficiais**. 2019. Disponível em: https://www.academia.edu/39738531/RBDPRO_106_Judiciali za%C3%A7%C3%A3o_prova_cient%C3%ADfica_e_pol%C3 %ADticas_p%C3%BAblicas_de_fornecimento_de_medicamen tos_no_estado_de_Pernambuco_uma_an%C3%A1lise_qualitati va_da_rela%C3%A7%C3%A3o_entre_as_decis%C3%B5es_ju diciais_em_mat%C3%A9ria_de_medicamentos_off_label_e_os _pareceres_t%C3%A9cnicos_oficiais. Acesso em: 01 abr. 2019.

GOLDIM, José Roberto. **COVID-19 e o Uso Compassivo ou Off Label de Medicamentos**. 2020. Disponível em: https://bioeticacomplexa.blogspot.com/2020/04/covid-19-e-o-uso-compassivo-ou-off.html?m=1. Acesso em: 23 abr. 2020.

WESENDONCK, Tula. **A responsabilidade civil na esfera médica em razão da covid-19 de Medicamentos**. 2020. Disponível em: https://www.migalhas.com.br/coluna/migalhas-de-responsabilidade-civil/326237/a-responsabilidade-civil-na-esfera-medica-em-razao-da-covid-19. Acesso em: 07 maio 2020.

ALVES, Jones Figueirêdo. **O uso off label de medicamentos em combate da pandemia da Covid-19**. 2020. Disponível em: https://www.conjur.com.br/2020-abr-10/jones-alves-uso-off-label-medicamentos-combate-covid-19#w4. Acesso em: 10 abr. 2020.

Violência de gênero contra a mulher idosa: reflexões sobre proteção social e Covid-19

ANA KELLY ALMEIDA DA COSTA
MARIA JÚLIA POLETINE ADVINCULA
ROZEANE LEAL DO NASCIMENTO

1 Gênero e faixa etária: dupla vulnerabilidade no período de isolamento social

1.1 Mulher idosa no Brasil: estatísticas, proteção legal e desafios no enfrentamento à violência de gênero

A violência de gênero contra a mulher e o seu enfrentamento ganhou visibilidade pública há algumas décadas no país. Muito em razão dos debates dos movimentos pelos direitos das mulheres e, em grande parte, pela pauta normativa que avança no sentido de reconhecer a necessidade de dotar esses crimes de um tratamento mais rigoroso e punitivo. Pelo fato de ocorrer no âmbito doméstico e com relações de parentalidade e conjugalidade, a ruptura do vínculo e a superação do estado de violência ocorre de forma complexa, não linear, quase sempre com avanços e recuos nas decisões por parte da mulher ofendida. O processo da denúncia é demarcado por situações diversas, nas quais, além das questões econômicas e de sobrevivência própria e dos filhos, a mulher termina sobrepondo conflitos, alimentados por culpa, medo, e até mesmo arrependimento. Note-se que a Lei n° 11.340/2006 (Lei Maria da Penha) não fez distinção em seu acesso no que se refere à condição da mulher, seja ela qual for: raça, classe social, orientação sexual ou idade. Porém, sabe-se que mulheres vivenciam a violência de formas diferentes, considerando diversas interfaces e nuances; e é nesse contexto que a violência contra a mulher idosa guarda algumas especificidades.

No Brasil, a Lei n° 10.741/2003 considera "idoso" aquele que tenha atingido a idade de 60 anos. Essa referência toma como embasamento aspectos relacionados à qualidade de vida e ao envelhecimento em um país de profundas desigualdades, no qual a população idosa tem crescido progressivamente e já representa cerca de 13% da população, segundo o IBGE de 2018[1], com projeções de aumento e de mudanças na pirâmide etária, antes concentrada nas faixas mais jovens. Importa dizer, inclusive, que esse fenômeno do envelhecimento populacional "desencadeou um processo denominado como 'elevação da consciência sobre os direitos das pessoas idosas', despertando a sociedade para a questão do abuso às pessoas idosas e aumentando a responsabilidade do estado" (PARAIBA e SILVA, 2015, p. 296).

Assim, o Estatuto do Idoso apresenta garantias e proteções mais amplas, sem considerar, necessariamente, as questões interseccionais de gênero. De modo mais geral, o Estatuto aponta um conjunto de responsabilidades afetas à família, comunidade, sociedade e ao Poder Público, diante da absoluta prioridade na efetivação dos direitos da pessoa idosa em todas as esferas (saúde, alimentação, cultura, esporte, lazer, trabalho, cidadania, liberdade, dignidade, respeito à convivência familiar, entre outros). Um dos maiores problemas a ser enfrentado junto a esse segmento diz respeito à violência doméstica e familiar, as quais ocorrem, majoritariamente, nos lares, já que 60% das ocorrências ocorrem dentro de casa. Negligência (69,7%), abusos psicológicos (59,3%) e físicos (32%) também são frequentes. O abuso sexual é infimamente notificado, mas atinge quase que exclusivamente as mulheres, havendo componentes de gênero a serem incrementados na discussão. Ainda mais, o abuso financeiro é responsável por 60% das queixas levadas à polícia ou ao Ministério Público brasileiro (BRASIL, SDH, 2014). Nesse sentido,

> Em geral, as violências contra a pessoa idosa são praticadas no ambiente doméstico e configuram um sério problema social e de saúde pública. A desvalorização do idoso e o crescente afrouxamento dos laços solidários entre os familiares são fatores que podem contribuir para essa violência. Além disso, mudanças ocorridas na estrutura familiar também favorecem a ocorrência de violência doméstica contra os idosos. (ABATH et al., 2012, p. 306)

---

[1] Disponível em: https://agenciadenoticias.ibge.gov.br/media/ com_ mediaibge/arquivos/d4581e6bc87ad8768073f974c0a1102b.pdf Acesso em: 02 jun. 2020

Loureiro e Faleiros (2010) também discutem largamente a questão da violência contra a pessoa idosa, colaborando para a reflexão do que chama de "conluio do silêncio", uma espécie de pacto social e familiar que permite tolerar a existência de manifestações da violência no cotidiano desse público. Ao analisarmos as principais violações cometidas contra esse grupo etário, com base nos dados coletados do Disque Direitos Humanos (2019)[2], identifica-se que, em mais de 62% dos casos de denúncias de violação de direitos da pessoa idosa, encontramos as mulheres como vítimas. Essas violações ocorrem em lares nos quais a convivência com filhos, genros e netos se faz comum. Por outro lado, 70% das notificações de violações contra a pessoa idosa são subestimadas, o que significa que não ultrapassam as ocorrências dentro dos lares, sequer chegando a conhecimento público (Minayo, 2014). Note-se que, quanto maior a idade, mais vulnerabilidades tendem a apresentar, principalmente quando as situações estão associadas a comorbidades e dependência nos cuidados.

Com base nas definições da Organização Mundial da Saúde - OMS, a violência ou maus tratos contra a pessoa idosa é um ato único ou repetido ou qualquer omissão que cause dano ou aflição e se produz em qualquer relação que exista expectativa de confiança. Em uma classificação mais geral, Minayo (2014) destaca os tipos mais comuns: estrutural (pobreza, miséria), interpessoal e institucional. Quanto à natureza, as classifica como física, psicológica, sexual, econômico-financeira-patrimonial, negligência e autonegligência. Como já dito, a frequência de todas elas é gritante no contexto doméstico:

> Quanto à relação estabelecida entre idoso e agressor, na violência doméstica, a maioria dos agressores era um familiar, configurando também a violência intrafamiliar. Em diversas pesquisas que estudaram a violência doméstica contra a pessoa idosa, o mesmo resultado foi observado, variando a frequência entre 59,7% e 88%. (ABATH et al., 2012, p. 312)

Muito embora a violência doméstica e familiar contra a mulher e contra a pessoa idosa sejam objeto de notificação compulsória no âmbito da saúde, inclusive tendo destaque especial no art. 19 do

---

[2] Disponível em: https://www.gov.br/mdh/pt-br/acesso-a-informacao/ouvidoria/balanco-disque-100 Acesso em 02 jun. 2020.

Estatuto do Idoso, a questão da subnotificação ainda é recorrente, havendo estimativas de que apenas 30% dos dados ganhem visibilidade nas denúncias. Isto porque os dados de violência doméstica e familiar são difíceis de apreender, inclusive tendo em vista que as possibilidades de intimidação, dependência e fragilização das pessoas idosas é maior, dado que os seus principais algozes são filhos, netos, genros e outras pessoas da família (BRASIL, SDH, 2014). No que se refere à violência perpetrada contra as mulheres idosas, identifica-se o quanto ela também é perpassada por elementos de gênero, o que se traduz, por exemplo, quando essas mulheres são desconsideradas nos processos decisórios da família, mesmo sendo detentoras dos recursos financeiros, ou quando são submetidas a um controle de sua sexualidade. Por outro lado, o Estado, através do corte geracional amplo e uniforme, também pode estar a reproduzir a exclusão etária das mulheres mais velhas quando se trata do enfrentamento às situações de violência. Não sem razão, o maior arcabouço de políticas públicas para mulheres está voltado à proteção de sua fase produtiva e reprodutiva.

No atual contexto pandêmico, tem-se buscado dar visibilidade a rede de proteção e aos instrumentos de comunicação que possam fortalecer as mulheres na decisão da denúncia. Ocorre que, para a mulher idosa, esse processo pode ser muito mais doloroso e difícil, não apenas do ponto de vista emocional, uma vez que se trata de denunciar algozes que fazem parte de sua linhagem consanguínea e da família ampliada, mas, para além disso, os dispositivos institucionais e tecnológicos elaborados pela rede ainda não dão conta das especificidades desta geração. Desde abril do presente ano, o Governo Federal lançou um aplicativo para captar denúncias de violência contra a mulher. Através dele, denominado "Direitos Humanos BR", é possível denunciar agressões por meio da plataforma virtual. Entretanto, faz-se necessário apontar uma exclusão tecnológica quando pensamos na mulher idosa: a maioria das mulheres idosas dominam o acesso à internet e aos meios de denúncia mais usuais que estão sendo disponibilizados? Ainda, a mulher idosa de classe média baixa, sem escolaridade, em situação de miserabilidade, tem como sequer arcar com um aparelho eletrônico? As tecnologias e mídias disponíveis para denúncia *online* têm considerado as dificuldades intergeracionais de lidar com tais informações, especialmente neste período, no qual o confinamento de pessoas idosas se faz mais recomendado pelo fato de se constituir este como um dos maiores grupos de risco para o COVID-19? Como a Lei n° 11.340/2006 (Lei Maria da Penha) vem sendo aplicada em consonância com o Estatuto do Idoso?

Dado importante a registrar é o gigantesco déficit educacional em anos de escolaridade para esta parcela da população, principalmente quando identificamos as desigualdades no acesso à escolarização. A título de exemplo, são as pessoas idosas que lideram os índices de analfabetismo no país, e a maioria destas reside no Nordeste. Em Pernambuco, esse índice chegava a 40%, em levantamento realizado pela Pesquisa Nacional por Amostra de Domicílios – PNAD (2014). Em termos de dispositivos institucionais, sabemos que Pernambuco possui apenas uma Delegacia do Idoso, com abrangência territorial que inclui apenas a capital. Até o advento do contexto pandêmico, os feitos com conotação de violência de gênero acompanhados de pedido de Medida Protetiva de Urgência seguiam para a Delegacia Especializada da Mulher. No momento atual, a partir de simples mudanças no fluxo e de acordos institucionais, tal questão têm sido objeto de deliberações recentes no sentido de dotar a Delegacia do Idoso de maior autonomia nestes encaminhamentos, agilizando os requerimentos junto aos juízes e juízas das Varas de Violência Doméstica e Familiar contra a Mulher.

2 Proteção legislativa à mulher idosa no período de isolamento social

2.1 Dados locais e sua interação com a Lei Maria da Penha

Notadamente, as interfaces institucionais entre "direitos da mulher" e "direitos da pessoa idosa" não são tão diretas, e o caminho dessa construção é de reconhecimento de uma pauta e de um pertencimento em que é preciso dar visibilidade às singularidades. Registremos que a rede de proteção, na qual se inclui o Judiciário, ainda necessita aprofundar essas interfaces, considerando a existência de algum grau de nebulosidade no que se refere à competência da matéria e, não obstante, à pertinência da aplicação de medidas de proteção e do processo penal, o que outrora gerou discussões e estudos técnicos remetidos às equipes psicossociais quanto ao objeto de tutela e a sua vinculação a uma Vara especializada de enfrentamento a violência contra à mulher ou ao Juizado Especial Criminal do Idoso.

Recentemente, a Secretaria Estadual de Direitos Humanos, através do Centro Integrado de Atenção e Prevenção à Violência contra a Pessoa Idosa (CIAPPI), divulgou dados que sugerem o crescimento exponencial do índice de violações no contexto do isolamento, considerando o aumento de 83% das denúncias envolvendo violações de direitos à pessoa idosa em março/abril de 2020, quando comparados aos meses anteriores. Em Olinda (PE), o Centro Especializado de Atendimento à Mulher Márcia Dangremon (CEAM) constatou um aumento de 30% nos casos de violência doméstica, observando, também, um crescimento na violência contra o idoso[3]. Nesse contexto, o Instituto Maria da Penha alerta para o aumento das cifras ocultas, ainda mais quando "a subnotificação dos casos sobre os agravos gerados na terceira idade e a não divulgação pelos sistemas de informação pode facilitar o aumento da violência na sociedade" (PARAIBA e SILVA, 2015, p. 303).

Por outro lado, no âmbito do Judiciário pernambucano, tem-se percebido a diminuição no número de pleitos de Medidas Protetivas de Urgência, com base na Lei nº 11.340/2006, o que, de certo modo, gera uma inflexão entre o dado de realidade e a busca pelas alternativas institucionais e legais como meios de superação da situação de violação. Segundo Bianchini (2014, p. 242), o direito de preferência nas Varas Criminais, previsto no art. 33, parágrafo único, da Lei Maria da Penha, "não exclui outras já definidas em Lei, por exemplo a presente no Estatuto do Idoso". Note-se que a pessoa idosa, e aqui enfatizamos a mulher na condição de violência doméstica e familiar, não se coloca como indivíduo a ser "tutelado".

A própria legislação e o Código Civil contraria este fim, até mesmo quando se trata de situações nas quais se faz necessário o estatuto da curatela, não havendo mais a admissão da prática da "interdição". Além, evidentemente, de ações de natureza cível, quando se trata de discutir a curatela ou a tomada de decisão apoiada em casos de impossibilidade no exercício da autonomia plena. Este

---

[3]   https://jc.ne10.uol.com.br/pernambuco/2020/05/5610024-instituto-maria-da-penha-acusa-subnotificacoes-de-violencia-contra-mulher-durante-pandemia.html?aff_source=56d95533a8284936a374e3a6da3d7996

instituto, previsto no Estatuto da Pessoa com Deficiência, em seu art. 116, tomou forma no Código Civil através do art. 1783-A, como um modelo alternativo à curatela outrora aplicada. Nele, é possível eleger pelo menos 2 (duas) pessoas idôneas, para que apoiem seus atos da vida civil. Importa ressaltar, contudo, que não há derrogação de capacidade, já que é possível solicitar a modificação ou o término do acordo a qualquer tempo. Assim, a tomada de decisão apoiada pode ter sua aplicação estendida ao Estatuto do Idoso e, levando em conta todas as conquistas já alcançadas, não pode ser definida como um tipo de incapacidade relativa, sendo alternativa de mera assistência.

Socialmente e culturalmente, porém, existem consensos e permissões que admitem reforçar o lugar da velhice como espaço de segregação e exclusão e, até mesmo, de admissão da violência.

> As mulheres idosas são um grupo populacional em expansão no Brasil e no mundo. Entretanto, o feminismo está focado nas pautas relacionadas às mulheres jovens. Pautas dos direitos reprodutivos, do aborto, do assédio sexual, do estupro, da alienação parental, do feminicídio. Pautas estas que são bandeira de lutas de todas as mulheres, mas que precisam ser estendidas às lutas das idosas. (DI LASCIO, 2019, n.p.)

Portanto, é de suma importância compreender a situação de *dupla vulnerabilidade social* das mulheres idosas, qual seja a condição de gênero e a faixa etária, criando instrumentos de monitoramento da violência familiar e institucional, muitas vezes ageísta. Ainda segundo a autora, mulheres idosas sofrem uma dupla carga de discriminação. O ageísmo, que seria o preconceito em relação aos idosos, primeiramente acontece dentro do próprio grupo, já que admitir uma idade já avançada é, inclusive, socialmente inaceitável para muitas mulheres.

3 Comissão Interamericana de Direitos Humanos: reforço internacional no combate à violência contra o idoso no período de pandemia

Nesse sentido, a Comissão Interamericana de Direitos Humanos (CIDH) publicou a Resolução nº 1/2020, a qual versa acerca da promoção e proteção aos Direitos Humanos nas Américas, após a Organização Mundial da Saúde (OMS) declarar, em janeiro de 2020, a situação emergencial de saúde pública no âmbito internacional e, posteriormente, em março, ter declarado a COVID-19 como doença pandêmica. Na Resolução, há uma parte exclusiva à proteção dos idosos, senão vejamos:

> 43. Nesse contexto, fortalecer as medidas de monitoramento e vigilância da violência contra os idosos, seja no nível intrafamiliar, em residências de longa permanência, hospitais ou presídios, facilitando a acessibilidade aos mecanismos de queixas. (CIDH, 2020, p. 16, tradução nossa)

Tais situações dizem respeito a uma gama de intervenções necessárias, inclusive do ponto de vista das políticas de saúde e assistência social, e outras alternativas que venham a trazer aos dispositivos legais e institucionais existentes a viabilidade da proteção necessária à mulher idosa ofendida. Em muitos casos, o afastamento do lar é a medida de último recurso, uma vez que os anseios dessas mulheres, em grande parte, estão voltados à superação de situações e rotinas que envolvem o cuidado familiar como um todo. Ainda assim, o maior desafio desta conjuntura reside em tecer políticas públicas apropriadas e condizentes com a demanda, mas que ofereçam à mulher idosa a capacidade de decisão, tendo, evidentemente, a aplicação subsidiária das medidas protetivas mais amplas contidas na Lei n° 10.747/2003, sem descartar o seu acesso às Medidas Protetivas de Urgência, elencadas na Lei n° 11.340/2006.

Os debates acerca das estratégias de enfrentamento à violência doméstica e familiar, sem dúvida, precisam dar visibilidade a este público: mulheres idosas, que se constituem grupo de risco para o COVID-19, em condições mais acirradas de isolamento, e ainda, com menor histórico de acesso às tecnologias comunicacionais e menor grau de mobilidade urbana (seja pela condição física e de saúde ou mesmo pela falta de dispositivos tecnológicos e conhecimentos). Certamente, superado o contexto do isolamento social, as medidas institucionais de relacionamento com este público especializado irão precisar de contornos mais adequados e uma linha de continuidade pró-ativa das instituições, evitando exposição do público aos riscos, sem desconsiderar as medidas e cuidados de assistência que vão desde o acesso ao registro da queixa e às Medidas Protetivas diversas, até o acompanhamento do processo e participação em oitivas e audiências.

Conclusões

Além dos aspectos já citados, destacamos que o grupo social das mulheres idosas, culturalmente, costuma comparecer pessoalmente às instituições ou mesmo fazer uso do telefone fixo disponível para o atendimento e orientação ao público. Estas duas condições se apresentam restritas nas realidades institucionais no momento, tendo em vista as determinações de interrupção do atendimento ao público. Uma grande parte da população idosa ainda não dispõe de e-mail e recursos mais avançados de entendimento em tecnologias que possibilitem, por exemplo, assistir a uma audiência por meio de videoconferência.

Essa situação excludente nos permite concluir que estamos diante de um imenso desafio para proporcionar oportunidades igualitárias de acesso aos aparatos públicos na atual conjuntura. Entre outros fatores, evidentemente, acrescentamos como dificuldades as circunstâncias econômicas e psicológicas da parte ofendida, que enfraquecem a decisão da denúncia, como já ressaltado. A discussão de estratégias de pronto atendimento das denúncias mais graves, em todas as áreas de atuação, a incluir as delegacias (especializadas ou não), o Judiciário, o Ministério Público, Defensorias e a Rede de Assistência Social e Saúde pode ser uma alternativa ao problema apontado, bem como a viabilização de equipes técnicas para identificação das principais demandas, sem afastar a hipótese do contato direito no atendimento a este público, inclusive mediante ações de promoção, prevenção e diligências. A criação de protocolos próprios para esta situação se faz recomendado, de modo que sejam criadas rotinas nas instituições para o atendimento das demandas no contexto pandêmico, uma vez que este público ainda se coloca como o mais vulnerável e requer maiores cuidados no que se refere às medidas de isolamento social, o que tem afetado significativamente o fluxo de atendimento das ocorrências e até mesmo a visibilidade do fenômeno.

Referências

ABATH, Marcella de Brito; LEAL, Márcia Carréra Campos; MELO FILHO, Djalma Agripino de. Fatores associados à violência doméstica contra a pessoa idosa. **Rev. bras. geriatr.**

gerontol., Rio de Janeiro, v. 15, n. 2, p. 305-314, 2012. Disponível em <http://www.scielo.br/scielo.php?script=sci_arttext&pid=S1809982320120002000013&lng=pt&nrm=iso>. Acesso em: 02 jun. 2020.

ARAUJO. Yélena de Fátima Monteiro. **Gênero tem idade.** Lei Maria da Penha: o Ministério Público e o combate à Violência de Doméstica e Familiar, Ministério Público de Pernambuco, Procuradoria Geral de Justiça, 2007.

BIANCHINI, Alice. **Lei Maria da Penha**: Lei 11.340/2006: aspectos assistenciais, protetivos e criminais da violência de gênero. 2ed. São Paulo: Saraiva, 2014.

BRASIL. **Estatuto do Idoso**. Lei nº 10.741, de 01 de outubro de 2003.

BRASIL. **Lei Maria da Penha**. Lei nº 11.340/06, de 7 de agosto de 2006.

BRASIL. **Código Civil Brasileiro**. Lei nº 10.406 de 10 de janeiro de 2002.

BRASIL. **Estatuto da Pessoa com Deficiência**. Lei nº 13.146/2015, de 6 de julho de 2015.

BRASIL. Secretaria de Direitos Humanos. Presidência da República. **Manual de Enfrentamento à Violência contra a Pessoa Idosa**. É possível prevenir. Maria Cecília Minayo, Brasília, Distrito Federal, 2014.

CAVALCANTE, Diogo. **Denúncias de violência contra idosos crescem 83% durante a pandemia.** Diário de Pernambuco, Recife, 14 de abril de 2020.

DI LASCIO, Maria do Carmo Guido. **O feminismo e a mulher idosa**. Revista Cult. Disponível em: https://revistacult.uol.com.br/home/o-feminismo-e-a-mulher-idosa/?aff_source=56d95533a8284936a374e3a6da3d7996 Acesso em: 02 jun. 2020.

COMISSÃO INTERAMERICANA DE DIREITOS HUMANOS. **Pandemia y Derechos Humanos en las Américas**. Resolución 1/2020. Disponível em: http://oas.org/es/cidh/decisiones/pdf/Resolucion-1-20-es.pdf. Acesso em: 01/06/2020.

COSTA, Ana K. A e Santos, B.V.F. **O idoso no exercício da cidadania**. Caravana da Pessoa Idosa, Ministério Público de Pernambuco, Procuradoria Geral de Justiça, 2016.

DEBERT, Guita Grin. Dossiê: **Velhice, família, Estado e propostas políticas:** Feminismo e Velhice. SINAIS SOCIAIS: subtítulo da revista, Rio de Janeiro, v. 8, n. 22, p. 5-115, mai./2013.

INSTITUTO BRASILEIRO DE GEOGRAFIA E ESTATISTICA. IBGE. **Pesquisa Nacional por Amostra de Domicílios Contínua**, 2018. Disponível em: www.ibge.gov.br. Acesso em: 02 jun. 2020.

LOUREIRO, A. M; Faleiros, V. P., Penso; M.A. **O conluio do silêncio: violência intrafamiliar contra a pessoa idosa**. São Paulo, 1 ed. Ed. Roca, 2010.

PARAIBA, Patrícia Maria Ferreira; SILVA, Maria Carmelita Maia e. **Perfil da violência contra a pessoa idosa na cidade do Recife-PE**. Rev. bras. geriatr. gerontol., Rio de Janeiro, v. 18, n. 2, p. 295-306. Disponível em: <http://www.scielo.br/scielo.php?script=sci_arttext&pid=S18 09-98232015000200295&lng=en&nrm=iso>. Acesso em: 02 jun. 2020.

Direitos fundamentais no contexto de pandemia do coronavírus: os riscos de instauração do estado de exceção

Ana Paula da Silva Sotero
Ricardo Maurício Freire Soares

Introdução

O contexto atual de pandemia do coronavírus levou os países a pensarem em medidas preventivas para evitar a disseminação do contágio do COVID-19. Nesse contexto, o Brasil tem adotado medidas emergenciais de isolamento social e de relativização de direito fundamentais, que nos faz refletir os riscos de extrapolação constitucional dessas medidas e a instauração de um Estado de Exceção.

Nessa linha de raciocínio, a presente incursão teórica tomará como ponto de partida a análise da pandemia do COVID-19 no Brasil e seus efeitos na criação de mecanismos de contenção da propagação do vírus, com a intenção de analisar os riscos de uma restrição desproporcional dos direitos fundamentais no Estado Democrático brasileiro.

Para alcance dos fins propostos, será necessário o exame dos documentos oficiais em matéria de saúde pública, bem como a análise de obras doutrinárias que tratam dos direitos fundamentais e dos sistemas constitucionais de crises, mediante abordagem reflexiva e interdisciplinar.

1 A crise sanitária do coronavírus

O cenário global foi marcado, nos últimos meses, pelos efeitos da pandemia do coronavírus. O novo vírus de alto poder de contágio e de contaminação agressiva teve sua primeira identificação na cidade de Wuhan, uma província chinesa, em dezembro de 2019. Conhecido cientificamente por SARS-CoV-2 ou COVID-19, o novo vírus tem se manifestado com o potencial de desenvolvimento de síndromes respiratórias agudas, podendo levar à morte dos indivíduos.

Nessa linha de intelecção, a Organização Mundial da Saúde – OMS, em 11 de Março de 2020, classificou o SARS-CoV-2 como uma pandemia, reconhecendo o vírus como um problema sanitário internacional. Dentro do panorama brasileiro, a pandemia da SARS-CoV-2 teve sua origem de forma importada. Conforme enuncia o relatório do Ministério da Saúde[1], o primeiro caso que se tem registro no país aconteceu em 26 de fevereiro de 2020, no estado de São Paulo. Desde então, o país vem concentrando a segunda maior quantidade de contaminados pelo novo vírus, estando atrás apenas dos Estados Unidos. Nesta seara o país apresentou em 01 de Junho de 2020, o número de 514.849 casos e 29.314 óbitos[2].

Diante da intensificação dos números de contaminados pelo COVID-19, verifica-se, por consequência, a crise de saúde pública vivenciada no país. Nesse contexto, os governadores e os prefeitos vêm seguindo as recomendações internacionais da Organização Mundial da Saúde, bem como a Resolução nº 01/2020[3], oriunda da Comissão Interamericana de Direitos Humanos, criando, mecanismos de contenção do vírus, por meio do isolamento social dos cidadãos e de relativização dos direitos fundamentais no período de pandemia.

Por esse aspecto, cabe a reflexão das implicações constitucionais das medidas de emergência aplicadas no Brasil para o combate do COVID-19, com estruturação e balizamento sobre os riscos da extrapolação das relativizações dos direitos fundamentais no Estado Democrático de Direito.

---

[1] BRASIL, Ministério da Saúde. **Dados atualizados de Coronavírus no Brasil.** Disponível em: https://covid.saude.gov.br/. Acesso em 01.06.2020.

[2] ORGANIZAÇÃO MUNDIAL DA SAÚDE (OMS). **Coronavirus disease (COVID-19) outbreak.** Disponível em: https://www.who.int/emergencies/diseases/novel-coronavirus-2019. Acesso em 13.04.2020.

[3] COMISIÓN INTERAMERICANA DE DERECHOS HUMANOS. **Pandemia y Derechos Humanos em las Américas. Resolución 1/2020.** Disponível em: http://www.oas.org/es/cidh/decisiones/pdf/Resolucion-1-20-es.pdf. Acesso em 02/05/2020.

2 A restrição aos direitos fundamentais em tempos de pandemia de Covid-19 no Estado democrático brasileiro

O sistema constitucional das crises é composto de uma série de mecanismos e regras procedimentais constitucionais de exceção, que devem ser analisadas para a sua decretação, bem como devem ser mensurados, sob o prisma legal, os pressupostos e o marco temporal para sua aplicação dentro do Estado de Direito brasileiro. Com amparo legal nos artigos 136 a 141 da Constituição da República de 1988[4], o Estado de Exceção contempla os seguintes regimes jurídicos excepcionais: o estado de defesa e o estado de sítio.

Com efeito, o estado de defesa, com base no art. 136 da Constituição da República[5], é decretado pelo Presidente da República, após ouvir o Conselho da República e o Conselho de Defesa Nacional, com o intuito de preservar ou prontamente restabelecer, em locais restritos e determinados, a ordem pública ou a paz social ameaçadas por grave e iminente instabilidade institucional ou atingidas por calamidades de grandes proporções na natureza.

Para tanto, o decreto que instituir o estado de defesa determinará o tempo de sua duração, especificará as áreas a serem abrangidas e indicará, nos termos e limites da lei, as medidas coercitivas a vigorarem, tais como restrições aos direitos de: reunião, ainda que exercida no seio das associações; sigilo de correspondência; sigilo de comunicação telegráfica e telefônica; ocupação e uso temporário de bens e serviços públicos, na hipótese de calamidade pública, respondendo a União pelos danos e custos decorrentes. O tempo de duração do estado de defesa não será superior a trinta dias, podendo ser prorrogado uma vez, por igual período, se persistirem as razões que justificaram a sua decretação.

No tocante ao estado de sítio, com base no art. 137 da Carta Magna de 1988[6], o Presidente República e o Conselho de Defesa

---

[4] BRASIL. **Constituição** (1988). **Constituição da República Federativa do Brasil.** Brasília, DF, Senado, 2013.

[5] BRASIL. **Constituição** (1988). **Constituição da República Federativa do Brasil.** Brasília, DF, Senado, 2013.

[6] BRASIL. **Constituição** (1988). **Constituição da República Federativa do Brasil.** Brasília, DF, Senado, 2013.

Nacional, solicitar ao Congresso Nacional autorização para decretar o estado de sítio nos casos de: comoção grave de repercussão nacional ou ocorrência de fatos que comprovem a ineficácia de medida tomada durante o estado de defesa; declaração de estado de guerra ou resposta a agressão armada estrangeira.

O decreto do estado de sítio, a teor do que prescreve o art. 138, indicará sua duração, as normas necessárias a sua execução e as garantias constitucionais que ficarão suspensas, e, depois de publicado, o Presidente da República designará o executor das medidas específicas e as áreas abrangidas.

Conforme leciona José Afonso da Silva [7], os institutos do estado de sítio e do estado de defesa. Possibilitam a adoção de medidas temporárias buscam a solução da crise vivenciada, que não é possível de se resolver pelos meios ordinários. Sobreleva-se do texto constitucional que o estado de sítio consiste na suspensão temporária das atuações dos poderes legislativos e judiciário, diante da declaração de estado de guerra ou comoção grave de repercussão nacional. Enquanto o estado de defesa se configura diante da ameaça a grave e iminente instabilidade institucional e calamidades de grande proporção.

Neste panorama, diante da situação de pandemia do SARS-CoV-2, restou evidenciado que se trata de uma situação de calamidade pública, sendo viável a instauração de mecanismos emergenciais para contenção da contaminação pelo novo vírus. No intuito de estimular os países democráticos a se organizarem para conter os avanços da pandemia, a Comissão Interamericana de Direitos Humanos editou a Resolução nº 01/2020[8], elencando medidas de restrição de direitos fundamentais para manter o isolamento da população.

Por outro lado, a Comissão Interamericana de Direitos Humanos destaca as hipóteses de aplicação das medidas emergenciais, buscando evitar que haja riscos para os Estados de Direito. Antes de

---

7 SILVA, José Afonso da. **Curso de Direito Constitucional**. 27 ed. São Paulo: Malheiros Editores, 2006.

8 COMISIÓN INTERAMERICANA DE DERECHOS HUMANOS. **Pandemia y Derechos Humanos em las Américas. Resolución 1/2020.** Disponível em: http://www.oas.org/es/cidh/decisiones/pdf/Resolucion-1-20-es.pdf. Acesso em 02/05/2020.

implantar tais mecanismos emergenciais, deve ser destacada, de forma categórica e inequívoca a real necessidade de implantação, bem como as restrições dos direitos fundamentais devem ser pautadas pela temporariedade, devendo todos os países-membros restaurarem a efetividade plena dos direitos fundamentais quando cessar os efeitos da pandemia.

Nessa linha de intelecção, o Brasil editou sucessivas leis, regulamentos e atos administrativos para conter a contaminação do coronavírus, que começaram a restringir os direitos fundamentais para evitar aglomerações, tais como a liberdade de locomoção, a livre iniciativa e a propriedade privada.

Ressalte-se, por oportuno, que não se pode questionar a correção da grande maioria das medidas de isolamento implantadas pelos governantes, diante da crise da pandemia do COVID-19, tendo em vista a preservação da vida e da saúde dos cidadãos, mormente daqueles que se encontram em situação de maior vulnerabilidade.

Ocorre, todavia, que a conjuntura desta crise sanitária do coronavírus não pode viabilizar a edificação de uma "Constituição de Emergência", com restrição ou desproporção das restrições dos direitos fundamentais, que coloca em risco a validade e eficácia da Constituição da República de 1988.

3 Análise constitucional do julgamento da Ação Direta de Inconstitucionalidade nº 6.341/20020

O grande avanço dos números de contaminação da pandemia do coronavírus do país levou a edição da Medida Provisória (MP) 926/20, que dispõe sobre medidas para o enfrentamento da emergência de saúde pública decorrente do novo coronavírus 2020. Tal medida provisória alterou a Lei Federal 13.979/2020 interferiu no regime de cooperação entre os entes federativos, pois confiou à Presidência da República as prerrogativas de isolamento, quarentena, interdição de locomoção, de serviços públicos e atividades essenciais e de circulação.

Nesse aspecto, os governadores e prefeitos não teriam competência para decidir sobre a adesão ao isolamento social, com relativização do direito de locomoção aos indivíduos. Tal restrição veio da necessidade de se conformar a adoção de medidas de urgência, ao disposto no texto constitucional. Pois, se, de um lado, as medidas emergenciais adotadas pelos governadores e prefeitos buscam prevenir o contágio do COVID-19, de outro, observa-se que a restrição excessiva do direito de locomoção extrapola os limites constitucionais vigentes.

Esta controversa matéria foi examinada, recentemente, nos autos da Ação Direta de Inconstitucionalidade n° 6.341/20020. A suscitação da inconstitucionalidade foi sustentada pelo Partido Democrático Trabalhista, alegando que a centralização das medidas emergenciais do governo federal esvaziaria a responsabilidade constitucional de estados e municípios para cuidar da saúde, dirigir o Sistema Único de Saúde e executar ações de vigilância sanitária e epidemiológica.

Segundo o partido legitimado para a ação, o exercício do poder de polícia sanitária por Estados, Distrito Federal e Municípios – sobretudo com relação às ações de isolamento, quarentena e interdição de locomoção, circulação, atividades e serviços – não poderia ser confundido com uma usurpação de competências federativas da União, pelo que seria inconstitucional e afastaria a autonomia dos outros entes federativos para imprimir as mesmas políticas públicas, de acordo com as realidades regionais e locais.

Ao julgar a causa, o Supremo Tribunal Federal sustentou que o federalismo cooperativo, estabelecido pela Carta Constitucional pátria, autoriza, no âmbito de competências comuns e concorrentes, a atuação conjunta dos entes federativos, como sucede no campo da saúde pública. Sendo assim, a autonomia dos Estados, Distrito Federal e Municípios devem ser respeitadas, validando medidas emergenciais de restrição dos direitos fundamentais, inclusive no tocante ao direito de locomoção[9].

Sem discutir a inquestionável legitimidade da propositura da referida Ação Constitucional, que objetivava a justa proteção da vida e saúde dos cidadãos neste difícil contexto de pandemia, parece-nos que o Acórdão prolatado, com a devida vênia, merece alguns reparos. Além de suscitar um conflito federativo de competências, o Supremo Tribunal Federal não levou em consideração, a redação do texto constitucional.

possível estabelecer restrição ao direito de locomoção diante da

---

[9] SUPREMO TRIBUNAL FEDERAL - STF, **Ação Direta de Inconstitucionalidade 6341**. Disponível em: http://portal.stf.jus.br/processos/downloadPeca.asp?id=15342934686&ext=.pdf. Acesso em 02.05.2020

instauração do estado de sítio, na hipótese descrita no art. 137 da Constituição da República[10], que só se configura em caso de guerra declarada ou comoção grave de repercussão nacional. Saliente-se ainda que, mesmo diante da instauração do estado de sítio, a restrição da liberdade de locomoção está condicionada ao disposto no art. 139, I da Constituição da República[11], para obrigação de permanência em localidade determinada. Em estrita observância do texto constitucional, verifica-se que só é

Logo, eventuais medidas de restrição excessiva ao direito de locomoção, como ocorre com o lockdown, embora pareçam prima facie justificáveis para a tutela da vida e saúde dos cidadãos, não parecem encontrar o devido amparo constitucional. Com efeito, fazendo-se uma necessária ponderação de bens e interesses, iluminada pelo princípio da razoabilidade ou proporcionalidade, seria possível indagar: Se, por derradeiro, o lockdown tornar-se regra doravante no Brasil, fundado numa suposta "Constituição de Emergência" ou "Jurisprudência de Crise", a restrição desproporcional direitos fundamentais não poderá "normalizar" a exceção? Será que, posteriormente, mesmo após a pandemia, tal precedente de lockdown não poderá servir a projetos inconfessáveis do autoritarismo político, a fim de justificar, em outros campos da convivência humana, a limitação de liberdades fundamentais dos cidadãos?

Eis algumas indagações que somente o tempo oferecerá respostas ...

Considerações finais

A realidade da pandemia do COVID-19, que tem se alastrado de forma acelerada entre os países tem gerado a adoção de medidas de urgência que implicam no isolamento público, comercial, empresarial e escolar, com o intuito de reduzir aglomerações humanas, relativizando, contudo, os direitos fundamentais dos cidadãos.

Ocorre, contudo, que a conjuntura da crise do coronavírus não

---

[10] BRASIL. **Constituição** (1988). **Constituição** da República Federativa do Brasil. Brasília, DF, Senado, 2013.
[11] BRASIL. **Constituição** (1988). **Constituição** da República Federativa do Brasil. Brasília, DF, Senado, 2013.

pode oportunizar a construção do perigoso discurso segundo o qual os tempos atuais exigiriam o reconhecimento de uma "Constituição de Emergência", mediante uma " Jurisprudência de Crise", embasando a suspensão ou a restrição desproporcional dos direitos individuais, bem como a normalização de eventuais abusos de poder por parte dos governantes, como se a Constituição Federal de 1988 tivesse sido suspensa.

Nesse contexto, observando a edição da Medida Provisória 926/2020[12], que restringiu a liberdade dos prefeitos e governadores na tomada de decisões contra a pandemia e o julgamento da Ação Direta de Inconstitucionalidade n° 6.341/20020, verifica-se a criação de um precedente para conceder autonomia aos Estados, Distrito Federal e Municípios, de validar medidas emergenciais de restrição dos direitos fundamentais, inclusive no tocante ao direito de locomoção[13].

Ocorre que, além de suscitar um conflito federativo de competências, o Supremo Tribunal Federal não levou em consideração a redação do texto constitucional, pois, salvo melhor juízo, a restrição ao direito de locomoção só se revela possível, diante da instauração do estado de sítio, conforme o art. 137 da Constituição da República[14], só se configurando em caso de guerra declarada ou em comoção grave de repercussão nacional.

Logo, salvo melhor juízo, eventuais medidas de restrição excessiva ao direito de locomoção, como ocorre com o *lockdown*, embora pareçam *prima facie* justificáveis para a legítima tutela da vida e saúde dos cidadãos, não parecem encontrar o devido amparo na ordem constitucional brasileira.

---

[12] BRASIL, **Medida Provisória 926/2020**. Disponível em: http://www.planalto.gov.br/ccivil_03/_ato2019-2022/2020/Mpv/mpv926.htm. Acesso em 02.05.2020

[13] SUPREMO TRIBUNAL FEDERAL - STF, **Ação Direta de Inconstitucionalidade 6341**. Disponível em: http://portal.stf.jus.br/processos/downloadPeca.asp?id=15342934686&ext=.pdf. Acesso em 02.05.2020

[14] BRASIL. **Constituição** (1988). **Constituição** da República Federativa do Brasil. Brasília, DF, Senado, 2013.

Referências

BOBBIO, Norberto. **A Era dos Direitos**. Tradução Carlos Nelson Coutinho. Rio de Janeiro: Elservier, 2004.

BRASIL. **Constituição** (1988). **Constituição** da República Federativa do Brasil. Brasília, DF, Senado, 2013.

BRASIL, **Lei nº 13979/2020** editada em 06.02.2020. Disponível em: http://www.planalto.gov.br/ccivil_03/_ato2019-2022/2020/lei/L13979.htm. Acesso em 02.05.2020.

BRASIL, **Medida Provisória 936.** Disponível em: http://www.planalto.gov.br/ccivil_03/_Ato2019-2022/2020/Mpv/mpv936.htm. Acesso em 02.05.2020

BRASIL, Ministério da Saúde. **Confirmado 1º Caso de Coronavírus no Brasil.** Disponível em: https://covid.saude.gov.br/. Acesso em 11.04.2020

BRASIL, Ministério da Saúde. **Dados atualizados de Coronavírus no Brasil.** Disponível em: https://covid.saude.gov.br/. Acesso em 29.04.2020.

COMISIÓN INTERAMERICANA DE DERECHOS HUMANOS. **Pandemia y Derechos Humanos em las Américas. Resolución 1/2020**. Disponível em: http://www.oas.org/es/cidh/decisiones/pdf/Resolucion-1-20-es.pdf. Acesso em 02/05/2020

CUNHA JUNIOR, Dirley Da. **Curso de direito constitucional.** 5. ed. Salvador: JusPodivm, 2010.

ORGANIZAÇÃO MUNDIAL DA SAÚDE (OMS). **Coronavirus disease (COVID-19) outbreak.** Disponível em: https://www.who.int/emergencies/diseases/novel-coronavirus-2019. Acesso em 13.04.2020.

ORGANIZAÇÃO MUNDIAL DA SAÚDE (OMS). Disponível em: https://www.who.int /. Acesso em 02.05.2020.

PIOVESAN, Flávia. **Direitos Humanos e o Direito Constitucional Internacional.** 15. ed. São Paulo: Saraiva, 2016.

SARLET, Ingo Wolfgang. **Dignidade da pessoa humana e direitos fundamentais na constituição federal de 1988**. 5. ed. Porto Alegre: Livraria do Advogado, 2005.

SARLET, Ingo Wolfgang. **A eficácia dos direitos fundamentais.** 8. ed. Porto Alegre: Livraria do Advogado, 2007.

SILVA, José Afonso da. **Curso de Direito Constitucional**. 27 ed.

São Paulo: Malheiros Editores, 2006.

SOARES, Ricardo Maurício Freire. **O princípio constitucional da dignidade da pessoa humana.** São Paulo: Saraiva, 2010.

SPIELER, Paula; MELO, Carolina de Campos; CUNHA, José Ricardo. **Direitos Humanos.** Roteiro de Curso. Fundação Getúlio Vargas, 2010.

SUPREMO TRIBUNAL FEDERAL - STF**, Ação Direta de Inconstitucionalidade 6341.** Disponível em: http://portal.stf.jus.br/processos/downloadPeca.asp?id=15342 934686&ext=.pdf. Acesso em 02.05.2020

UNIVERSIDADE DE SÃO PAULO - USP. **Casos de Coronavírus no Brasil.** Disponível em: https://www.uol.com.br/vivabem/noticias/redacao/2020/03/ 22/usp-cria-rede-colaborativa-de-laboratorios-para-diagnosticar-coronavirus.htm. Acesso em 25.04.2020

Fragilidades do federalismo cooperativo brasileiro durante a pandemia da Covid-19

BÁRBARA TEIXEIRA BORGES

Introdução

Embora o ano de 2020 ainda não tenha chegado à metade, um organismo microscópico de impacto colossal já o marcou indelevelmente nas páginas da história. Não se tem memória recente de uma doença que tenha golpeado de forma tão súbita, profunda e veloz todas as estruturas da sociedade mundial como vem fazendo a COVID-19, causada pelo Novo Coronavirus SARS-CoV-2.

Da economia à educação, da política à religião, não houve sequer um campo social que tenha saído imune às transformações impostas pelo novo cenário. Em todo o globo, países adotaram medidas diversas num ritmo frenético, usualmente sem garantia de resultados positivos, numa tentativa de ganhar uma guerra contra um inimigo comum, desconhecido e onipresente.

No campo jurídico, não foi diferente. A regulamentação da circulação de pessoas, proibição de eventos públicos e alteração dos horários de funcionamento de estabelecimentos comerciais são alguns dos inúmeros exemplos de modificações firmadas em virtude da atual pandemia. De forma geral, as instituições internas dos países vêm expedindo normas jurídicas e atos administrativos com fins comuns, e trabalhando de forma coordenada e equilibrada em busca da contenção e reversão do presente quadro.

Não é, contudo, o que tem ocorrido no Brasil. Nos últimos três meses, o país, detentor da segunda posição em número de casos confirmados de COVID-19[1], deixou nítida uma desarmonia institucional não só entre os poderes Legislativo, Judiciário e Executivo no âmbito da União, como também entre as diferentes esferas da federação, evidenciando violentos atritos no que diz

---

[1] JOHNS HOPKINS UNIVERSITY. **COVID-19 Dashboard by the Center for Systems Science and Engineering (CSSE) at Johns Hopkins University.** Baltimore, 2020. Disponível em: https://coronavirus.jhu.edu/map.html. Acesso em: 28 mai 2020.

respeito ao pacto federativo.

1 Linhas gerais sobre a federação brasileira

Inicialmente, convém lembrar que se trata o Brasil de uma federação, conforme resta claro da simples leitura do *caput* do primeiro artigo da Constituição da República de 1988. Originalmente, a forma federativa de Estado surge com fundamento em um pacto firmado entre Estados que passam a ter autonomia, nos limites definidos em constituição, após transferirem sua soberania a um ente central – neste caso, passa a existir mais de uma esfera de poder nos limites de um mesmo território e sobre uma mesma população, uma vez que, no acordo firmado, surge um governo central ladeado por governos regionais (que possuem autonomia essencial à manutenção de peculiaridades locais), vinculados em virtude de objetivos comuns[2].

Em vista disso, têm-se, no sistema federativo, uma série de ordens jurídicas parciais junto a uma ordem jurídica central. É a Federação, destarte, garantida como instrumento de administração do próprio Estado; um modo constitucionalmente previsto de descentralização política, na qual os vários núcleos de competência detêm poder para firmar normas e concretizá-las[3].

Ademais, a forma federativa de estado foi alçada, na Carta Magna atual, à condição de cláusula pétrea, nos termos do artigo 60, §4º, I. Qualquer tentativa de cercear as competências dos estados, rompendo com o pacto federativo, é tida por inconstitucional. Importante salientar que a tutela do federalismo como cláusula pétrea protege também os interesses dos municípios, elevados, pela Constituição, à condição de unidades autônomas da federação[4]. Logo, esforços em minar competências atribuídas a municípios são, da mesma forma, considerados atentatórios ao pacto federativo.

Atualmente, no âmbito jurídico pátrio, a necessidade de criação

---

[2] NOVELINO, Marcelo. **Curso de Direito Constitucional**. 11ª ed. Salvador: Editora Juspodivm, 2016. p. 241.

[3] MOTTA, Sylvio. **Direito Constitucional: Teoria, Jurisprudência e Questões**. 27ªed. São Paulo: Editora Método, 2018. p. 502-503.

[4] AGRA, Walber de Moura. **Curso de Direito Constitucional**. 9ª ed. Belo Horizonte: Editora Fórum, 2018. p.524.

e implementação medidas emergenciais frente ao contexto de pandemia da COVID-19, ocasionou o surgimento de significativas incertezas a respeito da extensão de atuações federativas da União, de Estados-membros, do Distrito Federal e dos Municípios, gerando, inclusive ajuizamento de medidas judiciais.

2 Fraturas no federalismo cooperativo na pandemia do Covid-19 – a Ação Direita de Inconstitucionalidade nº 6341

Muito embora a Constituição Federal corrente defina, em seu artigo 1º, que o Brasil é uma federação simétrica "formada pela união indissolúvel dos Estados e Municípios e do Distrito Federal", é possível notar, atualmente, uma gradativa dinâmica de centralização do poder na esfera federal. Deste modo, aos entes menores, é cada vez mais complicado ter uma clara percepção dos limites das decisões de políticas públicas que lhes cabem, acarretando, por conseguinte, um quadro de instabilidade federativa. Este cenário é ainda mais evidente no presente momento, no qual o governo federal tenta se encarregar de maneira exclusiva da administração dos esforços contra a COVID-19, acarretando notórios atritos com gestões estaduais e municipais[5].

Podemos ilustrar esse desentendimento com a recente decisão do Supremo Tribunal Federal (STF) na Ação Direta de Inconstitucionalidade (ADI) nº 6341.

Como se sabe, objetivando controlar a propagação do coronavírus em solo nacional, alguns governadores e prefeitos editaram decretos limitando o ingresso e a saída de pessoas em seus territórios – por exemplo, o Decreto nº 46.980[6], do Governo do

---

[5] MAZZUOLI, Valerio. Direito e COVID-19: o que a pandemia pode ensinar para Itália e Brasil sobre o conceito de federalismo? **GenJuridico.com.br.** Disponível em: http://genjuridico.com.br/2020/05/04/pandemia-italia-brasil-federalismo/. Acesso em: 20 mai 2020.

[6] RIO DE JANEIRO (Estado). **Decreto nº 46.980, de 19 de março de 2020.** Atualiza as medidas de enfrentamento da propagação decorrente do Novo Coronavírus (COVID-19) em decorrência da situação de emergência em saúde e dá outras providências. Disponível em:

Estado do Rio de Janeiro, editado em março de 2020, e o Decreto nº 3.510[7], também de março deste ano, do Município de Penha, em Santa Catarina.

No entanto, o Governo Federal, ao entender que prefeitos e governadores não poderiam implementar tais providências, editou a Medida Provisória (MP) nº 926/2020[8], modificando a Lei nº 13.979/2020[9] (que prevê medidas que poderão ser adotadas pelo Brasil para enfrentamento da emergência de saúde pública decorrente do surto internacional de COVID-19), passando a constar no texto da lei, explicitamente, que apenas ato do Poder Executivo federal poderia restringir a circulação interestadual e intermunicipal por portos, aeroportos ou rodovias.

Posteriormente, foi ajuizada ação direta de inconstitucionalidade contra a MP nº 926/2020 pelo Partido Democrático Brasileiro (PDT).

Selecionado como relator da ação, o ministro Marco Aurélio

---

http://www.cge.rj.gov.br/wp-content/uploads/2020/03/Decreto-n%C2%BA-46.980.pdf. Acesso em: 25 mai 2020.

[7] PENHA. Prefeitura Municipal. **Decreto nº 3.510, de 19 de março de 2020**. Dispõe sobre as novas medidas para enfrentamento da emergência de saúde pública de importância internacional decorrente do coronavírus (COVID-19) e dá outras providências. Disponível em: https://leismunicipais.com.br/a/sc/p/penha/decreto/2020/351/3510/d ecreto-n-3510-2020-dispoe-sobre-as-novas-medidas-para-enfrentamento-da-emergencia-de-saude-publica-de-importancia-internacional-decorrente-do-coronavirus-covid-19-e-da-outras-providencias. Acesso em 26 mai 2020.

[8] BRASIL. **Medida Provisória nº 926, de 20 de março de 2020**. Altera a Lei nº 13.979, de 6 de fevereiro de 2020, para dispor sobre procedimentos para aquisição de bens, serviços e insumos destinados ao enfrentamento da emergência de saúde pública de importância internacional decorrente do coronavírus. Disponível em: http://www.planalto.gov.br/ccivil_03/_ato2019-2022/2020/Mpv/mpv926.htm. Acesso em 25 mai 2020.

[9] ______. **Lei nº 13.979, de 06 de fevereiro de 2020**. Dispõe sobre as medidas para enfrentamento da emergência de saúde pública de importância internacional decorrente do coronavírus responsável pelo surto de 2019. Disponível em: http://www.planalto.gov.br/ccivil_03/_ato2019-2022/2020/lei/L13979.htm. Acesso em: 25 mai 2020.

proferiu, em vinte e quatro de março, decisão na qual estabeleceu entendimento de que prefeitos e governadores possuem a faculdade de empregar medidas de contenção do avanço do novo vírus, uma vez que são medidas vinculadas à tutela da saúde, tema que é da competência comum da União, dos Estados, do Distrito Federal e dos Municípios, de acordo com o artigo 23, II, da Lei Maior.

Por unanimidade, o Plenário do STF concordou com o entendimento de que a competência concorrente e a tomada de deliberações normativas e administrativas pelos entes federativos que não sejam a União não são prejudicadas pelas providências adotadas para o enfrentamento do novo coronavírus por parte do Governo Federal na Medida Provisória 926/2020.

Assim, em sessão realizada por videoconferência, no dia quinze de abril, foi tomada, pela Corte Suprema, decisão referendando medida cautelar deferida no mês de março pelo ministro Marco Aurélio na Ação Direta de Inconstitucionalidade (ADI) 6.341[10].

No modelo político-institucional de cooperação intergovernamental presente no Brasil após 1988, o federalismo cooperativo essencial, existindo numerosas formas de se atingir este propósito[11].

A Carta Magna brasileira identifica nosso país, conforme dito anteriormente, como uma República Federativa formada pela união indissolúvel dos estados, municípios e do Distrito Federal, elaborando esta estrutura nas linhas do princípio da cooperação, consoante pode ser extraído de seus artigos 1º, 18, 23 e 60. Objetivando concretizar o modelo federado e cooperativo, a Lei Maior constituiu um intricado ordenamento jurídico de repartição de competências e atribuições, com limites claros e no qual, paralelamente, há competências privativas e concorrentes entre os

---

[10] STF reconhece competência concorrente de estados, DF, municípios e União no combate à Covid-19. **Notícias STF**, Brasília, 15 de abril de 2020. Disponível em: http://www.stf.jus.br/portal/cms/verNoticia Detalhe.asp?idConteudo=441447. Acesso em: 25 mai 2020.

[11] ABRUCIO, Fernando Luiz; GRIN, Eduardo José. Quando nem todas as rotas de cooperação intergovernamental levam ao mesmo caminho: arranjos federativos no Brasil para promover capacidades estatais municipais. **Revista do Serviço Público**, Brasília, n. 69, p. 85-122, dez. 2018.

entes federados[12].

O artigo 23, II, segundo já exposto, institui que a saúde é matéria de competência comum da União, dos Estados, do Distrito Federal e dos Municípios. No corrente cenário de crise na saúde mundial, porém, o federalismo cooperativo foi uma das primeiras estruturas a serem fortemente abaladas no território brasileiro pela pandemia de COVID-19.

A cooperação federativa expressa situação na qual a dinâmica entre os três níveis de governo não pode mais acontecer separadamente. Por conseguinte, necessitam atuar de forma sincrônica e cooperativa, pelos vínculos horizontais entre as comunidades federadas e em razão das cooperações verticais firmadas entre o poder federal e os poderes federados[13].

Demanda a cooperação entre entes da federação um modo de gerenciamento oriundo de acordos intergovernamentais voltados à realização de programas e financiamentos associados, posto que as políticas seriam levadas adiante através das atividades de mais de um nível de governo, de modo organizado e interdependente.

Apesar das previsões legislativas, ao se analisar a realidade brasileira, não é sensato afirmar que a competência comum para implementar políticas públicas (particularmente de saúde, no contexto em análise) gera automaticamente uma atuação compassada e colaborativa por parte dos entes federados – normalmente, o quadro que se apresenta é formado por disputas entre esses entes para se esquivarem de responsabilidades.

A atual pandemia, entretanto, modificou essa lógica, chegando-se ao ponto de terem se tornado corriqueiras cenas de verdadeira competição pela posição de protagonismo na condução de políticas

---

[12] ARAÚJO, Rosimeire Baraúna M. de; COSTA, Jean Mário Araújo; CUNHA, Maria Couto. Federalismo cooperativo brasileiro: implicações na gestão da educação municipal. **Jornal de políticas educacionais**, Curitiba, n. 8, p. 14-23, jul./dez., 2010. Disponível em: http://www.jpe.ufpr.br/n8_2.pdf. Acesso em: 20 mai 2020.

[13] TAVARES, Alessandra Schettino. **O federalismo cooperativo no Brasil: O Perfil do Estado Brasileiro segundo a Constituição Federal de 1988**. Monografia (Especialização em Instituições e Processos Políticos do Legislativo). Centro de Formação, Treinamento e Aperfeiçoamento (Cefor), da Câmara dos Deputados, 2009. Disponível em: http://bd.camara.gov.br/bd/bitstream/handle/bdcamara/341/federalis mo_cooperativo_schettino.pdf?sequence=4. Acesso em: 23 mai 2020.

públicas[14]. Independentemente de serem as motivações para tal rixa legítimas ou não, o fato é que as discordâncias entre os gestores acarretam imensurável conflito federativo e consequente prejuízo à população.

O que já era grave toma proporções ainda mais sérias em razão das circunstâncias atuais que demandam, mais do que nunca, ordem e sistematização de atos em prol do êxito da imensa tarefa que é a administração da atual pandemia num extenso e multifacetado país como o nosso.

Considerações finais

O conceito amplo de justiça social (pelo qual o Estado presta serviços gratuitos à coletividade) orientou a Constituição de 1988, fixando-se a necessidade de elaboração e de instituição de políticas públicas, de modo que o Estado fosse capaz de atender garantias sociais previstas no texto constitucional (dentre elas, o direito universal à saúde)[15]. Para atingir tal fim no vasto e diverso território nacional, valeu-se a Constituição da repartição de competências entre os entes da federação.

A repartição, contudo, não sanou as dificuldades tocantes à centralização e supremacia da União no Estado federal; a caracterização do federalismo cooperativo se apresenta, no Brasil, de maneira extremamente verticalizada, com a União interferindo significativamente em recursos e programas públicos de Estados e Municípios[16].

Nas últimas semanas, o Brasil surgiu como o novo epicentro

---

[14] PEREIRA, Felipe Barboza; LIMA, Cesar Henrique. Pacto federativo nos tempos do coronavírus. **JOTA**, São Paulo, 01 abr. 2020. Disponível em: https://www.jota.info/opiniao-e-analise/artigos/pacto-federativo-nos-tempos-do-coronavirus-01042020. Acesso em: 21 mai 2020.

[15] VIEIRA, Fabiola Sulpino; BENEVIDES, Rodrigo Pucci de Sá e. O Direito à Saúde no Brasil em Tempos de Crise Econômica, Ajuste Fiscal e Reforma Implícita do Estado. **Revista de Estudos e Pesquisas sobre as Américas**, Brasília, v.10, n.3, p.1984-1639. 2016.

[16] LIZIERO, Leonam; ALCÂNTARA, André Luiz Batalha. Entre a cooperação e a coerção: como os estímulos institucionais enfraqueceram o sistema federativo brasileiro previsto em 1988. **Revista de Direito da Cidade**, Rio de Janeiro, v. 12, n. 1, pp.341-365, 2020.

global da pandemia de COVID-19, registrando o mais alto índice de transmissão no planeta e revelando um sistema de saúde, agora, próximo ao colapso.

O próprio federalismo cooperativo implantado pela Constituição Cidadã, cuja louvável ideia inicial era integrar e aperfeiçoar as políticas públicas brasileiras para melhor atendimento da população tornou-se, de certa forma, o cerne do conflito atual. No meio da crise sanitária mundial e da corrida da ciência e das autoridades públicas para salvar vidas em todo o planeta, os maiores embates governamentais Brasil não dizem exatamente respeito a *como* proteger a sociedade, mas sim sobre *quem*, no federalismo pátrio, tem o poder de protege-la.

Covid-19, vida digital e reflexos no direito à privacidade

BEATRIZ SOUTO ORENGO

Introdução

O ambiente virtual é marcado por sua constante modificação. Surgem continuamente novas ferramentas e formas de interação. Diante da situação de pandemia que se instalou, boa parte dos indivíduos se viram quase que compelidos, ainda mais intensamente, à comunicação e desenvolvimento de atividades no ciberespaço. O termo "ciberespaço", segundo Pierre Levy[1], refere-se a infraestrutura material da comunicação digital e ao universo oceânico de informações, bem como aos seres humanos que navegam e alimentam esse espaço.

Note-se que a Internet constituiu alavanca de transição para uma nova forma de sociedade: a sociedade de rede[2]. E, dentro dessa grande rede, exsurge uma nova economia mundial, na qual os dados têm sofrido crescente aumento de valor econômico.

Em razão da Covid-19, a vida digital sofreu expansão acentuada, com profundas modificações na rotina da vida em sociedade. A circulação e o armazenamento de dados se intensificaram e isso afeta diretamente a privacidade dos indivíduos, de modo que novos desafios precisam ser enfrentados no campo jurídico para assegurar a proteção desses dados.

O direito à privacidade não é recente, mas é preciso que seja compreendido e analisado no contexto da sociedade digital, fortemente marcada pelo processamento massivo de informações.

O presente artigo analisará de forma breve o direito fundamental à privacidade, no contexto da pandemia causada pelo coronavírus, a qual acarretou uma ampliação da utilização das novas tecnologias

---

[1] LÈVY, Pierre. **Cibercultura**. São Paulo: Editora 34, 1999, p. 22.

[2] CASTELLS, Manuel. **A galáxia da internet: reflexões sobre a internet, os negócios e a sociedade.** Rio de Janeiro: Jorge Zahar Editor Ldta, 2001, p. 08.

para assegurar a continuidade de diversas atividades.

Direito à privacidade, novas tecnologias e Covid-19

O direito à privacidade sofreu modificações ao longo da história, devendo, na atualidade, conforme ensina Rodotá[3], ser desenvolvido nos moldes da sociedade da vigilância. Assim ressalta:

> As novas dimensões da coleta e do tratamento de informações provocaram a multiplicação dos apelos à privacidade e, ao mesmo tempo, submeteram a consciência da impossibilidade de confinar as novas questões que surgem dentro do quadro institucional tradicionalmente identificado por este conceito[4].

No que concerne ao atual estágio evolutivo da tecnologia, Bioni chama atenção para o fenômeno da "datificação" da vida dos indivíduos, ou seja, armazenar em dados praticamente toda a vida de uma pessoa. O surgimento da Internet das Coisas, segundo o autor, consolidou a "datificação" e revitaliza a própria ideia de vigilância[5]. Há, portanto, cada vez mais, uma integração da vida *offline* com a vida *online*, com aumento no volume dos dados.

Com a expansão da vida digital, a preocupação com a tutela do direito à privacidade se exacerba, não sendo possível ignorar as preocupações que surgem dentro do modelo institucional existente. A privacidade, na contemporaneidade, não mais constitui simplesmente o direito de ser deixado sozinho, e os próprios autores Brendeis e Warren[6], no artigo "The right to privacy", escrito em 1890, já alertavam que as mudanças políticas, sociais e econômicas implicam no reconhecimento de novos direitos.

Com a ocorrência da disseminação do coronavírus, experimentou-se o desempenho de diversas atividades à distância,

---

[3] RODOTÀ, Stefano. **A Vida na Sociedade da Vigilância: A Privacidade Hoje**. Org. Maria Celina de Bodin Moraes. Rio de Janeiro: Renovar, 2008, p. 23.

[4] RODOTÀ, Stefano. **A Vida na Sociedade da Vigilância: A Privacidade Hoje**. Org. Maria Celina de Bodin Moraes. Rio de Janeiro: Renovar, 2008, p. 23.

[5] BIONI, Ricardo Bruno. **Proteção de Dados Pessoais: a função dos limites e do consentimento**. Rio de Janeiro: Gen Forense, p. 120-121.

[6] WARREN, Samuel D.; BRANDEIS, Louis D. **The Rright to Privacy.** Cambridge: Harvard Law Review, Vol. 4, nº 5., 1890, p. 193-220.

por meio do uso de tecnologias. Se antes a ampliação do uso de aplicativos, e de outras ferramentas, já vinha ocorrendo, sua utilização se tornou indispensável no cotidiano de diversos indivíduos.

Com a utilização dessas ferramentas, dados dos usuários são coletados muitas vezes sem o seu consentimento. A questão do direito à privacidade, na atualidade, é bastante complexa, devendo ser sempre lembrado o elevado valor econômico dos dados[7].

As informações coletadas nutrem os detentores do poder, governamental ou não, na sociedade da vigilância. Para analisar as transformações que ocorrem na distribuição e no uso dos dados, ensina Rodotà que é necessário um olhar realista, a fim de que se possa identificar as raízes do poder fundado na disponibilidade de informações e seus reais detentores, com consequente possibilidade de que sejam projetadas formas de contra-poder e controle. O autor analisa ainda a necessidade de que sejam examinadas todas as potencialidades do seu uso e os diversos significados que possam assumir no cenário político[8].

Inúmeras violações à privacidade têm ocorrido na atualidade e dados coletados podem ter destinações sequer imaginadas pelos usuários. Nesse contexto, leciona Frazão serem os dados os insumos da economia digital e os algoritmos os instrumentos por meio dos quais os dados são processados, podendo ser revertidos em resultados a serem utilizados para as mais variadas finalidades. Acrescenta que os algoritmos têm sido utilizados para análises complexas, que influenciam decisões e diagnósticos dentro de nossa sociedade, além de devassarem a intimidade das pessoas[9].

---

[7] BRASIL, **The world's most valuable resource is no longer oil, but data.** Reino Unido, 2017.Disponível em < www.economist.com/leaders/2017/05/06/the-worlds-most-valuable-resource-is-no-longer-oil-but-data>. Acesso em:.31/05/2020.

[8] RODOTÀ, Stefano. **A Vida na Sociedade da Vigilância: A Privacidade Hoje**. Org. Maria Celina de Bodin Moraes. Rio de Janeiro: Renovar, 2008, p. 24-25.

[9] FRAZÃO, Ana. Fundamentos da proteção dos dados pessoais. **Noções introdutórias para a compreensão da importância da Lei Geral de Proteção de Dados**. In: TEPEDINO, Gustavo; FRAZÃO, Ana; OLIVA, Milena Donato (Orgs.). A Lei Geral de Proteção de Dados Pessoais e suas repercussões no direito brasileiro. São Paulo: Thosmon Reuters Brasil, 2019, p. 02.

Durante a pandemia, diversas plataformas têm sido utilizadas para realização de aulas, reuniões, de forma virtual, o que aumenta as chances de vazamento, intencional ou não, de informações. O aplicativo *Zoom*, por exemplo, bastante usado para videoconferências, recentemente teve aberta investigação pelo Ministério da Justiça e Segurança Pública, por meio da Secretária Nacional do Consumidor, para apurar violações à privacidade.[10]

A enfermidade Covid-19 trouxe como uma de suas consequências a aceleração do processo de virtualização do modo de viver da sociedade contemporânea, e, com isso, a discussão a respeito da necessidade do estabelecimento de mecanismos realmente eficazes que assegurem o respeito à privacidade e à segurança, na utilização do "ciberespaço", revelou-se indispensável e urgente.

Observa-se, ao longo do avanço da pandemia, o debate em torno de quais seriam os limites das medidas que utilizam dados pessoais e sistemas de vigilância para combater o vírus. Ao redor do mundo, diversos países adotaram essas medidas como tentativa de contenção da doença[11]. Complexa é, portanto, a questão da vigilância de massa.

Mencione-se ainda que, com a justificativa de contenção da transmissão do vírus, têm sido utilizadas ferramentas para vigilância e monitoramento da circulação de pessoas, recolhendo-se, inclusive, dados de geolocalização dos indivíduos. No Brasil, o Governo Federal disponibilizou um aplicativo chamado "Coronavírus SUS"[12], o qual tem acesso, em tempo real, a localização dos seus usuários, cujo objetivo primordial seria indicar a unidade de saúde mais

---

[10] BRASIL, **Senacon investiga a plataforma Zoom por violações à privacidade,** 2020. .Disponível em <https://www.convergenciadigital.com.br/cgi/cgilua.exe/sys/start.htm?UserActiveTemplate=site&infoid=53325&sid=4>. Acesso em:.31/05/2020.

[11] BRASIL, **Coronavírus: uso de dados de geolocalização contra a pandemia põe em risco sua privacidade?.** Disponível em: <https://www.bbc.com/portuguese/brasil-52357879>. Acesso em 31/05/2020.

[12] BRASIL, **Tecnologia do aplicativo Coronavírus SUS será compartilhada com outros países** <https://www.gov.br/pt-br/noticias/saude-e-vigilancia-sanitaria/2020/03/tecnologia-do-aplicativo-coronavirus-sus-sera-compartilhada-com-outros-paises>. Acesso em: 31/05/2020.

próxima (nele consta, atualmente, "Termos de Uso", em que se assegura o respeito às disposições legais vigentes acerca da proteção de dados[13]).

Parece evidente que no caso específico da pandemia ora vivenciada, a vigilância por meio da coleta de dados individuais tem como objetivo primordial combater os avanços da doença, entretanto, não há como não se preocupar com o uso que será dado a essas informações, sobretudo no pós-pandemia.

Preocupação dessa natureza foi manifestada por Harari, em artigo publicado no jornal "Financial Times":

> Mesmo quando as infecções por coronavírus estejam abaixo de zero, alguns governos com fome de dados podem argumentar que precisavam manter os sistemas de vigilância biométrica no local, porque temem uma segunda onda de coronavírus ou porque existe uma nova cepa de Ebola em evolução na África central, ou porque... Você entendeu a ideia. **Uma grande batalha tem acontecido nos últimos anos por causa da nossa privacidade. A crise do coronavírus pode ser o ponto de inflexão da batalha. Pois quando as pessoas podem escolher entre privacidade e saúde, geralmente escolhem a saúde**[14]. (Grifos nossos)

A realidade tem sido acentuadamente modificada pelo cenário de pandemia e ainda não se sabe ao certo a amplitude dos reflexos que surgirão no pós-pandemia, a partir dos dados que têm sido coletados.

A Covid-19 traz à tona, dessa forma, a necessidade de reflexão acerca dos riscos da habituação quanto às estruturas de vigilância adotadas em um período excepcional, justificáveis apenas em função da utilidade do tratamento de alguns dados, que deve ser realizada de forma temporária e responsável, frise-se, com o fim único de que seja possível manejar ações que mitiguem o avanço e o impacto da doença na saúde coletiva e individual.

---

[13] Mencione-se que a Lei Geral de Proteção de Dados (LGPD) vem sofrendo reviravoltas no que concerne a data em que entrará em vigor, o que vem causando insegurança no meio jurídico. Disponível em: <https://www.conjur.com.br/2020-mai-20/antecipacao-entrada-vigor-lgpd-gerar-inseguranca>. Acesso em: 31/05/2020.

[14] REINO UNIDO, **Yuval Noah Harari: the world after coronavirus.** Disponível em: <https://www.ft.com/content/19d90308-6858-11ea-a3c9-1fe6fedcca75>. Acesso em: 01/06/2020, destaques acrescidos.

Considerações finais

A pandemia trouxe como uma de suas consequências a inequívoca intensificação da vida digital. Parcela considerável de indivíduos passou a desempenhar inúmeras atividades de forma virtual. A rotina e as formas de interação sofreram visível alteração. Até mesmo no campo da saúde, por exemplo, estão sendo realizadas consultas médicas e psicológicas por meio da Internet, em área na qual o contato presencial, e cuidado extremo com a privacidade, são tidos como de suma importância.

O cenário atual, portanto, é marcado por inúmeras e aceleradas mudanças, não sendo possível dimensionar os impactos, nas mais variadas áreas, que serão experimentados pela sociedade no pós-pandemia.

As novas discussões acerca do direito à privacidade, surgidas no contexto da sociedade da vigilância, ganharam ainda mais relevância em face do massivo uso dos dados em diversos países do mundo. Mais do que nunca, é necessária a consciência de que é imprescindível legislação capaz de proteger a privacidade do indivíduo, uma vez que governos e empresas poderão manipular a vida de cidadãos, ameaçando a mais essencial das liberdades: a liberdade de pensar.

É fundamental, portanto, que juntamente com os avanços e modificações trazidos pelas novas tecnologias, cada vez mais presentes no dia a dia dos indivíduos, sejam assegurados, efetivamente, os limites na coleta e utilização dos dados, os quais constituem ferramenta de acentuado poder, a fim de que parte considerável da sociedade mundial não venha a se tornar fantoche pelo uso indevido de dados.

Referências

BRASIL, **Antecipação da entrada em vigor da LGPD pode gerar mais insegurança**. Disponível em: <https://www.conjur.com.br/2020-mai-20/antecipacao-entrada-vigor-lgpd-gerar-inseguranca>. Acesso em: 31/05/2020.

BRASIL, **Coronavírus: uso de dados de geolocalização contra a**

pandemia põe em risco sua privacidade?. Disponível em: <https://www.bbc.com/portuguese/brasil-52357879>. Acesso em 31/05/2020.

BRASIL, **Senacon investiga a plataforma Zoom por violações à privacidade**, 2020. .Disponível em <https://www.convergenciadigital.com.br/cgi/cgilua.exe/sys/start.htm?UserActiveTemplate=site&infoid=53325&sid=4>. Acesso em:.31/05/2020.

BRASIL, **Tecnologia do aplicativo Coronavírus SUS será compartilhada com outros países** <https://www.gov.br/pt-br/noticias/saude-e-vigilancia-sanitaria/2020/03/tecnologia-do-aplicativo-coronavirus-sus-sera-compartilhada-com-outros-paises>. Acesso em: 31/05/2020.

BRASIL, **The world's most valuable resource is no longer oil, but data**. Reino Unido, 2017.Disponível em < www.economist.com/leaders/2017/05/06/the-worlds-most-valuable-resource-is-no-longer-oil-but-data>. Acesso em:.31/05/2020.

BIONI, Ricardo Bruno. **Proteção de Dados Pessoais: a função dos limites e do consentimento**. Rio de Janeiro: Gen Forense, p. 120-121.

CASTELLS, Manuel. **A galáxia da internet: reflexões sobre a internet, os negócios e a sociedade.** Rio de Janeiro: Jorge Zahar Editor Ldta, 2001.

FRAZÃO, Ana. Fundamentos da proteção dos dados pessoais. **Noções introdutórias para a compreensão da importância da Lei Geral de Proteção de Dados.** In: TEPEDINO, Gustavo; FRAZÃO, Ana; OLIVA, Milena Donato (Orgs.). A Lei Geral de Proteção de Dados Pessoais e suas repercussões no direito brasileiro. São Paulo: Thosmon Reuters Brasil, 2019.

LÈVY, Pierre. **Cibercultura.** São Paulo: Editora 34, 1999.

REINO UNIDO, **Yuval Noah Harari: the world after coronavirus.** Disponível em: <https://www.ft.com/content/19d90308-6858-11ea-a3c9-1fe6fedcca75>. Acesso em: 01/06/2020.

WARREN, Samuel D.; BRANDEIS, Louis D. **The Rright to Privacy.** Cambridge: Harvard Law Review, Vol. 4, nº 5., 1890.

Crise e pandemia, substantivos femininos

CHARLOTTH BACK

Está cada vez mais evidente que a pandemia de COVID 19 que atinge praticamente todo o mundo não apenas cria novas desigualdades, mas também acelera as desigualdades já existentes. A crise decorrente das medidas de isolamento social representa, especialmente nos países periféricos como o Brasil, a aceleração dos aspectos neoliberais que já se impunham em nossa sociedade, e que estão baseados na desvalorização do papel do Estado e no fortalecimento dos mercados.

Assim como as políticas de austeridade que vinham ganhando força desde a crise de 2008, não se pode falar que os efeitos do vírus são "democráticos", uma vez que atingem os indivíduos de forma totalmente variável de acordo com sua classe social, sua cor, seu gênero e sua etnia. Não estamos todos igualmente sujeitos ao mesmo risco de contaminação, não temos todos os mesmos recursos para um possível tratamento, assim como não sofremos os mesmos efeitos sociais e econômicos da crise que acompanha a pandemia. Tais efeitos sociais e econômicos, por sua vez, evidenciaram o debate público sobre as questões da desigualdade de gênero na sociedade brasileira, em especial o papel das mulheres no mercado de trabalho, tanto formal como informal, e a importância dos trabalhos de cuidados e dos trabalhos domésticos – nas suas casas ou de seus patrões -, tidos como invisíveis e historicamente delegados às mulheres.

Nesse contexto pandêmico de evidente desigualdade, pretendemos apresentar, de forma suscinta, algumas assimetrias de gênero que têm sido evidenciadas pela epidemia- mas que sempre estiveram presentes na sociedade brasileira-, para, de alguma forma, contribuir para a desmistificação da natureza "democrática" deste inimigo invisível, para visibilização destas desigualdades de gênero e para o fortalecimento das lutas feministas.

Crise e pandemia

A liberalização do comércio, a desregulamentação econômica e as privatizações em todo o mundo ampliaram a área de atuação dos mercados e aprofundaram seu impacto no cotidiano de milhares de pessoas. Os serviços que anteriormente estavam dentro do escopo de ação direta e regulação dos Estados, como serviços de abastecimento de água, telecomunicações, exploração de recursos do subsolo, entre outros, são transferidos para a iniciativa nacional e/ou transnacional privada. De acordo com o Relatório Mundial de Investimentos da UNCTAD 2017[1], a maioria das medidas políticas relacionadas a investimentos estrangeiros diretos adotadas em 2016 teve o objetivo de liberalização e privatização de serviços anteriormente públicos, o que, segundo Ruggie[2], tem sido a tendência desde a década de 1990.

As políticas de austeridade que, após a crise de 2008, se tornaram o receituário a ser seguido pelos governos periféricos, têm sido usadas como justificativa para uma nova ofensiva de remoção de atores estatais da administração e do fornecimento de serviços públicos, cujo controle é transferido para os atores privados, sob a alegação de contenção de custos e de obtenção da máxima eficiência. Isso significa que a privatização dos serviços públicos retira grande parte da capacidade dos Estados de regular a prestação desses serviços e os coloca em uma posição de mediação entre empresas e indivíduos, ou pior, os exclui completamente dessa relação na prática cotidiana[3].

De acordo com Laval e Dardot[4], o neoliberalismo, diferentemente do que é defendido em muitos momentos, não tem interesse no desaparecimento do Estado, mas na reformulação deste - mais exatamente na relativização do seu papel de entidade que integra todas as dimensões da existência coletiva: a organização do

---

[1] UNCTAD (2017). **World Investiment Report 2017**. Genebra: United Nations. Disponível em http://unctad.org/en/PublicationsLibrary/wir2017_en.pdf

[2] Ruggie, J.G.(2017). Multinationals as global institution: Power, authority and relative autonomy. **Regulation & Governance**.

[3] Dardot, P.; Laval, C. (2013). **The new way of the world**: on neoliberal society. London: Verso.

[4] *Idem*

poder político, o desenvolvimento da cultura nacional, as relações entre classes sociais, a organização da vida econômica, o nível de emprego e assim por diante. Neste sentido, os Estados tendem a delegar muitas dessas funções a empresas particulares.

As empresas, como entidades privadas em busca da maximização de seus lucros, obedecem à lógica da utilidade, da produtividade, e seguem impondo esta lógica quando atuam em esferas que antes eram públicas - como nos serviços de saúde, educação, transporte, segurança etc. O objetivo é reduzir ao máximo os seus custos, por isso necessitam do apoio do Estado para enfraquecer o poder de barganha dos sindicatos, minimizar os direitos sociais, reduzir os custos trabalhistas, diminuir o tamanho da seguridade social, entre outros – decisões que se "justificariam" pela busca da "competitividade global". Dessa forma, o Estado passa a ser responsável pela logística e pelo apoio infraestrutural para atrair os grandes oligopólios para seu território. Segundo Laval e Dardot[5], tal intervenção governamental assume a forma de uma "política de produção", e o Estado passa a ser "parceiro dos interesses oligopolísticos", pois persegue políticas favoráveis às empresas, ainda que sejam desvantajosas para a população.

Em épocas de crise, como a que vivemos hoje, observa-se que estes movimentos tornam-se verdadeiras "táticas de choque"[6] - mais ou menos estimuladas -, as quais justificam a tomada de decisões, a princípio provisórias, que atacam as proteções sociais e estimulam a urgência da entrada de empresas privadas nacionais e/ou internacionais em esferas antes reservadas ao serviço público nacional. Esta conjuntura criada em nome do enfrentamento de uma "grave crise", como a pandemia de COVID 19, - que ocorre com o aval de instituições internacionais e universais -, ao final, serve perfeitamente para a expansão do modelo econômico neoliberal, para o esvaziamento dos Estados e para a redução de direitos.

Portanto, o surgimento de políticas econômicas neoliberais que sempre "respondem" às crises econômicas, políticas e sociais – como tem acontecido atualmente no Brasil - e que exacerbam ainda mais as desigualdades, não é resultado de incompetência ou má gestão estatais, como a retórica neoliberal nos leva a crer. Esta

---

[5] *Idem*

[6] Klein, N. (2007). **The shock doctrine**: the rise of disaster capitalism. New York: Metropolitan Books.

"excepcionalidade" das crises – que têm sido cada vez mais recorrente – é parte essencial do projeto de expansão do "livre mercado" e do neoliberalismo, os quais só podem avançar em contextos de desastres. Dessa forma, a pandemia da COVID 19 pode ser interpretada como mais um ciclo de aprofundamento do neoliberalismo, especialmente nos seus aspectos excludentes.

Crises e pandemia têm rosto de mulher

Ao pensarmos nas sociedades periféricas, as consequências negativas tanto das políticas de austeridade como dos "desastres" apresentam claramente um viés de gênero. Os aspectos neoliberais das últimas décadas acirraram ainda mais as desigualdades de gênero na medida em que reforçaram as premissas excludentes sobre as quais a sociedade está assentada. As dificuldades no acesso aos direitos sociais básicos como educação, saúde e assistência social afetam diretamente os direitos das mulheres, pois são elas as que historicamente[7] são responsáveis pelo trabalho doméstico, pelo cuidado com os filhos e enfermos e, normalmente, são as primeiras a ter que abandonar o mercado de trabalho para dar qualquer tipo de suporte doméstico às suas famílias e comunidades.

Os serviços públicos que compõem os direitos sociais dos cidadãos, especialmente aqueles que possibilitam que as mulheres tenham liberdade para planejar suas vidas, tomar decisões pessoais e/ou reprodutivas e fazer escolhas profissionais, como o fornecimento de cuidados em geral como creches, escolas, asilos e hospitais por parte do Estado, ao deixarem a esfera estatal ficam sujeitos às regras do mercado e da concorrência. Isto significa basicamente que o acesso a esses serviços, e consequentemente os direitos à saúde, à educação e à assistência social decorrentes deles, são mercantilizados, e passam a ser mercadorias acessíveis apenas àqueles que podem comprá-las.

Nesse sentido, as mulheres compõem o grupo que depende do fornecimento dos serviços públicos por parte dos Estados e, por isso, são as mais impactadas negativamente com as privatizações e com os efeitos da pandemia. Como não poderia deixar de ser, este

---

[7] Federici, Silvia (2017). **Calibã e a Bruxa.** Mulheres, corpo e acumulação primitiva. Tradução Coletivo Sycorax. São Paulo: Elefante.

grupo não é homogêneo, e as mulheres negras periféricas se encontram em situações de maior vulnerabilidade que as mulheres brancas, especialmente aquelas que são mães solo e sustentam suas famílias. De acordo com uma pesquisa do Instituto Locomotiva[8], em 35% das casas sustentadas por mães solo já faltou recursos para comprar alimentos durante a pandemia e em 31% não havia dinheiro para adquirir produtos de limpeza, itens de primeira necessidade durante esta crise de saúde pública.

Quando analisamos a área de saúde, especialmente nos profissionais essenciais para a prevenção e o combate da COVID 19, imediatamente nos deparamos com as mulheres. A área de assistência social no Brasil, responsável pelas mais diversas ações no âmbito comunitário e para a prevenção de doenças, é composta basicamente por mulheres (93,7%)[9]. Quando pensamos nos indivíduos que já estão contaminados e que procuram uma unidade de saúde, fica evidente que o primeiro contato com os infectados e seu encaminhamento serão realizados por mulheres, uma vez que 86% dos profissionais de enfermagem são mulheres (53% delas são negras)[10], e 45,6% da categoria médica é formada também por mulheres[11]. Portanto, tanto a prevenção como o tratamento da doença no Brasil têm perfil feminino.

O desemprego decorrente do isolamento social também tem perfil feminino. De acordo com o IBGE, a taxa de desocupação das mulheres é de 14.5%, enquanto a dos homens é de 10,4%[12]. Isso

---

[8] Silva, C; Moura, R. (2020). **Quem cuida dos filhos das enfermeiras durante a pandemia?** Disponível em http://www.generonumero.media /quem-cuida-dos-filhos-das-enfermeiras-durante-pandemia/

[9] Rocha; R. B. (2016). Relação de Gênero: Um Estudo no Curso Superior de Serviço Social. **Saúde em Foco**, Edição n°. 08. Disponível em http://portal.unisepe.com.br/unifia/wp-content/uploads/sites/10001/2018/06/013_relacao_genero.pdf

[10] *Idem*

[11] Lins, A. (2020). Pandemia da Covid-19 afeta mais as mulheres, afirmam pesquisadoras da UFPB. Disponível em https://www.ufpb.br/ufpb/contents/noticias/pandemia-da-covid-19-afeta-mais-as-mulheres-afirmam-pesquisadoras-da-ufpb

[12] Agência O Globo (2020). **Mais cruel para mulheres e negros, desemprego sobe em 12 estados no 1° trimestre.** Disponível em https://economia.ig.com.br/2020-05-15/mais-cruel-para-mulheres-e-negros-desemprego-sobe-em-12-estados-no-1-trimestre.html

ocorre porque as medidas de prevenção obrigaram o fechamento de lojas, restaurantes, salões de beleza e hotéis, a suspensão de serviços do terceiro setor e a interrupção de serviços prestados por empresas terceirizadas, os quais têm nas mulheres sua principal força de trabalho. Ademais, a prestação de serviços domésticos, realizada por sua maioria por mulheres negras[13], também foi prejudicada, tanto quando consideramos as trabalhadoras formalizadas, que podem sofrer diminuição de salários ou até demissões, como as diaristas, que não têm mais possibilidade de trabalho.

O mercado de trabalho informal, um dos mais prejudicados pela pandemia, é composto por grande parcela de mulheres. "Por estarem sobrecarregadas com o trabalho produtivo e reprodutivo, em todas as classes sociais, e também porque ocupam toda a mancha urbana, ou seja, mulheres por conta própria que moram em bairros pobres e ricos"[14], as mulheres são responsáveis por atividades ambulantes, trabalhos temporários em geral e pequenos negócios não regularizados e precários, os quais podem ser conciliados com afazeres domésticos – tanto em suas casas como nas de terceiros – e com os trabalhos de cuidados de crianças, idosos e enfermos[15].

O fechamento das creches e escolas também intensificou a responsabilidade das mulheres com as crianças, que agora demandam atenção em tempo integral ou pelo menos algum auxílio para acompanhar atividades educacionais à distância, funções que precisam ser conciliadas com exigências profissionais de alta produtividade mesmo em situação de *home office*. A responsabilidade pela manutenção de uma certa "normalidade", pela conservação da estabilidade emocional e pela administração de atividades diárias não remuneradas que sustentam a reprodução da força de trabalho[16] –

---

[13] Almeida, *T.; Gomes, S.; Marques, E.; Moraes, S. (2020)*. **Mulheres e a COVID-19:** sobrecargas, violências e desproteção social. Disponível em http://www.cress-es.org.br/mulheres-e-a-covid-19-sobrecargas-violencias-e-desprotecao-social/

[14] Carvalho, M. de C. F. S (2018). **Zika, substantivo feminino:** a produção de sentidos sobre as desigualdades de gênero e os direitos sexuais e reprodutivos da mulher no telejornalismo nacional. 2018. 143 f. Dissertação (Mestrado em Informação e Comunicação em Saúde) -Instituto de Comunicação e Informação Científica e Tecnológica em Saúde, Fundação Oswaldo Cruz, Rio de Janeiro.

[15] Federici, 2017.

[16] *Idem*

como lavar, passar, cozinhar e limpar- recai também sobre os corpos femininos, que têm estado sobrecarregados e mais sujeitos às doenças psicológicas, à depressão e ao alcoolismo[17]. Como se não bastassem todas essas obrigações "os cuidados relacionados à prevenção da doença, como lavagem das roupas de quem vai à rua, lavagem das roupas de cama e banho, higienização dos utensílios pessoais e das compras do mercado etc"[18] são também funções normalmente designadas às mulheres.

Além de as mulheres estarem sofrendo com a ausência de políticas públicas capazes de manter suas rendas e seus direitos, o atraso no pagamento do auxílio emergencial e as desigualdades históricas decorrentes da discriminação de gênero presente no Brasil, houve também o aumento de pelo menos 35% das denúncias de violência contra as mulheres[19] no decorrer da pandemia, já que muitas têm sido obrigadas a permanecer em casa com cônjuges e familiares violentos ou em ambientes hostis. Este número, no entanto, não reflete completamente a realidade, uma vez que a violência de gênero, especialmente familiar, muitas vezes é descoberta nas creches e escolas por profissionais que convivem diariamente com mães e crianças e em espaços de convivência coletiva, os quais hoje estão fechados em razão do risco de contágio pelo vírus.

Diante do exposto, que não pretende esgotar a discussão sobre os impactos que recaem sobre os corpos femininos em razão de crises, concluímos que as mulheres compõem o grupo mais afetado pela pandemia de COVID 19, a qual aprofunda a concentração de poder econômico e político e que tem sido de grande valia para os interesses do grande capital, especialmente no que concerne ao controle de setores como saúde e educação. Além disso, o cenário de crise e de "excepcionalidade" que exacerba as desigualdades e

---

[17] Mayara, J.(2020) **Mulheres podem estar mais expostas psicologicamente à pandemia.** Disponível em https://www.em.com.br/app/noticia/bem-viver/2020/05/29/interna_bem_viver,1151856/mulheres-podem-estar-mais-expostas-psicologicamente-a-pandemia.shtml

[18] Almeida et al, 2020.

[19] Della Colleta, R. (2020). Denúncias de violência contra a mulher sobem 35% durante pandemia, diz Damares. Disponível em https://www1.folha.uol.com.br/cotidiano/2020/05/denuncias-de-violencia-contra-a-mulher-sobem-35-durante-pandemia-diz-damares.shtml

retira direitos já considerados conquistados, corroboram as contradições dos direitos humanos e evidenciam que estes direitos, por mais que estejam positivados e garantidos em instrumentos normativos, são resultados apenas provisórios de processos de lutas constantes em um ambiente de disputa de poder, tanto nas esferas domésticas como na esfera internacional, como professou Herrera Flores[20].

Nesse sentido, as crises do sistema neoliberal, e especialmente a crise da COVID 19, reeditam a vitimização das mulheres e reproduzem os padrões nos quais, "ontologicamente, se nega o protagonismo feminino"[21], e onde "o homem é o sujeito e a mulher é o outro"[22], excluído e subalternizado, ainda que a análise mais detida do contexto atual demonstre que são as mulheres e seus corpos, tanto dentro como fora dos lares, em trabalhos remunerados e não remunerados, que sustentam o funcionamento da sociedade brasileira em meio à pandemia.

---

[20] Herrera Flores, J. (2008). **La reinvención de los derechos humanos**. Valencia: Atrapasueños.

[21] VALLE, L.P. (2017). El ecofeminismo como propulsor de la expansión de la racionalidad ambiental. Trad. Claudia Jana Sinibaldi Bento. **Ecología Política**, n. 54, pp. 28-36, p. 30. Tradução nossa, no original, em espanhol: *"Ontológicamente, se niega el protagonismo feminino"*.

[22] Idem, p. 30. Tradução nossa, no original, em espanhol: *"el hombre es sujeto y la mujer es el otro"*.

Entre expectativas normativas de igualdade e imperativos sistêmicos: uma reflexão sobre sociedade e pandemia no marco da Escola Mineira de Direito Constitucional

FELIPE VINÍCIUS CAPARELI
RAYANN KETTULY MASSAHUD DE CARVALHO

I

O presente artigo tem o objetivo de contribuir para a realização de uma reflexão sobre a relação entre Constituição e pandemia, buscando entender o tempo presente como mais um momento — que pode ser decisivo — de luta social com a Constituição por uma sociedade mais solidária e livre (CATTONI DE OLIVEIRA; GOMES, 2016, p. 92).

Isso se justifica, pois as contradições da modernidade, expressas nas constituições modernas — a coexistência entre a pretensão legítima de liberdade, de igualdade e de cidadania com uma desigualdade abissal em diferentes âmbitos da vida (MASSAHUD DE CARVALHO, 2020, p. 41-42) — estão se tornando mais translúcidas com a pandemia de COVID-19. Nesse quadro, é possível que a própria sociedade, ameaçada, decida por uma outra forma de organização social, que realize em maior grau as expectativas sociais de uma sociedade mais igualitária (GOMES, 2016, p. 204-206).

Para isso, o presente texto será dividido em dois momentos, primeiramente apresentar-se-á o modo com que a Escola Mineira de Direito Constitucional entende a correlação entre Constituição, modernidade e sociedade. No segundo momento, será realizada uma análise sobre a urgência da defesa do paradigma procedimentalista do Estado Democrático de Direito, uma vez que parece ser o modelo de organização social que é mais capaz de enfrentar as mazelas e as contradições que estão sendo vivenciadas.

II

Para a Escola Mineira de Direito Constitucional (SCOTTI; AZEVEDO, 2019, p. 207) — capitaneada por Menelick de Carvalho Netto (GOMES, 2019c) —, as constituições modernas são compreendidas como sendo mais do que apenas um texto (CARVALHO NETTO, 2019, p. 384) e não como algo distinto da sociedade, mas como sendo a própria sociedade (CATTONI DE OLIVEIRA, 2017, p. 52).

A modernidade, por sua vez, é compreendida como a tensão permanente entre imperativos sistêmicos do modo de produção capitalista e expectativas normativas de igualdade oriundas do mundo da vida linguisticamente constituído (GOMES, 2019a). Por serem constituições modernas, elas expressam a mesma tensão da modernidade, entre expectativas normativas e imperativos sistêmicos, pois (GOMES, 2019b, p. 111-116).

Ao mesmo tempo, as constituições também revelam o modo como a sociedade se auto-compreende (CARVALHO NETTO, 2019, p. 384), bem como a compreensão dela, sociedade, sobre qual é a melhor forma de regular e organizar a vida social (GOMES, 2019b, p. 120-121). Isto é, "as constituições modernas dizem respeito, em seu sentido mais profundo, ao problema da integração social em sociedades modernas" (GOMES, 2019b, p. 116).

No tempo presente, supracitada tensão tem se tornado mais evidente, sendo necessário abandonar o diagnóstico sedimentado no Direito Constitucional e na Teoria da Constituição brasileira, sendo ele: de uma suposta inefetividade constitucional, da Constituição como meramente simbólica (GOMES, 2019a, p. 28-35) ou de um Estado de exceção configurado a partir do golpe sofrido pela presidenta Dilma Rousseff (KOZICKI; CHUERI, 2019, p. 172).

É urgente abandonar essas teses de uma história de fracassos (GOMES, 2019b, p. 119) e entender o constitucionalismo brasileiro à melhor luz e em toda a sua complexidade. Em verdade, a história do direito constitucional brasileiro é atravessada e se constitui por meio de lutas sociais (CATTONI DE OLIVEIRA; GOMES, 2016, p. 92), pelas disputas sobre os sentidos da Constituição (CATTONI DE OLIVEIRA, 2019 p. 89) (CARVALHO NETTO, 2011, p. 42), pois "o direito não é só uma luta, mas é luta permanente" (CARVALHO NETTO, 2019, p. 386).

Referida história deve ser entendida como um processo de

aprendizagem social de longo prazo, com o Direito e com a Política, de avanços e de retrocessos e marcada por tropeços, mas que é sempre capaz de se auto-corrigir (CATTONI DE OLIVEIRA, 2017, p. 91).

Essa compreensão fornecida pela Escola Mineira de Direito Constitucional é fundamental, pois ao compreender que a constituição não está limitada à especialistas (MEGALI NETO; MASSAHUD DE CARVALHO, 2020, p. 293), que todos os membros e todas as membras da sociedade são seus intérpretes (CARVALHO NETTO, 2003, p, 163). Da mesma forma, ao entender que ela expressa a tensão permanente entre expectativas sociais de igualdade e imperativos sistêmicos (GOMES, 2019a), bem como que a história constitucional brasileira não como sendo uma história de acordos "por cima" (CATTONI DE OLIVEIRA, 2010), mas de embates sociais em que os seus sentidos não estão aprisionados (CARVALHO NETO, 2001, p. 20) e sim em permanente disputa (CATTONI DE OLIVEIRA, 2016, p. 89) se torna possível compreender o tempo presente, marcado pela pandemia da COVID-19, como um momento decisivo de luta social com e pela Constituição (CATTONI DE OLIVEIRA; GOMES, 2016, p. 92) contra as contradições presentes na modernidade, buscando a constituição de uma sociedade mais livre e igualitária (GOMES, 2019b, p. 120-121).

Em outros termos, devido às contradições que se tornam mais evidentes com a pandemia, é um momento em que a própria sociedade pode, uma vez mais, reconfigurar as tensões internas às constituições — sem abrir mão da própria Constituição, uma vez que ela está sempre aberta e é capaz de receber novos significados a partir de novos contextos produzidos (CARVALHO NETTO, 2011, p. 42) — e buscar um novo equilíbrio, ou melhor, um desequilíbrio que tende às expectativas normativas de igualdade.

Esse processo de desequilíbrio do *status quo* em direção a efetivação de uma sociedade mais justa e igualitária, encontra no Paradigma do Estado Democrático de Direito a formulação teórica-conceitual mais adequada para compreensão do tempo presente e efetivação dos potenciais emancipatórios que, como acima referimos, emergem das contradições explicitadas pela crise sanitária.

III

Diante da impossibilidade de um retorno aos paradigmas liberal e social[1], Jürgen Habermas fala de um terceiro paradigma, resultante da controvérsia daqueles paradigmas que o antecederam, e que se estrutura a partir da premissa segundo o qual "o modelo jurídico liberal e o Estado Social interpretam a realização do direito de modo demasiado concretista, ocultando a relação interna que existe entre autonomia privada e pública, e que deve ser interpretado caso a caso" (HABERMAS, 1998, p. 181-182).

O paradigma procedimentalista do Direito, permite continuar o projeto do Estado Social num nível superior de reflexão, a partir da relação de interdependência do sistema do direito e do sistema da política, entendidos nos marcos de uma teoria da sociedade fundada na comunicação (HABERMAS, 1998, p. 469-532).

Desse modo, a teoria do direito entende o Estado democrático de Direito como a institucionalização de processos e pressupostos comunicacionais necessários para a formação discursiva da opinião e da vontade, possibilitando o exercício da autonomia política e a criação legítima do direito.

Por sua vez, o sistema jurídico, estruturado conforme o Estado de direito, é entendido como como um *medium* que pode possibilitar e dar vazão institucional às expectativas igualitárias oriundas de um mundo da vida linguisticamente constituído. Diante disso, o sistema político, na tentativa de lidar com os eventuais problemas de integração de uma sociedade complexa, coloca a formação da opinião e da vontade que se realizam através dos órgãos estatais, em contato com as instâncias públicas informais, que compõem uma esfera pública estruturada a partir do mundo da vida e que se ancora

---

[1] Segundo Jürgen. Habermas, um paradigma explica, com a ajuda de um modelo da sociedade contemporânea, como a própria sociedade compreende e, assim, como devem ser entendidos e tratados os princípios do Estado de direito e dos direitos fundamentais, para que possam cumprir no dado contexto, as funções que normativamente lhes são atribuídas. Um modelo social do direito (*wiecher*) representa algo assim como a teoria implícita que a sociedade tem do sistema jurídico, a imagem que este faz de seu ambiente social. O paradigma jurídico indica, então, como no marco de tal modelo, podem ser entendidos e realizados os direitos fundamentais e os princípios do Estado de Direito (HABERMAS, 1998, p. 264).

na sociedade civil (HABERMAS, 1998, p. 469-532).

Em suma, o paradigma procedimentalista do direito, na tentativa de corrigir a omissão e a cegueira social do paradigma liberal, bem como a sobrecarga do direito promovida pela crescente juridificação dos vários âmbitos da vida proporcionado pelo Estado social (HABERMAS, 1998, p. 469-532), centra-se não mais num conteúdo dado *a priori*, mas volta-se para os procedimentos de formação da opinião e da vontade, apostando numa abertura democrática radical como a condição sem a qual as propostas formuladas no paradigma do Estado Social não podem se complexificar e elevar a um nível maior de reflexão.

IV

No Brasil, se vivencia um período em que referida tensão típica das constituições modernas, entre expectativas normativas de igualdade e imperativos sistêmicos (GOMES, 2019a), tende aos imperativos sistêmicos e isso se manifesta no ataque aos direitos conquistados por meio de lutas sociais ao longo da história brasileira, dentre outras formas, na contrarreforma trabalhista e na Emenda Constitucional n° 95/2016 (GOMES; MASSAHUD DE CARVALHO, 2020, p. 27). E se torna nítido no ataque frontal ao Estado de Bem-Estar Social — "implantado no Brasil em 2003" (GOMES, 2020, p. 04).

No entanto, a pandemia vem evidenciado que a redução do Estado e o fim do Es Estado de Bem-Estar Social não resolve as contradições modernas — a tensão entre a pretensão legítima de igualdade coexistindo com uma desigualdade abissal (MASSAHUD DE CARVALHO, 2020, p. 41-42) — mas, muito antes pelo contrário, a redução do papel desempenhado pelo Estado amplia referidas contradições, pois acaba gerando uma exploração ainda maior, "aumento da pobreza, de expansão da miséria, de ampliação do número de pessoas que vivem em condições radicalmente abaixo da dignidade mínima" (GOMES, 2020, p. 06).

Sendo assim, se faz necessário a defesa de um Estado forte e da consolidação de um paradigma procedimentalista, em que seja possível realizar as expectativas de igualdade já presentes no interior da própria sociedade (GOMES, 2019b, p. 120-121), por meio de direitos sociais e de políticas públicas de saúde, ligadas ao trabalho e investimento em educação (CARVALHO NETTO; SCOTTI, 2016,

p. 70), enfrentando, assim, de modo imediato, a atual crise sanitária — que contribuiu para escancarar e aprofundar as mazelas tipicamente modernas. Como desdobramento, pode também contribuir para a superação das supracitadas mazelas.

No mesmo sentido, como as contradições estão mais nítidas, o atual período de crise deve ser compreendido como a possibilidade de pender a balança contra os imperativos sistêmicos no modo de produção capitalista. Ainda que não seja possível afirmar que isso acontecerá em um futuro próximo, a tarefa da teoria é apenas de evidenciar que essa possibilidade já está posta no mundo. A sua concretização, no entanto, não depende de especialista, mas, ao fim e ao cabo, da organização e da atuação da própria sociedade (GOMES, 2019b, p.121), de uma sociedade civil atuante, em outros termos (CARVALHO NETTO, 2019, p. 387).

Referências bibliográficas:

CARVALHO NETTO, Menelick de. A contribuição do Direito Administrativo enfocado da ótica do administrado para uma reflexão acerca dos fundamentos do Controle de Constitucionalidade das Leis no Brasil: um pequeno exercício de Teoria da Constituição. **Fórum Administrativo**, 2001.

CARVALHO NETTO, Menelick de. A hermenêutica constitucional e os desafios postos aos direitos fundamentais. In: SAMPAIO, José Adércio Leite (org.). **Jurisdição constitucional e direitos fundamentais**. Belo Horizonte: Del Rey, 2003, p. 163.

CARVALHO NETTO, Menelick de. A tensão entre memória e esquecimento nos 30 anos da Constituição de 1988. In. CATTONI DE OLIVEIRA, Marcelo Andrade; GOMES; David F. L. (Orgs.). **1988-2018**: O QUE CONSTITUÍMOS? Homenagem a Menelick de Carvalho Netto nos 30 Anos da Constituição de 1988. Belo Horizonte: Conhecimento, 2019, p. 383-387.

CARVALHO NETTO, Menelick de. Temporalidade, constitucionalismo e democracia. **Humanidades**, Brasília, n. 58, jun. 2011, p. 32-42.

CARVALHO NETTO, Menelick de; SCOTTI, GUILHERME. O direito do trabalho e o estado democrático de direito: uma reflexão sobre o individual e o coletivo no exercício da autonomia do trabalhador. In: VIANA, Márcio Túlio; ROCHA,

Cláudio Jannotti da. (Org.). **Como aplicar a CLT à luz da Constituição**: alternativas para os que militam no foro trabalhista. 1ed.São Paulo: LTr, 2016.

CAPARELI, F. V. A. Teoria da Constituição Brasileira. **Revista de Ciências do Estado**, v. 3, n. 2, 5 out. 2018.

CATTONI DE OLIVEIRA, Marcelo Andrade. **Contribuições para uma Teoria Crítica da Constituição**. 1. ed. Belo Horizonte: Arraes, 2017.

CATTONI DE OLIVEIRA, Marcelo Andrade. Democracia Sem Espera e Processo de Constitucionalização: Uma Crítica aos Discursos Oficiais sobre a Chamada "Transição Política Brasileira". In. **Revista Anistia Política e Justiça de Transição do Ministério da Justiça,** n° 3, jan/jun, 2010. Brasília: Ministério da Justiça, 2010, p. 200-229.

CATTONI DE OLIVEIRA, Marcelo Andrade. Saberes localizados, narrativas outras: Notas programáticas para uma nova história e teoria do processo de constitucionalização brasileiro no marco da Teoria Crítica da Constituição. In. TRINDADE, André Karam; KARAM, Henriete *(Ed.)*. **Narrativas Constitucionais**: mito - história - ficção. São Paulo: Tirant lo Blanch, 2019. p. 89-133

CATTONI DE OLIVEIRA, Marcelo Andrade; GOMES, D. F. L. História e tempo presente: o debate constituinte brasileiro nas décadas de 1980-1990 e a atual proposta de uma nova Assembleia Constituinte. **Revista Culturas Jurídicas**, v. 3, p. 67-97, 2016.

GOMES, D. F. L. **A Constituição de 1824 e o problema da modernidade**: o conceito moderno de Constituição, a história constitucional brasileira e a teoria da Constituição no Brasil. 1. ed. Belo Horizonte: D'Plácido, 2019a.

GOMES, D. F. L. **A Constituição de 1824 e o problema da modernidade**: o conceito moderno de Constituição, a história constitucional brasileira e a teoria da Constituição no Brasil. Tese (Doutorado) - Universidade Federal de Minas Gerais, Belo Horizonte, 2016.

GOMES, D. F. L. A perífrase esquecida: coragem e constituição. *In.* CATTONI DE OLIVEIRA, Marcelo Andrade; GOMES; David F. L. (Orgs.). **1988-2018**: O QUE CONSTITUÍMOS?: Homenagem a Menelick de Carvalho Netto nos 30 Anos da Constituição de 1988. Belo Horizonte: Conhecimento, 2019b, p. 111-124.

GOMES, David F. L. **Brasil, 2020**: tentativa de diagnóstico.

Manuscrito — Texto escrito para integrar o livro GOMES, D.; CATTONI DE OLIVEIRA, M. 30 anos, e agora? Direito e política nos horizontes da República de 1988 – Em homenagem a Juarez Guimarães. Belo Horizonte: Livraria Conhecimento, com previsão de publicação para 2020. Disponível em: https://www.academia.edu/42749730/Brasil_2020_tentativa_d e_diagn%C3%B3stico. Acesso em: mai. 2020.

GOMES, D. F. L. Sobre nós mesmos: Menelick de Carvalho Netto e o direito constitucional brasileiro pós-1988. **Cadernos da Escola do Legislativo**, v. 21, p. 112-161, 2019c.

GOMES, D. F. L.; MASSAHUD DE CARVALHO, R. K. Boaventura Santos, direito e crítica: da regulação à possibilidade de emancipação. **Libertas: Revista de Pesquisa em Direito**, v. 6, n. 1, p. e-202002, 15 maio 2020.

HABERMAS, Jürgen, Facticidad y Validez: Sobre el Derecho y el Estado Democrático de Derecho en términos de Teoría Del Discurso. Trad. Manuel Jiménez Redondo. Madrid: TROTTA, 1998.

KOZICKI, Katya; CHUEIRI, Vera Karam de. Impeachment: a arma nuclear constitucional. **Lua Nova. Revista de Cultura e Política**, v. 1, p. 157-176, 2019.

MASSAHUD DE CARVALHO, R. K. **Colonialidade, transmodernidade e diferença colonial**: para um direito situado na periferia. Dissertação (Mestrado) - Universidade Federal de Minas Gerais, Belo Horizonte, 2020.

MEGALI NETO, A.; MASSAHUD DE CARVALHO, R. K. Quem vigia o vigia?: as faces autoritárias em tempos de não-normalidade. In: Ezilda Melo; Lize Borges; Marco Aurélio Serau Júnior. (Org.). **COVID-19 e direito brasileiro**: mudanças e impactos. 1ed. São Paulo: Tirant lo Blanch, 2020, p. 384-395.

SCOTTI, Guilherme; AZEVEDO, Damião Alves de. Paradigma Menelick. *In.* CATTONI DE OLIVEIRA, Marcelo Andrade; GOMES; David F. L. (Orgs.). **1988-2018**: O QUE CONSTITUÍMOS?: Homenagem a Menelick de Carvalho Netto nos 30 Anos da Constituição de 1988. Belo Horizonte: Conhecimento, 2019, p. 207-220.

A realidade aumentada: quais os modos de dizer um mundo encurralado entre a fragilidade pandêmica e a ausência de sentido?

FILIPE EDUARDO MACEDO DE MENEZES

Para os peixinhos do aquário, quem troca a água é Deus. (Autor desconhecido)

O ano é 2003, nove horas da manhã, fuso da Costa leste do Estado do Texas, Estado Unidos da América. Familiares, jornalistas e integrantes da NASA assistem atônitos o ônibus espacial Columbia, vindo da missão STS-107 se despedaçar por completo faltando apenas dezesseis minutos para aterrissagem durante a fase de reentrada na atmosfera terrestre. A tragédia ceifou a vida de sete dos melhores astronautas de diversas etnias e origens que, unidos, doaram suas vidas em favor de seus ideais de levar progresso e ciência a novos patamares de desenvolvimento em favor da humanidade.

Entre os objetos de estudo ambicionados na missão espacial estava compreender o impacto que a falta de gravidade exercia sobre insetos, flores e o fogo. Infelizmente, após quinze dias no espaço os aventureiros tiveram um final trágico. Após o ocorrido, Sean O' Keefe administrador da NASA entre 2001-2005 requereu investigação para apurar o que levou o Centro Espacial John. F. Kennedy e demais responsáveis a deixar de antecipar ou talvez omitir-se quanto as possíveis causas do acidente.

Ainda hoje, as imagens são muito desoladoras. A equipe de buscas recolheu mais de oitenta e três mil pedaços da nave, recolhidos em mais de 300km entre o oeste do Estado da Louisiana e Dallas. Números que em parâmetros de ciência da física espacial é justificável, vez que a nave entrou na atmosfera a uma altura de sessenta e três mil metros, com velocidade aproximada de vinte mil quilômetros por hora.

Tais fatos tão surpreendentes são capazes de trazer a reflexão problemas permanentes que recaem sobre a sociedade pós-moderna e instiga o dever de compreender que o mundo não se constitui de eventos aleatórios, mas de uma verdadeira rede de sentidos, mergulhada em multidisciplinariedades, observável no campo das quatro dimensões físicas: largura, comprimento, altura e tempo. Façamos uma viagem pela grandeza temporal e aterrizemos em terra pouco firme, no ano de 2020 em uma civilização a nível global totalmente tomada por uma pandemia acarretada por um vírus denominado Covid-19, que suspendeu a grande maioria das atividades econômico-sociais e forçou os indivíduos a se auto isolarem em suas residências para evitar um colapso iminente no sistema de saúde de todas as nações.

Pois bem, embora ambos os eventos pareçam terem sido tirados de um filme de ficção científica, os dados objetivos nos mostram que inadvertidamente, não são. Mais ainda; o olhar cuidadoso de um observador curioso deve chegar à conclusão de que há uma riqueza de detalhes que do ponto de vista das impropriedades sistêmicas e da natureza dos acontecimentos, guardam relações que dizem com as falhas deixadas por indivíduos que, em posição de liderança, muitas vezes até cientistas renomados de uma famosa instituição, podem acabar por minorar a gravidade de acontecimentos de grande complexidade e que, para além das consequências traumáticas, podem resultar na morte de seres humanos e na degradação flagelada do meio ambiente.

Assim, recolhamos nossos pertences mentais e voltemos para o dia dezesseis de fevereiro de dois mil e três, onde reunidos os engenheiros da NASA e outros brilhantes cientistas no Centro Espacial John F. Kennedy (KSC), porto espacial de lançamento de veículos espaciais da NASA localizado no Cabo Canaveral, na Ilha Merritt nos Estados Unidos localizado entre Miami e Jacksonville, todos se perguntavam o que causou a morte de sete astronautas a bordo do ônibus especial Columbia, após vinte e sete viagens espaciais, tendo sido realizada a primeira em doze de abril de 1981?

Certamente as respostas apontam para causas que - retiradas da micro realidade sistêmica daquele acontecimento específico – desaguam em fragilidades da macro realidade social que talvez tornem o homem, produtor dessa mesma realidade, vulnerável ao ponto de não saber como lidar com eventos extremos que podem levar, sem exageros, ao fim da civilização como a conhecemos, tal qual descrito pelo matemático Ph.D. John Casti, em seu livro o "Colapso de Tudo", onde o autor descreve as possibilidades de um evento "X" com potencial de desencadear uma rede de eventos instauradores do caos em uma sociedade complexa e sedimentada em enormes estruturas sistêmicas que dependem umas das outras para manter-se funcionando.[1]

A verdade é que após investigações ficou claro que os equívocos ali cometidos não eram novos, faziam parte de inúmeras denuncias feitas por engenheiros, inclusive que outrora trabalharam na NASA, um deles em carta encaminhada para o Presidente George W. Bush advertiu que muitas naves estavam com falhas nos computadores, vazamentos, rachaduras nos condutores de combustível, defeitos nas instalações elétricas, além de urgir a necessidade de criar-se um módulo capaz de salvar os astronautas em situação de crise. No final, ficou patente que apesar de se tratar da NASA e de programas espaciais na vanguarda da tecnologia, o excesso de confiança, a

---

[1] No início de 2010, o arquiteto americano Bryan Berg terminou o que ainda é considerado o maior castelo de cartas do mundo. Com mais de quatro mil baralhos, Berg construiu uma imponente réplica do Venetian Macao-Resort-Hotel, na China, com três metros de altura e nove de largura. Ao observar aquela incrível estrutura, vi ali uma espécie de metáfora do mundo altamente complexo e interligado em que vivemos hoje. Um camundongo correndo ou o espirro inoportuno de um visitante poderiam, em um segundo, botar abaixo o castelo que o americano levou 44 dias para erguer. O mesmo vale para as fragilíssimas infraestruturas das quais dependemos em nossa vida diária. Todo o mundo industrializado está à mercê de uma injeção contínua de tecnologia cada vez mais avançada. Além disso, os sistemas que sustentam nosso estilo de vida estão completamente entrelaçados: a internet depende da rede elétrica, que por sua vez precisa do abastecimento de energia do petróleo, carvão mineral e fissão nuclear, que também depende de tecnologias de produção que, da mesma forma, exigem eletricidade. E assim nos encontramos — um sistema apoiado sobre outro que também se equilibra sobre outro, tudo interligado. A sociedade moderna é exatamente como o "cassino de Berg", em que cada nova carta se aloja sobre as outras. Um contexto bastante propício para que aquele ratinho em disparada esbarre numa carta de baixo e derrube a estrutura inteira. Casti, John O colapso de tudo: os eventos extremos que podem destruir a civilização a qualquer momento / John Casti; tradução de Ivo Korytowski, Bruno Alexander. – Rio de Janeiro: Intrínseca, 2012. P. 13-14.

negligências de diversos órgãos governamentais (assim como os setores privados que agem em parceria com a agência) e a ânsia em economizar dinheiro onde e quando não se pode fazê-lo, levaram importantes vidas humanas ao espaço sem os cuidados necessários e sem a coordenação que deveria se ter em situações críticas.[2] Onde vimos esses mesmos sintomas desaguarem em uma crise recente a nível global? Isso mesmo, na pandemia causada pela Covid-19.

Em tempo, a sociedade flagela os males da dissonância cognitiva que encontra resposta em falhas corriqueiras e ao mesmo tempo extremamente perigosas.

Então, é desejável compreender as balizas em que se funda a contemporaneidade nas relações do homem com a ciência e o progresso, mas isso é possível? Existem as tais balizas? ou a insegurança dos acontecimentos assustam ante a constatação de que

---

[2] "Após 82 segundos da decolagem, um pedaço da espuma de isolamento desprendeu-se do propulsor e fez um buraco de 15 a 25 cm de diâmetro no painel de fibra carbono reforçado da asa esquerda do ônibus espacial. A NASA estava ciente disso pois possuía um sistema de filmagem feito especialmente para analisar os desprendimentos de detritos da nave e tratou de tentar analisar o tamanho do estrago. Engenheiros da agência espacial entraram em contato com o Departamento de Defesa norte-americano no mínimo três vezes para que ativassem seus meios espaciais ou terrestres de maneira a conseguir visualizar melhor e avaliar a gravidade do dano feito na asa do Columbia. Entretanto, o gerenciamento da NASA impediu o contato do Departamento e chegou até a proibir que colaborassem com a análise. A agência espacial acreditava de fato que não haveria nenhum problema a ser resolvido e que, mesmo que houve, seria impossível solucioná-lo. Todos os cenários analisados levavam à conclusão de que não havia possibilidade de nenhum acidente grave ou fatal, apenas avarias ao ônibus espacial, especialmente na parte de seu isolamento térmico. Para eles, a fibra de carbono reforçada era impenetrável. Outros métodos de análise dos possíveis riscos que o incidente poderia causar foram usados, inclusive um software desenvolvido para prever os danos possíveis na fibra de carbono. A ferramenta indicou que o choque poderia ter danificado severamente a área, mas a própria NASA minimizou o resultado. No fim das contas, a agência chegou à conclusão que não havia risco em relação ao incidente e enviou um e-mail para a tripulação do ônibus espacial (...)" < https://www.tecmundo.com.br/ciencia/126174-ultimo-voo-columbia-decolagem-tragico-fim-da-missao-sts-107.htm > acesso em 30 de junho de 2020.

a sociedade se funda em uma rede não linear de informação? É possível comprar novos fatos quando não se gosta do que se tem em mãos? Afinal, se compra tudo na internet hoje em dia. Por certo que essa ilusão não resolverá os problemas a frente. Não resolveu com o programa espacial Shuttle que vitimou não apenas os astronautas da Columbia, mas também os do ônibus espacial Challenger pulverizada 73 segundos após sua decolagem anos antes e parece não resolver a aterradora situação da pandemia de Covid-19.

Na pós modernidade a insegurança anda de mãos dadas com a necessidade de aprender e pensar a sociedade de forma não linear. É o que nos ensina o sociólogo Niklas Luhmann, amante de uma visão interdisciplinar entre os diversos ramos da ciência e autor de grandes obras tais como a Sociedade da Sociedade e Teoria dos Sistemas sociais. Luhmann ressalta que numa conjuntura marcada pelo desvanecimento dos fundamentos cosmológicos, a sociedade moderna passa a ter que lidar com uma quantidade muito maior de contingência.[3]

Aprende-se a conviver com o caos, normalizando a insatisfação acumulada, a dita pós modernidade tem custado rupturas nas estruturas comunicacionais, muitas vezes irreconciliáveis transformando sociedades dantes, em tempos recentes, de alta confiança, em sociedades de baixa confiança em suas relações. Quando um astronauta se amarra em foguetes, literalmente, para se lançar ao espaço, ele espera que a unidade de estação espacial que fica em terra firme lhe repasse os elementos necessários para ir e retornar em segurança, ainda que considerando os riscos naturais do evento. Da mesma forma, os cidadãos esperam que os governantes, lideranças e organismos internacionais forneçam o feedback necessário em casos de disseminação de doenças de letalidade potencial e severa como a Covid-19, mas quando essa complexa rede de relações não funciona a contento, o que fazer? Como se planejar? Quais regras do direito terão validade? não apenas validade, mas eficácia? Em meio ao caos os observadores com relevância e em posição de liderança tem acumulado rupturas e injetado baixa confiança, esta, por sua vez, lançou os diversos mecanismos de salvaguarda em um movimento de entropia que impossibilita a formação de sentidos e quanto mais se reduz os sentidos mais se

---

[3] Cf. LUHMANN, Niklas. Tautology and paradox in the self-description of modern society.

amplia a complexidade e a contingencia. O resultado é a desumanização das relações dentro da já difícil situação de crise, tal qual se vê em meio a pandemia.

Um sistema eivado de grave entropia só encontra uma forma de inverter o acúmulo de energia que agrava a crise que é, injetando mais energia, o que significa o dispêndio, por exemplo, de sacrifícios sociais, solidariedade, desapego ao acúmulo de capital e empatia. Esses caminhos de integração do diferente talvez seja o retorno a uma relativa pacificação, ou ao menos uma tentativa, do contrário, se está diante de uma situação caótica irreversível e nesse caso – como na fábula, os pássaros já comeram todas as migalhas deixadas por João e Maria, perdendo-nos todos no caminho para casa.

As vítimas da Covid-19 continuam a se espalhar e a impossibilidade, até mesmo de um funeral digno – ritual de extrema relevância desde os ancestrais sapiens – ampliam a revolta e intensifica a distopia. Ainda assim, não é possível afirmar que as lideranças estejam elevando o nível de confiança, ou buscando reverter a entropia que parece se agravar. Aqueles cientistas vitimados pelo Columbia, eram mais do que um conjunto de mentes brilhantes, eram pessoas, com suas histórias pessoais e famílias. Momentos antes do ônibus especial pulverizar em pleno pouso um dos astronautas afirmou:

> "Estamos vendo o brilho do sol espetacular entrando pela janela, vai ser uma viagem fantástica."[4]

Uma fala que deveria atingir a sensibilidade de qualquer pessoa em vista do resultado dos acontecimentos, mas que muitas vezes não parece ser assim. O processo entrópico de acumulo de energia parece intensificar a insensibilidade moral, pois bem, a insensibilidade, é também produto de uma realidade sistêmica onde os diversos nichos, ou subsistemas engradecem de forma irrefletida sua autorreferencialidade, perdendo o contato com os demais e por isso mesmo rompendo processo comunicacional do qual depende a própria vida, integração e harmonia do sistema global. Assim, os responsáveis por apresentar soluções para problemas nefrálgicos e que podem levar a crises enormes, se negam não apenas a tomar decisões baseadas em diferentes opiniões e realidades, mas chegando

---

[4] < https://www.youtube.com/watch?v=ruMvo4yx0HM&t=4s > acesso em 30 de maio de 2020.

ao ponto de negar o próprio problema, como se viu no inicio da disseminação do Covid-19 no Brasil.

Essas questões são de tal forma complexas, que a fragilidade humana expostos na pandemia, pode ser apontado justamente onde na política se pensava existir força e poder, que é justamente na insensibilidade as necessidades básicas. Há uma falsa ideia disseminada em muitas culturas que a insensibilidade é característica da força política. Nada mais equivocado, em meio a pandemia restou evidenciado que um comportamento hesitante quanto ao medo e a dor podem ter consequências catastróficas. Não há falta de sensibilidade desejável, nem moral, nem orgânica e muito menos corpórea, invariavelmente a ausência do sentir parcial pode ter consequências graves.

Pensemos no aspecto patológico da doença: é amplamente conhecido de todos que estudos revelaram que um dos elementos de letalidade do Covid-19 residia no longo período de incubação e no fato de os sintomas da doença só se revelarem no paciente de forma mais acentuada em um estágio da doença em que os pulmões já se encontram bastante comprometidos; talvez na política e na ciências aplicadas essa lentidão em responder as recorrentes ameaças pode resultar no arbítrio normalizado, e, ao final não se percebe que as diversas áreas se inflaram de significações e deixaram de se relacionar para gerar uma solução significante. O sociólogo Zygmunt Bauman chegou a conclusões teóricas semelhantes em sua obra Cegueira Moral ainda em 1927, onde por metáfora transcendeu as conclusões puramente sociológicos e expôs como a problemática da insensibilidade apresenta resultados danosos semelhantes nas diversas esferas, inclusive biológicas e políticas.[5]

---

[5] "Quando empregamos o conceito de "insensibilidade moral" para denotar um tipo de comportamento empedernido, desumano e implacável, ou apenas uma postura imperturbável e indiferente, assumida e manifestada em relação a problemas e atribulações de outras pessoas (o tipo de postura exemplificado pelo gesto de Pôncio Pilatos ao "lavar as mãos"), usamos a "insensibilidade" como metáfora; sua localização básica é na esfera dos fenômenos anatômicos e fisiológicos dos quais é extraído – seu significado fundamental é a disfunção de alguns órgãos dos sentidos, seja ela ótica, auditiva, olfativa, ou tátil, resultando na incapacidade de perceber estímulos que em condições 'normais' evocariam imagens sons ou outras impressões. Às vezes essa insensibilidade orgânica, corpórea, é desejável, artificialmente induzida ou autoadministrada com ajuda de analgésicos, e saudada como

Estas reflexões, no mínimo, devem fazer o observador chegar a conclusão de que a relativa insensibilidade corpórea ao real dano nos momentos iniciais de um corpo convalescido de Covid-19 que agrava o problema no desempenho de políticas públicas é, infelizmente inevitável, contudo, a insensibilidade das lideranças e do conjunto da sociedade para resolver um problema grave de forma cooperativa não apenas é evitável, como é condição *sine qua non* para sobrevivência da espécie.

Por fim, é possível cogitar-se que a crise pandêmica tenha chegado ao ponto que chegou tão somente, como uma consequência de uma crise anterior, que é a crise da própria filosofia enquanto esfera de produção de sentido que vem sendo gradativamente sub-rogada pela arte, pela política e pretensamente suplantada pela ciência e pela religião. Portanto, há uma necessidade de restaurar-se o papel da filosofia para a delimitação das demais esferas de produção de sentido, ainda no interior da crise pandêmica, estendendo essa ação para um momento posterior em que se deve pensar na reconstrução de paradigmas, ainda que temporários. Embora pareça uma tarefa ambiciosa é preciso desenvolver uma ponderação entre as esferas de produção de conhecimento para que estas funcionem de forma coordenada e para que os conflitos não

---

medida temporária durante uma cirurgia ou um ataque, transitório ou terminal, de uma desordem orgânica dolorosa; nunca se destina a tornar o organismo para sempre imune à dor. Profissionais de medicina considerariam essa condição equivalente a um convite ao infortúnio. A dor é uma arma crucial do organismo em sua defesa as ameaças mortais. Ela assinala a urgência de se empreender uma ação terapêutica antes que seja tarde demais para intervir. Se a dor não enviasse a advertência de que algo está errado, exigindo uma intervenção, o paciente adiaria a busca de remédio até que sua condição atingisse o ponto em que não haveria tratamento e nem melhora. As desordens orgânicas consideradas mais assustadoras, porque difícil de curar, são as doenças que não provocam dor no estágio inicial, quando podem ser tratadas ou possivelmente curadas (...) A promessa de estar livre da dor, garantido contra suas futuras aparições, é uma tentação a que poucas pessoas conseguiriam resistir. Mas a liberdade em relação à dor é uma benção ambígua, para dizer o mínimo." Bauman Zygmunt, 1925, Cegueira moral: a perda da sensibilidade na modernidade liquida / Zygmunt Bauman, Leonidas Donskis; tradução Carlos Alberto Medeiros. 1. Ed. – Rio de janeiro: Zahar, 2014. P. 20-21.

resultem em falta de coesão aguda em momentos de crise.[6]

Talvez este seja o maior legado deixado para a humanidade pelos sete astronautas vitimas do acidente com o ônibus espacial Columbia, mas é preciso que ressaltemos isso para que não passe despercebido: Sabe-se que durante aproximadamente três anos antes da última aventura eles estiveram em treinamento conjunto, formando um time coeso de pessoas de origens, etnias, raças, gêneros, áreas e ideologias diferentes em nome da coesão e da necessidade de formarem um só corpo, integro e focados na missão que cumpririam por seus ideais. Esta história de superação precisa ser evidenciada nas figuras de Ilan Ramon, primeiro astronauta

---

[6] Se, entre filosofia e ciência há conflito, é porque uma delas negligencia a sua tarefa específica e invade o campo da outra; é porque o filosofo ou o cientista, esquecendo-se de que não podem senão ouvir-se reciprocamente, pretendem intervir um no campo do outro. Isso acontece, antes de tudo, quando o filosofo troca o direito - que ele tem – de filosofar sobre a ciência e de dar conta da metodologia cientifica pelo direito – que não lhe compete – de se ingerir em questões científicas, seja prescrevendo ao cientista o método a seguir e dirigindo as suas operações, seja incorporando ao próprio saber os resultados da ciência e utilizando-os para seus fins. O filosofo pode certamente dar uma definição da ciência e fazer uma teoria da metodologia científica, mas está em condições de fazê-lo enquanto é a ciência mesma que o informa do próprio método e dos próprios procedimentos; de modo que o filósofo, embora meditando sobre ciência e falando da ciência, não tem nada a dizer na ciência, nem pode pretender ter voz no curso da investigação científica: se o faz, com isso mesmo cessa de fazer filosofia, para não fazer senão má ciência. Mas o conflito pode também nascer quando o cientista troca o direito – que ele tem – de estabelecer o método adequado ao objeto de sua própria investigação pelo direito – que não lhe compete – de estabelecer qual a única forma valida de saber. O cientista tem certamente o direito incontestável de declarar que o saber científico é o único adequado aos objetos de sua investigação; mas não pode estender e absolutizar o saber científico, a ponto de pretender que seja considerado a única forma possível de saber. Se o faz, cessa com isso de fazer ciência, porque a proposição "não há outra forma de não que não o saber científico" não é uma proposição cientifica, mas uma proposição filosófica, que está na base do cientificismo; ele faz, portanto, filosofia mas o faz sem sabê-lo, ou seja, faz filosofia acrítica e inconsciente, em suma, má-filosofia." / Pareyson, Luigi, 1918-1991. Verdade e interpretação / Luigi Pareyson; tradução Maria Helena Nery Garcez, Sandra Neves Abdo. – São Paulo :Martins Fontes, 2005. – (Coleção biblioteca universal) p. 226-227.

israelense bacharel em eletrônica e engenharia de computadores, piloto de caça da força aérea de seu país; David McDowell Brown americano da marinha, biólogo e médico; a mulher Laurel Blair Salton Clark médica também do corpo de oficiais da marinha; o afrodescendente Michael Phillip Anderson coronel da Força Aérea dos Estados Unidos, Durante a missão o *Endeavour* realizou a oitava acoplagem de um ônibus espacial americano com a estação espacial russa Mir, tornando Michael Anderson, o primeiro negro a bordo, naquela missão. Ele e seus colegas de voo completaram ao todo, 138 voltas em torno da Terra; a mulher Kalpana Chawla doutora norte-americana nascida na índia; William Cameron "Willie" McCool, americano formado em ciência de computadores, engenharia aeronáutica e ciência aplicada; finalmente Rick Douglas Husband engenheiro mecânico pertencente a Força Aérea dos Estados Unidos.

Certa vez alguém comentou de forma bastante apropriada: "os astronautas não pertencem a um país ou outro, são parte da comunidade internacional." Diante disto, resta apenas a pergunta utópica: Se fossemos todos astronautas, unidos como um corpo integrado, parte deste corpo estaria flagelando em criticar pandemia? Fica a reflexão.

A arte como instrumento de libertação e emancipação dos reflexos psicossomáticos e sociais da Covid-19 – uma análise sob o viés cinematográfico dos transtornos retratados em *Clube da Luta*

Frederico C. de Mendonça

"A propaganda faz essas pessoas irem atrás de carros e roupas de que elas não precisam. Gerações têm trabalhado em empregos que odeiam para poder comprar coisas de que realmente não precisam. - Não temos uma grande guerra em nossa geração ou uma grande depressão, mas na verdade temos, sim, é uma grande guerra de espírito. Temos uma grande revolução contra a cultura. A grande depressão é a nossa vida. Temos uma depressão espiritual." (Clube da Luta – PALAHNIUK, Chuck)

Ao escrever as palavras transcritas acima, Chuck Palahniuk não poderia sequer conceber que a sua geração teria, afinal, uma grande "guerra" em seu caminho. Partindo da premissa de que cada geração necessita de sua própria crise para alcançar a catarse do autoconhecimento e, consequentemente, sua consolidação, a pandemia da COVID-19, mesmo com seu impacto destrutivo, pôs uma lupa sobre inúmeros problemas sociais, econômicos, governamentais e psicológicos, possibilitando uma análise minuciosa de diversas patologias, tanto no âmbito coletivo como no pessoal. A questão primordial decorrente desse cenário de crise global é se as transformações impostas trarão consequências ambicionáveis ou se acarretarão num agravamento dos problemas preexistentes.

Inicialmente, é imprescindível ressaltar a suma importância da arte, em todas as suas formas, nesse momento de isolamento social. Ainda mais evidenciada pelo aumento monumental dos assinantes de serviços *streaming* e das famosas *lives*, especialmente as de conteúdo musical, nas redes sociais – a *Netflix* divulgou que angariou 15,8 milhões de assinantes no primeiro trimestre de 2020, um aumento de 23% em relação ao mesmo período de 2019[1], e o *Instagram*, por sua vez, registrou um acréscimo de 70% na utilização das *lives* no último mês[2]. Oscar Wilde é assertivo ao dizer que "a arte é a forma mais intensa de individualismo que o mundo conheceu". Contudo, é impossível considerar apenas o caráter individual da arte diante da patente função coletiva que esta vem desempenhando.

A obra estética, seja ela artística ou literária[3], representa um contraste entre indivíduo e grupo, meio e cultura, possibilitando um estudo acerca dessas interações e do meio social no qual ocorrem. Nesse contexto de isolamento social, mais do que nunca, as referidas obras estéticas vêm suprindo as necessidades dos indivíduos, pois são resultado de "uma intervenção intelectiva e transformativa do homem sobre o espaço do que lhe é dado aos sentidos, abraçando em sua totalidade conceitual as criações estéticas, assim como as demais representativas de uma produção espiritual humana."[4]

Schopenhauer, em sua filosofia pessimista, entende que as dores e sofrimentos pelos quais o homem passa em sua vida são causados pela vontade ou, mais especificamente, pela necessidade constante e inalcançável de saciá-la. Uma vez que, mesmo conseguindo saciar uma vontade imediata, a satisfação costuma ser frustrante, permanecendo outras infinitas necessidades para suprir. Nesse sentido:

> "Todo desejo nasce de uma necessidade, de uma privação, de um sofrimento. Satisfazendo-o, acalma-se; mas embora se satisfaça um, quantos permanecem insaciados! De mais, o desejo dura muito tempo, as exigências são infinitas, o gozo é curto e avaramente

---

[1] https://exame.com/negocios/netflix-ganha-16-milhoes-de-assinantes-no-primeiro-trimestre-com-covid-19/

[2] https://www.businessinsider.com/instagram-live-70-percent-increase-social-distancing-psychologist-explains-2020-4

[3] Obra literária: "Se entende que generalmente alude a todas las formas escritas originales, sean de carácter literário, científico, técnico meramente práctico, prescindiendo de su valor y finalidad. Es um concepto más amplio que el que en un sentido estricto se entiende por tal"; Obra artística: "Es una creacíon cuja finalidad es apelar al sentido estético de la persona que la contempla (pinturas, dibujos, esculturas, grabados y, para algunas legislaciones, las obras de arquitectura, fotográficas, las obras musicales y las de arte aplicado)". HERRERA, Dina Sierpe. Propriedad intelectual – Derechos de Autor, p. 17-18

[4] BITTAR, Carlos Alberto, Direito de Autor – Forense, 2013, p. 11

> medido. E mesmo esse prazer, uma vez obtido, é apenas aparente; sucede-lhe outro: o primeiro é uma ilusão dissipada; o segundo uma ilusão que dura ainda".[5]

Na condição de escravo da vontade, que se apresenta como a raiz metafísica do mundo, o homem é um ser condenado ao sofrimento, ao esgotamento e às necessidades, tendo o prazer como principal forma de fuga, uma espécie de felicidade ilusória. Para Schopenhauer, a superação da vontade pode se dar, provisoriamente, a partir da contemplação artística. Assim, é através da arte que o homem, liberto da influência da vontade, torna-se capaz de contemplar a verdade. Desta forma, ao ascender a uma elevação ontológica, acima da concorrência das vontades, é possível esquecer o "eu" individual e seu interesse material.

Essa característica "transcendental" da obra estética, da arte propriamente dita, possibilita uma fuga da banalidade do cotidiano, despertando sensações mais profundas, que estão sendo tolhidas, frequentemente, no atual cenário de incerteza e ameaça. Picasso, ao definir a arte como uma mentira que nos possibilita compreender a verdade, trata justamente da capacidade desta de subverter a realidade, permitindo, desse modo, uma percepção e sensibilidade mais apurada. Portanto, o homem, escravo do querer, diante da imperiosidade do confinamento, decorrente da calamidade pública global da COVID-19, encontra-se em uma situação de total impossibilidade na busca por satisfação das suas necessidades. Nesse contexto:

> "A arte torna-se imprescindível, visto que "nos livra o espírito da opressão da vontade, nos desvia a atenção de tudo que a solicita, e as coisas nos aparecem desligadas de todos os prestígios da esperança, de todo o interesse próprio, como objetos de contemplação desinteressada e não de cobiça; é então que esse repouso, frustrantemente procurado nos caminhos abertos do desejo, mas que sempre nos fugiu, se apresenta e nos dá o sentimento da paz em toda a sua plenitude."[6]

---

[5] SCHOPENHAUER, Arthur. As Dores do Mundo: o amor – a morte – a arte – a moral – a religião – a política – o homem e a sociedade. São Paulo: EDIPRO, 2014. p. 89.

[6] SCHOPENHAUER, Arthur. As Dores do Mundo: o amor – a morte – a arte – a moral – a religião – a política – o homem e a sociedade. São Paulo: EDIPRO, 2014. p. 89.

Marcuse afirma que a arte empenha-se na percepção do mundo, alienando os indivíduos acerca da sua existência e atuação funcionais na sociedade – está comprometida numa emancipação da sensibilidade, da imaginação e da razão em todas as esferas da subjetividade e da objetividade.[7] Além do seu caráter libertador e emancipador, descrito acima, a arte também funciona como forma de protesto contra a ausência de liberdade, pois sua mencionada "transcendentalidade" serve de contraponto à ignorância, insensibilidade e indiferença existentes no mundo material. A obra de arte revolucionária, portanto, possui capacidade, não apenas de emancipação, mas também de transformação da realidade. Destacando a máxima de Johann Goethe: *"there is no surer method of evading the world than by following Art, and no surer method of linking oneself to it than by Art."*[8]

É na condição de obra de arte revolucionária que se enquadra *Clube da Luta*. A análise a seguir, tomará por base a versão cinematográfica dirigida por David Fincher (*Seven, Garota Exemplar e A Rede Social*), lançada em 1999, porquanto se trata de um caso atípico e diametralmente oposto às inúmeras adaptações literárias de qualidade duvidosa (para ser eufêmico), que parecem brotar nas salas de cinema, no qual o longa conseguiu a proeza de superar o seu material de origem, entrando para um seleto rol onde figuram algumas obras icônicas, como *O Poderoso Chefão* (Francis Ford Coppola), *Laranja Mecânica* (Stanley Kubrick) e *O Silêncio dos Inocentes* (Jonathan Demme).

O próprio autor, em entrevista, admitiu que o filme foi um aperfeiçoamento de sua obra, simplificando e apresentando a narrativa de maneira muito mais efetiva, inclusive, estabelecendo conexões que ele gostaria de ter feito anteriormente em seu livro. O filme parte da mesma premissa da obra literária, escrita três anos antes por Chuck Palahniuk, porém apresenta algumas diferenças substanciais, principalmente no que diz respeito ao encontro do Narrador com Tyler Durden, um dos momentos mais memoráveis do longa, e ao final propriamente dito, que ganha contornos apoteóticos e, simultaneamente, apocalípticos.

Provavelmente, não há nada para falar sobre *Clube da Luta* que já não tenha sido esmiuçado de todas as maneiras possíveis. O que

---

[7] MARCUSE, Hebert, **A Dimensão Estética**, 2007, p. 19
[8] **Words of art**, Simon & Schuster, Adams media, 2013

leva a crer, inequivocamente, que as duas primeiras regras do clube da luta vêm sendo descumpridas em reiteradas ocasiões. Contudo, levando em consideração que a pandemia intensificou sobremaneira inúmeros dos problemas e distúrbios apresentados na obra, uma revisita ao filme pode se mostrar uma experiência diferente e inovadora, revelando detalhes sutis que outrora passaram despercebidos.

A trama do filme é apresentada sob a perspectiva do Narrador (Edward Norton), um sujeito deprimido e insone, que ao conhecer Tyler Durden (Brad Pitt) e fundar com ele um "clube da luta" - posteriormente transmutado em uma organização anarquista denominada *Project Mayhem* (Projeto Destruição ou Projeto Caos) -, embarca em uma jornada de violência e autodesconstrução. Todavia, como diria Oscar Wilde, definir é limitar, e limitar essa obra a uma sinopse simplória seria uma afronta à sua genialidade, principalmente se tal limitação se der em detrimento dos incontáveis elementos, presentes no roteiro, que instigam debates surpreendentemente atuais, nos mais variados âmbitos.

O caótico processo de desconstrução do Narrador pode ser compreendido como uma emancipação progressiva quanto aos preceitos impostos pela sociedade, quanto à alienação e frustração do homem moderno e, especialmente, quanto ao consumismo desenfreado, calcado na desesperada e infrutífera tentativa de preenchimento do vazio existencial. A violência, por sua vez, é mostrada de maneira bastante crua, dispensando o viés heroico presente na maioria dos filmes, e retratando de maneira contundente o machismo tóxico da nossa sociedade, onde a forma mais comum de expressão masculina se dá através da raiva e da liberação de ímpetos violentos.

Ironicamente, a única outra forma que o Narrador encontra, além da violência, de lidar com sua melancolia e depressão, e conseguir finalmente dormir após seis meses de insônia, é frequentando reuniões de grupos de apoio para pacientes com enfermidades graves. Tal disparate sobrevém ao comentário do seu médico, que ao se recusar a lhe prescrever medicação para dormir, sugere que ele compareça a uma reunião de apoio a vítimas de cancro testicular, para conhecer o verdadeiro sofrimento. Passando-se por enfermo, perante a dor real daqueles homens, o Narrador consegue desabafar, chorar e, consequentemente, dormir à noite. Logo, ele acaba desenvolvendo um vício/dependência em frequentar essas reuniões, encontrando conforto no sofrimento alheio. Essa abordagem está em absoluta consonância com a visão filosófica pessimista de Schopenhauer, onde olhar para realidade e perceber que outros se encontram em condições ainda piores é tido como forma de consolação para a própria desgraça.

Sugerida sutilmente em diversas pistas, a grande reviravolta ocorre com a revelação de que o Narrador e Tyler Durden são a mesma pessoa, duas personalidades coabitando o mesmo corpo. Tyler é, portanto, uma projeção do ideal almejado pelo Narrador, ou seja, a representação de tudo o que ele gostaria de ser. Analisando o personagem principal sob um viés psicopatológico, é possível constatar que ele apresenta características semelhantes às do Transtorno Dissociativo de Personalidade, que tem como aspecto principal a existência de duas ou mais identidades ou estados de personalidade distintos no mesmo indivíduo. Esse transtorno é reflexo do fracasso na integração de diversos fatores da memória e da consciência. Além disso, é relativamente comum que cada estado de personalidade seja dotado de identidade própria e que assuma, alternadamente, o controle do comportamento. No filme, o surgimento dessa *persona* ocorre de modo gradativo, em conformidade com a progressão do distúrbio do Narrador, ampliando cada vez mais o seu domínio sobre o protagonista.

Para compreender as raízes desse distúrbio, é imprescindível uma noção básica acerca do modelo estrutural da personalidade, construído por Sigmund Freud para explicar o funcionamento da mente humana, considerando o processo de interação entre os aspectos conscientes e inconscientes do cérebro. Nessa temática, abordada em "Além do Princípio do Prazer", foram desenvolvidos três conceitos que, atuando em conjunto, determinam e coordenam o comportamento humano: *Id*, *Ego* e *Superego*.

Id, regido pelo "princípio do prazer", está tão profundamente relacionado à libido, que desconhece valores éticos e morais, e atua a partir dos impulsos mais primitivos. Composto por desejos e instintos, o *Id* dispensa valorações de certo ou errado, e não se preocupa com as consequências dos atos, contanto que se obtenha a satisfação almejada. Isso lhe confere uma natureza amoral. Essencialmente antagônico ao *Id*, o *Superego* é o componente moral e social da personalidade, podendo ser visto como uma instância repressora. Guiado, por sua vez, pelo "princípio do dever", o *Superego* detém função inibidora dos instintos, obstando impulsos contrários às regras e valores vigentes na sociedade. Por último, mas de suma importância para a psiquê humana, o *Ego* é considerado a parte racional da mente, responsável por funções como percepção, memória, sentimentos e pensamentos. Calcado no "princípio da realidade", o *Ego* funciona como principal mecanismo de interação entre os impulsos do *Id*, a repressão do *Superego* e o ambiente social externo, atuando como mediador para possibilitar que se alcance o equilíbrio entre satisfações pessoais e obrigações sociais.

Em síntese, existe uma disputa constante entre *Id* e *Superego* para assumir o controle comportamental, uma vez que representam necessidades e impulsos completamente opostos, recaindo sobre o *Ego,* a árdua missão de equilibrar esses lados tão distintos da personalidade. Diante da explanação superficial desses conceitos freudianos, a origem do distúrbio apresentado pelo protagonista pode ser interpretada como uma falha ou, até mesmo, como a completa inexistência da atuação do *Ego*, que acarreta um grave desajuste psicológico. A partir do momento em que a função mediadora do *Ego* é suprimida, o Narrador passa a ser absolutamente reprimido pelo *Superego*, em uma espécie de submissão involuntária aos fúteis e, muitas vezes, nocivos vícios sociais. Ocorre que, como resposta direta à desmedida e desproporcional sublimação das pulsões do Narrador, o *Id* reage e se liberta na forma irreverente de Tyler Durden.

Todavia, na conclusão da obra, fica evidente que a passagem do estado reprimido, dominado pelo *Superego*, diretamente para o estado de rebeldia própria do *Id*, não funciona como libertação, mas apenas como uma forma diversa de prisão. A figura libertadora de Tyler é falaciosa e oportunista, fazendo com que seus seguidores, incluindo sua "identidade primária", deixem de ser reféns de um sistema social opressor, para se tornar reféns dos seus interesses e desejos pessoais. Ao oferecer um propósito a incontáveis indivíduos imotivados e insatisfeitos, Tyler utiliza o falso pretexto da desalienação meramente como uma forma de alienar para o que lhe convém.

Mesmo decorridos mais de vinte anos do seu lançamento, o filme é ainda mais pertinente nos dias atuais, sobretudo considerando o contexto sociopolítico, - no qual parece ter entrado em voga uma absurda retomada de valores e conceitos retrógrados e antiquados – , as inúmeras revoltas sociais que vêm eclodindo ao redor do mundo e a crise ocasionada pela COVID-19. O SARS-CoV-2, vulgo coronavírus, singularmente, preceituou uma polarização ainda maior de ideias e ideais, trazendo à tona diversos preconceitos e intolerâncias, e evidenciando que, lamentavelmente, - nas sábias palavras de Bukowski -, "a raça humana exagera em tudo: seus heróis, seus inimigos, sua importância".

Quanto aos paralelos cabíveis entre o filme e as atuais circunstâncias, merece destaque a questão do consumo desenfreado. Diante de uma infinidade de ofertas relâmpagos e descontos expressivos, é natural que ocorra um aumento no consumo de bens supérfluos, entretanto, o expressivo crescimento de 73% das compras *online*, registrado em março no Brasil[9], pode denotar um problema mais intrínseco. O FOMO (fear of missing out), mencionado pela primeira vez por Dan Herman em 1996, é um tipo de ansiedade social[10] que, apesar de estar mais ligado à utilização das redes sociais, também pode ser observado nas relações de consumo, onde parece persistir uma necessidade de seguir tendências e adquirir sempre os últimos lançamentos do mercado. Por esse motivo, muitas empresas se aproveitam dessas tendências materialistas e se utilizam do FOMO em suas campanhas publicitárias, visando impulsionar a venda de seus, nem sempre tão necessários, produtos. Considerando que a quarentena também acarretou grave prejuízo financeiro para grande parte da população, esse tipo de consumo supérfluo e desmedido se torna ainda mais temerário, já que implica em possíveis endividamentos e, usualmente, presta-se apenas ao alívio imediato das tensões e angústias decorrentes do período de isolamento, agravando-as posteriormente.

Além disso, esse consumismo aflorado também pode ser facilmente relacionado com o egoísmo, falta de empatia e generosidade. O medo de um possível desabastecimento, devido às medidas de contenção da pandemia, levou uma avalanche de consumidores aos supermercados, no intuito de adquirir e estocar o maior número possível de mantimentos. Essa atitude tem influenciado diretamente o aumento dos preços, prejudicando consumidores com baixo poder aquisitivo e impedindo que outras pessoas tenham acesso a insumos básicos. Em um momento no qual o isolamento social e os hábitos de higiene se mostram essenciais para salvar vidas, a conduta de "consumo consciente" deveria ser

---

[9] https://www.ecommercebrasil.com.br/noticias/consumo-online-brasil-cresceu-marco/

[10] http://fomofearofmissingout.com/fomo

regra geral, afinal, o aumento na propagação da contaminação do coronavírus não será favorável a ninguém.

O isolamento social vem desencadeando vários dos distúrbios apresentados pelo protagonista de *Clube da Luta*. O sentimento de solidão e incerteza, os níveis altíssimos de estresse e de preocupação, juntamente com a dificuldade de satisfação das vontades, podem acarretar em melancolia, ansiedade e depressão, e, inclusive, na supressão do *Ego* em indivíduos mais suscetíveis, levando a uma reação similar à ocorrida no filme. Apesar do caráter personalíssimo desses transtornos psicológicos, suas repercussões podem alcançar a esfera pública, assim como estão intrinsecamente relacionados à influência do meio social sobre o indivíduo, atuando sobre as "maneiras de agir, de pensar e de sentir, exteriores ao indivíduo, e que são dotadas de um poder de coerção em virtude do qual esses fatos se impõem a ele"[11].

A insatisfação pública era evidente em vários países, espalhados por todos os continentes, meses antes do início da pandemia. As manifestações sociais, compostas por enormes protestos pacíficos e por casos com níveis de violência altíssimos, decorrem dos mais variados motivos e das mais distintas circunstâncias nacionais, mas apresentam algumas características em comum, que permitem analisar suas projeções, e compõem um processo globalizado, aparentemente, irrefreável. Essa explosão social envolve uma ampla variedade de assuntos, e apesar abordar questões de economia e de distribuição de renda, ela não possui, essencialmente, caráter econômico. O que parece despontar como característica inerente dessas manifestações é a ampla percepção de exclusão dos seus participantes, que compartilham do sentimento de expectativas frustradas, especialmente, com uma institucionalidade pública cada vez mais distante e inacessível, e com uma distribuição desigual de poder.

No Chile, palco de muitas dessas insurgências, o rechaço ao mundo político e a desconfiança em relação às instituições bateram recordes em todos os setores. Segundo recente pesquisa do Centro de Estudos Públicos (CEP), apenas 7% da população confia nas empresas, 6% no Ministério Público, 5% no Governo, 3% no Congresso e 2% nos partidos, tanto de situação como de oposição.

---

[11] DURKHEIM, Emile. As Regras do Método Sociológico. 3 ed. São Paulo: Martins Fontes, 2007. p. 03.

A popularidade do presidente Sebastián Piñera caiu para os níveis mais baixos durante a democracia, com apenas 6% de aprovação quanto à maneira como ele conduz a Administração.[12] Embora a conjuntura já fosse crítica, a pandemia da COVID-19 gerou a necessidade de uma maior intervenção estatal, salientando o completo despreparo dos governantes para lidarem com a crise estabelecida, bem como seu total descaso perante o povo.

O recente assassinato de George Floyd, segurança negro que foi asfixiado por um policial branco, durante uma abordagem da polícia nos Estados Unidos, está desencadeando protestos em massa contra a brutalidade policial em muitas partes do mundo, apesar das medidas de distanciamento social colocadas em prática por causa da pandemia de COVID-19. As manifestações, principiadas na cidade de Minneapolis, espalharam-se rapidamente pelo país e pelo globo, formando um amplo movimento de condenação ao uso desproporcional de violência institucional, refletindo uma crescente e generalizada insatisfação com a autoridade moral vigente. Atingindo, até a presente data, mais de 140 cidade norte-americanas, muitas dessas manifestações envolveram violentos confrontos entre os manifestantes e os ditos agentes da lei. Delegacias foram invadidas, lojas saqueadas, automóveis e imóveis incendiados, as pessoas entraram em brigas de rua com policiais ou foram rechaçados com balas de borracha.[13]

Essa escalada de tensão, que está levando milhares de pessoas às ruas, ocorre em plena pandemia de coronavírus - que somente nos Estados Unidos já foi responsável por deixar milhões de trabalhadores desempregados e ocasionar mais de 100 mil mortes -, ocasião em que a maioria da população estava confinada a meses. As cenas das multidões tomando as ruas, por conseguinte, apresentam um enorme contraste com o cenário de isolamento social visto poucos dias antes, e a crescente violência que vem eclodindo possui consideráveis similitudes com as ações do *Projeto Caos*. No filme, as operações dessa organização antimaterialista e anticapitalista tomam proporções cada vez maiores, acarretando, por fim, no completo colapso do modelo econômico corrente, numa cena épica em que

---

[12] https://brasil.elpais.com/brasil/2020/01/18/internacional/1579370590_207046.html

[13] https://g1.globo.com/mundo/noticia/2020/05/29/manifestantes-invadem-delegacia-em-minneapolis.ghtml

são implodidos vários prédios de sedes de empresas de cartões de crédito, como forma de acabar com as dívidas financeiras dos cidadãos, ao som pulsante da canção *Where is my mind?*, do *Pixies*.

Posicionamentos mais radicais já vislumbram a derrocada global progressiva do sistema capitalista, porém uma mudança radical, que sirva de contraponto aos diversos problemas discorridos, pode sobrevir nos mesmos moldes da transição entre *Superego* e *Id* que sucedeu ao Narrador, gerando novos embates e mais violência. Não obstante, voltar à "normalidade" não é a solução ideal, pois é justamente na "normalidade" que reside o problema.[14] Desta feita, as soluções para a superação da calamidade global não podem ser extremistas ou unidimensionais, nem sequer puramente tecnocráticas. Solidariedade e compreensão serão indispensáveis para que as pessoas possam sobrepor os transtornos narcísicos fomentados pelo capitalismo e agravados pelo isolamento social, em busca de uma institucionalidade renovada e fortalecida, que se comunique e atenda às necessidades da sociedade.

A liberdade de expressão, a livre manifestação de pensamento, vedação de censura, liberdade de imprensa e comunicação social, são aspectos fundamentais na contribuição para formação e consolidação de uma esfera pública democrática, ampla e comunicativa. Desse modo, ao questionar o paradigma da razão instrumental como o único padrão de racionalização possível, Habermas introduz o conceito de razão comunicativa, em que:

> (...) não é a relação de um sujeito solitário com algo no mundo objetivo que pode ser representado e manipulado, mas a relação intersubjetiva, que sujeitos que falam e atuam, assumem quando buscam o entendimento entre si, sobre algo. Ao fazer isto, os atores comunicativos movem-se por meio de uma linguagem natural, valendo-se de interpretações culturalmente transmitidas e referem-se a algo simultaneamente em um mundo objetivo, em seu mundo social comum e em seu próprio mundo subjetivo.[15]

Nessa perspectiva, as variações de conjunturas sociopolíticas e históricas já foram propícias e, outras vezes, desfavoráveis ao

---

[14] MENDEZ, Lucas. La Fiebre (No volvamos a la normalidad porque em la normalidad está el problema) – Ed. ASPO, abril 2020. p. 243-252

[15] HABERMAS, Jürgen . The theory of communicative action. Vol 1. Reason and the rationalizalion of society. Boston, Beacon Press, 1984. p. 392.

surgimento, crescimento e, principalmente, à "disseminação" do pensamento. São incontáveis os momentos em que o homem foi impedido de exercer sua verve criadora, faculdade esta que é inerente a sua natureza. Por isso, a sociedade democraticamente livre é aquela comunicativamente capaz de operar linguagem em política, e política em capacidade de ação para conquista de direitos.[16]

O totalitarismo anda de mãos dadas com as expressões negadoras da liberdade intelectual, ideológica, política, e, consequentemente, cultural. A arte detém uma, atualmente pouco explorada, aptidão para combate por modelos sociais livres e democráticos, tendo em vista seus já mencionados aspectos emancipatório e revolucionário, podendo ser utilizada, em maior ou menor grau, como forma de denúncia aos regimes totalitários, aos governos corruptos, às injustiças sociais, entre outros. Esta pode ser uma geração repleta de impaciência e frustração, mas também de arte e esperança.

> "I can't know what the future will bring; we have to choose despite uncertainty. Wisdom is holding two contradictory truths in our mind, simultaneously, Hope and despair. A life without despair is a life without hope." (First Reformed – SCHRADER, Paul)

---

[16] BITTAR, Carlos Alberto, op. cit., 2013, p. 22.

Crimes de responsabilidade em tempos de crise sanitária

HELDER FELIPE OLIVEIRA CORREIA

1 Colocação do tema

Juntamente com a crise sanitária decorrente da pandemia do Covid-19, o Brasil também enfrenta intensa crise política e econômica. O Presidente da República com a sua postura errante, para muitos, já cometera um sem número de crimes de responsabilidade previstos na Lei n° 1.079/50 (LCR). Não à toa, até a presente redação, há aproximadamente 50 (cinquenta) denúncias oferecidas contra o Chefe do Poder Executivo federal. Pelo que se percebe diariamente, essa conta deverá aumentar.

Fato importante e merecedor de atenção é que todos os Presidentes eleitos após a redemocratização do país foram denunciados por supostamente terem cometido crimes de responsabilidade. No total, segundo informações oficiais da Casa do povo, foram mais de 220 (duzentas e vinte) denúncias ofertadas. Desse montante, três foram devidamente processadas, sendo os conhecidos processos de inabilitação de Collor (1992) e Dilma (2016), além de denúncia arquivada pelo plenário da Câmara dos Deputados contra FHC (1999).

Em um primeiro momento, esse número poderá não representar absolutamente nada. Por outro lado, no entanto, poder-se-ia sustentar que tais denúncias consubstanciariam importante instrumento de pressão política contra o Presidente, caso este caminhe em desacordo com as condutas vedadas pela LCR, bem como esteja desprovido de base política de sustentação no Congresso Nacional.

Rafael Mafei Rabelo Queiroz[1], em artigo de opinião publicado no

---

[1] QUEIROZ, Rafael Mafei Rabelo. Impeachment e Lei de Crimes de Responsabilidade: O cavalo de Troia parlamentarista, 2015. **Estadão.** Disponível em: <http://brasil.estadao.com.br/blogs/direito-e-sociedade/impeachment-e-lei-decrimes-de-responsabilidade-o-cavalo-de-troia-parlamentarista>. Acesso em: 01/06/2020.

Estadão, já notara que a LCR possui uma gênese parlamentarista. O autor chega a asseverar que se trata de um "cavalo de troia" parlamentarista dentro do sistema presidencialista inaugurado pela Constituição Federal de 1988 (CF/88). Isso teria ocorrido devido ao fato do Congresso Nacional, naquele contexto, ter buscado se munir de mecanismos políticos de controle em relação ao Poder Executivo. A figura autoritária de Getúlio Vargas e a sua ditadura do Estado Novo (1937-1945) eram presentes naquela década de 40, período no qual a LCR foi gestada. O texto final acabou por estabelecer tipos genéricos que funcionariam, na visão do autor, como uma espécie de controle de qualidade da política praticada pelo Governo, nos moldes do voto de desconfiança do parlamentarismo.

Para além, o Presidente da Câmara dos Deputados é o competente para a admissibilidade da denúncia ofertada. Entendendo haver indícios de autoria e materialidade de crime de responsabilidade, deverá admitir e despachar à comissão mista que instruirá o processo para que seja votada em plenário a autorização do processamento.

No entanto, importante análise deverá ser levada em conta sobre a extensão da competência do Presidente da casa. Isso porque, CF/88 e a LCR nada acrescentam ao exercício da mencionada competência, ficando a cargo do Regimento Interno (RICD) o delineamento do seu exercício.

Em meio ao período de crise sanitária, política e econômica o Presidente da República, como destacado anteriormente, foi alvo de inúmeras denúncias, sem que o mérito de nenhuma delas tenha sido apreciado pelo Presidente da Câmara dos Deputados. Em 24/04/2020, foi protocolado Mandado de Segurança (MS 37083) impetrado por dois advogados que pedem, dentre outros, que o Supremo Tribunal Federal (STF) determine ao Presidente da Câmara dos Deputados a análise da denúncia por crime de responsabilidade apresentada pelos impetrantes junto à Casa do povo contra o Presidente da República, em 31/03/2020. Consta do pedido que, em sendo o pleito acolhido, a análise deverá ser feita no prazo de 15 (quinze) dias.

Na resposta, o Presidente da Câmara dos Deputados destacou que a análise de eventuais denúncias por crime de responsabilidade não dispõe de tempo regimental ou constitucional. Como se trata de uma análise política cabe a este identificar o melhor momento.

Cabe ao Judiciário determinar a análise ou até mesmo o

recebimento da denúncia? Há alguma forma de impor prazo ao Presidente da CD e, portanto, mitigar a sua discricionariedade?

Buscarei apresentar alguns argumentos que poderão contribuir para uma solução compatível com a CF/88.

2 Algumas considerações sobre o impeachment no direito brasileiro

Não sendo possível separar regime democrático e *impeachment*, este constitui meio eficaz de apuração de responsabilidade dos agentes públicos, possibilitando o aperfeiçoamento da democracia[2].

Pinto Ferreira[3] destaca que o *impeachment* tem algumas finalidades, dentre as quais o de impedir que um indivíduo que praticou atos atentatórios à Constituição permaneça no exercício do cargo. Desta feita, uma vez destituído do cargo, não seria mais possível a repetição de atos prejudiciais ao país e a sociedade. Ademais, para ele, como a natureza da sanção seria política, haveria a desqualificação funcional acompanhada da inabilitação para o exercício de funções públicas em determinado lapso temporal. O instituto tem a sua gênese na Inglaterra, no final da Idade Média, permitindo à Câmara dos Comuns a acusação de Ministros do rei, para que os Lordes os julgassem.

A noção de *impeachment* é forte no sistema britânico, que é parlamentarista, tornando-se o primeiro mecanismo para a responsabilização de Ministros e Secretários. Acabou preterido no sistema inglês, pois o controle por parte do Parlamento passou a suceder-se por outros modos, como o voto de desconfiança e moções. Sendo assim, em um contexto parlamentarista, o instituto acabou por torna-se sem aplicabilidade, sendo relegado ao "museu das antiguidades constitucionais".

Ao analisar os aspectos históricos do *impeachment*, tratando sobre as correntes que apontam as origens do instituto, Lucas Catib de Laurentiis[4] assinala que na origem britânica o processo tinha feição

---

[2] BROSSARD, Paulo. **O impeachment. Aspectos da responsabilidade política do Presidente da República.** São Paulo: Saraiva, 1992, p. 7.

[3] FERREIRA, Pinto. **O Impeachment.** Recife: Faculdade de Ciência Humanas, 1993, p. 22.

[4] LAURENTIIS, Lucas Catib de. Nos labirintos de uma arqueologia: análise crítica da configuração brasileira do processo de impeachment. **Revista**

criminal, pois objetivava punir o homem em razão dos ilícitos cometidos a partir de sanções que poderiam, inclusive, gerar a prisão. Lado outro, tratando sobre a gênese americana, o processo era dotado de caráter constitucional cujo objetivo primordial seria a proteção da ordem jurídica, ausente a finalidade de punir o indivíduo. O Brasil recebeu influências, segundo o autor, dessas duas tradições para desespero dos aplicadores e intérpretes que se veem diante de dificuldades quanto às configurações e objetivos do *impeachment*. Em relação a essas dificuldades, o autor assevera que o "hibridismo conceitual que é a fonte das maiores incertezas e problemas do processo de responsabilização operado no *impeachment*". A CF/88 mantivera praticamente a mesma estrutura de responsabilização que vinha sendo apresentada nas Constituições pretéritas, precisamente encontra-se nos artigos 51, 52, 85 e 86 o regramento constitucional sobre o *impeachment*.

Nos artigos 51 e 52 encontram-se as competências atribuídas à Câmara dos Deputados e ao Senado quanto ao processamento das denúncias por cometimento de crime de responsabilidade. Importa destacar que, nesse contexto, a Câmara dos Deputados é a casa responsável por realizar o juízo de admissibilidade, tanto em razão do cometimento de crime de responsabilidade, isto é, aqueles previstos na LCR, bem como é igualmente competente para realizar o juízo de admissibilidade quanto às denúncias/queixa-crime devido ao cometimento dos chamados crimes comuns previstos em lei penal extravagante ou no próprio Código Penal.

Nesse sentido, é preciso entender a extensão do conceito de crime de responsabilidade como elemento essencial à deflagração do processo de inabilitação. A origem da ambiguidade pode ser superada a partir do entendimento do contexto em que se deu a publicação do primeiro diploma normativo tratando sobre o assunto. Ainda sobre a égide da Constituição de 1824, a lei 15 de outubro de 1827 especificou quais seriam as condutas dos Ministros consideradas crimes de responsabilidade. Desde então, portanto, o termo não mais deixou de ser utilizado pela legislação brasileira.

Naquele momento, não era equivocado o uso de tal nomenclatura, haja vista que as condutas eram tipicamente penais, o julgamento era realizado pelo Senado, segundo o art. 20 da lei 15 de

Direitos Fundamentais & Democracia, v. 21, n. 21, p. 28-44, dez. 2016. Edição temática sobre o impeachment.

outubro de 1827, que se convertia em Tribunal de Justiça, inclusive as condenações, de um lado, respeitadas a culpabilidade do agente, em pena de prisão; doutra banda, a pena capital de morte. De se levar em consideração que a origem criminal do *impeachment* na Inglaterra assemelha-se ao regime de responsabilização existente no Império, daí se extrair algum grau de influência na legislação da época, visto que não havia ainda consolidação do instituto no EUA, muito menos influências daquele país, apenas com todo ímpeto quando da proclamação da República.

Embora parcela significativa da doutrina entenda o *impeachment* como jurídico-criminal, Rafael Mafei Rabelo Queiroz[5] não se soma aos autores que assim pensam, nem entende que eventual tese a prevalecer teria força para garantir estabilidade institucional e limitar a atuação do Parlamento. Eventuais violações aos ditames constitucionais, importando em crime de responsabilidade, nada mais são do que crimes de natureza político-administrativa, apresentando qualquer aspecto penal de forma acidental.

A admissibilidade da denúncia por parte da Câmara dos Deputados é bastante comparada com a decisão de pronúncia do Júri, o que o autor entende não se restringir apenas aquele modelo de julgamento. Ao revés, pronunciar significa realizar um juízo preliminar da acusação, na medida em que se deve analisar a existência de indícios de autoria e materialidade delitiva de crimes dolosos contra a vida. Nesse sentido, a pronúncia representaria uma decisão em que, inicialmente, uma autoridade enfrentaria determinada questão cuja matéria, em definitivo, seria julgada por outra autoridade competente para tanto.

Ademais, embora o art. 28 da LCR autorize o uso do Código de Processo Penal (CPP) de forma subsidiária, também permite a aplicação dos regimentos internos das casas do Congresso Nacional, motivo pelo qual seria bastante frágil aduzir que a previsão legal autorizando o uso do CPP desaguaria na natureza criminal do *impeachment*, desconsiderando a autorização para uso de instrumentos que são manifestamente administrativos, a saber, os regimentos internos.

---

[5] QUEIROZ, Rafael Mafei Rabelo. A natureza jurídica dos crimes de responsabilidade presidencial no direito brasileiro: lições a partir do impeachment de Dilma Rousseff. **e-pública - Revista Eletrônica de Direito Público,** v. 4, p. 221-245, 2017.

Segundo, o indicativo de que a competência exclusiva da União para legislar sobre crimes de responsabilidade faria concluir que o impeachment teria natureza jurídico-criminal não se sustenta. Para Rafael Mafei Rabelo Queiroz[6], mormente diante dos precedentes do STF, conquanto o art. 22, I, CF/88 preveja a competência da União para legislar sobre direito penal e processo penal, a lei especial (LCR) que regulamenta o *impeachment* tem sua previsão no parágrafo único do art. 85 da CF/88. Explica, com isso, que o fato da lei especial estar prevista em outro dispositivo constitucional afastaria sua natureza jurídico-penal.

Outro reforço argumentativo proposto de ordem prática é quanto à coisa julgada no processo penal. Valendo-se do caso Collor, é de conhecimento que o Senador foi absolvido no STF alguns anos depois pelos mesmos fatos que motivaram a deflagração do seu *impeachment*. Ora, se o *impeachment* tivesse natureza criminal, estar-se-ia diante da possibilidade de decisões sobre os mesmos fatos, mas em sentidos diversos. Até mesmo poder-se-ia falar em *bis in idem* decorrente de duas condenações criminais pelo mesmo fato.

Certamente, não foi essa a intenção do constituinte oferecer qualquer margem de discricionariedade ao Legislativo quando da deflagração do processo de *impeachment*. Em sentido contrário, tal processo tem por essência a necessidade de existência de razões graves para a sua deflagração, não apresentando outra forma de solução. Por tal motivo, a natureza política do *impeachment* que demandaria um critério qualitativo, a saber, a gravidade da conduta imputada, traria maior estabilidade institucional.

Arremata Rafael Mafei Rabelo Queiroz[7], uma vez que a medida drástica e traumática do *impeachment*, em sendo considerado de natureza jurídico-penal, poderia ser deflagrada por condutas menos expressivas, apenas em decorrência da sua previsão em lei penal, não seria, tal tese no campo prático, apta a promover maior estabilidade.

A seguir, falarei brevemente sobre o procedimento do *impeachment* e enfrentarei a questão da competência do Presidente da Câmara dos Deputados.

---

[6] Ibid.,p. 233.

[7] Ibid.,p. 236.

3 Competência do Presidente da Câmara dos Deputados na admissibilidade da denúncia

Qualquer cidadão poderá protocolar denúncia contra os agentes públicos alcançados pela LCR. É preciso que a inicial esteja acompanhada, dentre outros, dos documentos ou rol de testemunhas que comprovem os crimes de responsabilidade denunciados. No art. 218 do RICD há previsão da competência do Presidente para realizar a admissibilidade da denúncia, não havendo prazo para este pronunciamento.

Em sendo positiva a decisão quanto ao juízo de admissibilidade, uma comissão especial será formada, mediante eleição, para avaliar a denúncia e ofertar parecer sobre a acusação. A sua composição será de 65 (sessenta e cinco) Deputados Federais (titulares) e 65 (sessenta e cinco) Deputados Federais (suplentes), da qual, observada a respectiva proporção, devem participar representantes de todos os partidos políticos com representação na Casa Legislativa. Vale frisar que os deputados que irão integrar a comissão devem ser indicados pelos líderes dos partidos ou blocos parlamentares, não sendo possível a chamada candidatura avulsa.

O parecer será elaborado e submetido à votação aberta na Câmara dos Deputados, devendo a Casa Legislativa emitir decisão no sentido de ser a denúncia recebida ou não. Exige-se, para o recebimento, maioria de 2/3. Se não alcançar o quórum mínimo, a denúncia será arquivada.

Se houve entendimento positivo por parte da Câmara dos Deputados quanto à adequação da denúncia por cometimento de crime de responsabilidade, não vinculará o Senado Federal[8]. Esse fará novo juízo de admissibilidade, não estando obrigado a instaurar o processo contra o presidente. Na mesma senda, vale registrar, caso tenha sido decisão de admissibilidade devido ao cometimento de

---

[8] Fato curioso durante o processamento do *impeachment* de Dilma Rousseff foi a decisão do Deputado Waldir Maranhão (PP/MA), substituto de Eduardo Cunha após o afastamento deste, em que houve o cancelamento da decisão de admissibilidade da Câmara dos Deputados, mesmo após o envio do processo para o Senado. O despacho do Presidente interino determinara nova votação em plenário após 5 (cinco) sessões. Embora a decisão tenha sido levada ao STF, foi o próprio Senado quem descartou interromper o processamento, via o seu Presidente de então, o Senador Renan Calheiros, que deu continuidade ao julgamento.

crime comum, isto é, denúncia ou queixa-crime, o STF não se vincula à decisão da Câmara, de modo que a Corte Suprema fará novo juízo de admissibilidade.

Ainda sobre a atuação do Presidente da Câmara dos Deputados na admissibilidade das denúncias, como mencionado no início deste texto, em 24/04/2020, foi protocolado o MS 37083 que pede, dentre outros, que o STF determine ao Presidente da Câmara dos Deputados a análise da denúncia por crime de responsabilidade apresentada pelos impetrantes.

Até a presente data a análise de eventuais denúncias por crime de responsabilidade não dispõe de tempo regimental ou constitucional. Como se trata de uma análise política cabe ao Presidente identificar o melhor momento.

O Deputado Federal Denis Bezerra (PSB/CE) apresentou PRC (Nº 28/2020) para que o RICD, especificamente o art. 218, fosse alterado e estipulasse prazo de 30 dias para que o Presidente da casa decida sobre as denúncias por crime de responsabilidade que lhe são apresentadas. Consta da justificativa que "sendo o esclarecimento de denúncias contra as mais altas autoridades do Poder Executivo federal de interesse de toda a população, é fácil compreender que o não deliberar aqui traz enorme constrangimento para o Congresso e apequena a sua imagem entre os cidadãos". Cuida-se de procedimento extremamente relevante, de modo que ao ser de interesse de toda a coletividade, não caberia ao Parlamento levar em "banho-maria" ou simplesmente omitir-se de decidir.

Deveria ser levada em consideração, segundo o autor, a necessidade de existência de prazo razoável no RI da CD para fins de garantia da segurança jurídica e aperfeiçoamento do devido processo legal. Em assunto tão sensível, quanto maior o delineamento do procedimento, maior será a segurança das instituições, do denunciante, do denunciado e da coletividade, havendo o afastamento de qualquer traço de vontade pessoal no exercício da mencionada competência.

A alteração do RI da CD seria o modo menos complexo da resolução do problema, considerando que a própria alteração da CF/88 e da LCR seriam outros meios viáveis, no entanto mais complexos devido ao processo legislativo envolver vários procedimentos não existentes na aprovação de uma Resolução que alteraria o RI.

Por isso que se teria por indevida qualquer decisão do STF que obrigasse a análise das denúncias protocoladas, levando em consideração que a matéria procedimental é regulamentada no respectivo regimento interno, o que afastaria a interferência da Corte, cabendo ao Parlamento, assim como já vem sendo buscado, encontrar a melhor normatização para a atuação do Presidente da Casa.

De certo, o estabelecimento de prazo para apreciação atrairia maior segurança jurídica para os envolvidos no processamento, além da redução de certa margem de discricionariedade do responsável pela decisão, o qual poderá usar da possibilidade de admitir eventual denúncia como mecanismo de barganha política.

4 Considerações finais

Sob a égide da CF/88, há sempre a possibilidade de deflagração de um processo de inabilitação diante da existência de crime de responsabilidade praticado por algum agente público alcançado pela LCR. Especialmente em relação ao Presidente da República, desde a redemocratização do país, foram oferecidas mais de 220 (duzentas e vinte) denúncias, sob os mais diversos fundamentos. Collor em 1992, FHC no ano de 1999 (a denúncia foi rejeitada pelo plenário da Câmara dos Deputados) e Dilma (2016) são exemplos de acusações que foram recebidas e processadas. No entanto, é preciso entender quais são os limites jurídicos e políticos desse importante instrumento do presidencialismo brasileiro, quais as hipóteses de cabimento, além da atuação do Parlamento no processo.

O *impeachment* é importante instrumento inserido no presidencialismo. A sua finalidade é destituir o agente político que desrespeita frontalmente a Constituição de um país. Embora, para muitos, um instrumento traumático e de claro componente político, é preciso sopesar o que atenderá melhor aos interesses da sociedade.

Em todos os elementos anteriormente citados, a melhor forma de estabelecer prazo para a análise das denúncias seria mediante alteração na CF/88, na LCR ou no RICD. Eventuais interferências do STF, determinando prazo para apreciação, sem que nenhum dos diplomas anteriormente mencionados o faça, seria afronta à separação de funções previstas na CF/88.

Referências

BROSSARD, Paulo. **O impeachment**. Aspectos da responsabilidade política do Presidente da República. São Paulo: Saraiva, 1992.

FERREIRA, Pinto. **O Impeachment**. Recife: Faculdade de Ciências Humanas, 1993.

LAURENTIIS, Lucas Catib de. Nos labirintos de uma arqueologia: análise crítica da configuração brasileira do processo de impeachment. **Revista Direitos Fundamentais & Democracia**, v. 21, n. 21, p. 28-44, dez. 2016. Edição temática sobre o impeachment.

QUEIROZ, Rafael Mafei Rabelo. A natureza jurídica dos crimes de responsabilidade presidencial no direito brasileiro: lições a partir do impeachment de Dilma Rousseff. **e-pública - Revista Eletrônica de Direito Público**, v. 4, p. 221-245, 2017.

QUEIROZ, Rafael Mafei Rabelo. Impeachment e Lei de Crimes de Responsabilidade: O cavalo de Troia parlamentarista, 2015. Estadão. Disponível em: <http://brasil.estadao.com.br/blogs/direito-e-sociedade/impeachment-e-lei-decrimes-de responsabilidade-o-cavalo-de-troia-parlamen tarista>. Acesso em: 01/06/2020.

E quando falta água? emergência sanitária, vulnerabilidade social e Covid-19

Janaína Rezendes Nunes
Roberta Oliveira Lima

1 Introdução

A pandemia do COVID-19 trouxe à tona os problemas sociais relativos ao abastecimento de água e ao saneamento básico, problemas antigos que foram evidenciados e levados a reflexão não apenas pela crise sanitária, mas também pela crise social que afeta milhares de brasileiros e brasileiras que vivem em situação de vulnerabilidade.

Tratando-se de um bem fundamental, a água tornou-se escassa em razão da poluição dos recursos hídricos, fato a ser alimentado pelo paradoxo de que, embora já haja sua escassez, também há comunidades que carecem de seu acesso.

O Ministério do Desenvolvimento Regional, através do Sistema Nacional de Informações sobre Saneamento, aponta a grande disparidade em relação aos índices de acesso a água e saneamento no país. Segundo informações, a região Norte do país é a mais deficitária, recebendo atendimento de água tratada apenas 57,1% da população. Em contraponto, a região Sudeste é a que apresenta o melhor atendimento, 91% da população recebe água tratada[1].

Para Pes[2] "a água, líquido transparente em seu estado de pureza, é um elemento natural imprescindível à vida no planeta". E como tal, indispensável não apenas à sobrevivência humana, em razão de sua necessidade mais primitiva, como a sede, mas também no combate à doenças, por se tratar de recurso fundamental para a

---

[1] Sistema Nacional de Informações Sobre Saneamento, 2018. Disponível em: http://www.snis.gov.br/painel-informacoes-saneamento-brasil/web/painel-abastecimento-agua.

[2] PES, João Hélio Ferreira. Água Potável e a Teoria dos bens Fundamentais de Luigi Ferrajoli. Disponível em: http://www.publicadireito.com.br/artigos/?cod=da6cb383f8f9e58f.

prática da higienização. Nesse sentido, no que se refere ao combate do coronavírus, além na necessidade de se lavar as mãos frequentemente com água e sabão como medida de proteção, a água passar a ser fundamental para a higienização da alimentação, da casa, da roupa e de produtos.

2 Água como direito humano, fundamental e transgeracional

Indiscutivelmente, o tema água tem sido um dos mais discutidos e relevantes do mundo contemporâneo. A água, como cerne do desenvolvimento sustentável, torna-se fundamental para o desenvolvimento socioeconômico, para a produção de energia e alimentos, para a preservação dos ecossistemas saudáveis, e por conseguinte, para a própria sobrevivência humana.

Desde 1977 as agendas internacionais promovem discussões acerca do tema, como na Conferência das Nações Unidas para a Água (1977), a Década Internacional de Abastecimento de Água Potável e Saneamento (1981-1990), a Conferência Internacional sobre Água e Meio Ambiente (1992) e a Cúpula da Terra (1992).

A sua importância para a sobrevivência humana trouxe especificidade aos Objetivos do Desenvolvimento do Milênio – ODM e, posteriormente, a Agenda 2030 para o Desenvolvimento Sustentável – ODS, em que no seu 6° objetivo busca "assegurar a disponibilidade e gestão sustentável da água e saneamento para todos"[3].

---

[3] Objetivo 6. Assegurar a disponibilidade e gestão sustentável da água e saneamento para todos. 6.1 Até 2030, alcançar o acesso universal e equitativo a água potável e segura para todos. 6.2 Até 2030, alcançar o acesso a saneamento e higiene adequados e equitativos para todos, e acabar com a defecação a céu aberto, com especial atenção para as necessidades das mulheres e meninas e daqueles em situação de vulnerabilidade. 6.3 Até 2030, melhorar a qualidade da água, reduzindo a poluição, eliminando despejo e minimizando a liberação de produtos químicos e materiais perigosos, reduzindo à metade a proporção de águas residuais não tratadas e aumentando substancialmente a reciclagem e reutilização segura globalmente. 6.4 Até 2030, aumentar substancialmente a eficiência do uso da água em todos os setores e assegurar retiradas sustentáveis e o abastecimento de água doce para enfrentar a escassez de água, e reduzir substancialmente o número de pessoas que sofrem com a escassez de água. 6.5 Até 2030, implementar a gestão integrada dos recursos hídricos em

É certo, incontestavelmente, que a água está intrinsicamente ligada à dignidade da pessoa humana, sendo responsável pela sobrevivência básica de cada indivíduo. Entretanto, em que pese sua imensurável importância, trata-se de um bem que não está acessível a todos e a todas, a pequena porcentagem de água encontrada em nossa biosfera, disponível ao consumo humano, atrelado a sua desigual distribuição em nossa sociedade, e a consequente poluição dos recursos hídricos, traz à tona a sua especial atenção ao estudioso e estudiosa do direito.

Cumpre lembrar que até a metade do século passado, a água, o solo, minérios e florestas pareciam infinitos no planeta. A abundância da natureza era vista como algo inesgotável, e não permeava a preocupação com os prejuízos ambientais de sua escassez. A partir da década de 50, após a II Guerra Mundial, os efeitos desastrosos da atividade humana sobre o planeta começaram a ficar evidentes, como aquecimento global, desmatamento, poluição, contaminação dos solos, da água e do ar, acidentes radioativos, extinção de espécies de plantas e animais, crises hídricas, assim como a grande desigualdade social e de acesso aos recursos naturais e ao de conhecimento.

No ano de 1800, menos de 2% da população humana era urbana, hoje contamos com quase 70% da população concentrada nos centros urbanos. As megacidades são as que mais absorvem esse número de habitantes, 280 milhões precisamente, liderando a concentração de pobreza e graves problemas socioambientais decorrentes da falta de investimento em infraestrutura e saneamento básico[4].

Nesse cenário, à medida que as populações crescem, estimulando

---

todos os níveis, inclusive via cooperação transfronteiriça, conforme apropriado. 6.6 Até 2020, proteger e restaurar ecossistemas relacionados com a água, incluindo montanhas, florestas, zonas úmidas, rios, aquíferos e lagos. 6.a Até 2030, ampliar a cooperação internacional e o apoio à capacitação para os países em desenvolvimento em atividades e programas relacionados à água e saneamento, incluindo a coleta de água, a dessalinização, a eficiência no uso da água, o tratamento de efluentes, a reciclagem e as tecnologias de reuso. 6.b Apoiar e fortalecer a participação das comunidades locais, para melhorar a gestão da água e do saneamento.

[4] LEITE, Carlos; AWAD, Juliana di Cesare Marques. Cidades sustentáveis, cidades inteligentes: desenvolvimento sustentável num planeta urbano. Bookman, 2012.

a expansão das atividades agrícolas e industriais, também se expandem as consequências advindas das mudanças climáticas, como o ciclo hidrológico global e o despejo de esgoto não tratado, ou tratado inadequadamente, nas águas, além dos resíduos advindo da agricultura e das indústrias. O resultado dessa contaminação, segundo a ONU[5], é a morte, todos os anos, de mais pessoas por consequência da água contaminada do que de todas as formas de violência, incluindo a guerra.

A poluição dos cursos d'água ocorre nas áreas urbanas de países mais pobres, onde a população ocupa o entorno de represas e rios, e, na maioria dos casos, não têm à disposição o tratamento dos efluentes produzidos, derramando o esgoto sem o tratamento adequado e consequentemente poluindo os rios e represas.

O ambiente urbano tem sido palco de diversas tensões, além de reforçar a existência de uma crise ambiental marcante, que reflete a incapacidade de se formular soluções gerando a total ausência de políticas públicas, a falta de ação desencadeia não só o reconhecimento da inexistência de divergências, como mantém a situação existente das cidades sem o necessário debate das dificuldades, incapaz de solucionar problemas no contexto social e do meio ambiente, nos levando a crer que tais problemas não existem.

No ordenamento jurídico, a água é tratada como um bem difuso, de titularidade transindividual, o que equivale dizer que não "se enquadra na dicotomia estabelecida pelo Código Civil entre bens públicos e privados"[6]. Trata-se de um bem criado pela nossa Constituição Federal de 1988, o *bem ambiental,* de uso comum do povo e essencial à sadia qualidade de vida e, portanto, fundamental a garantia da dignidade da pessoa humana.

Para tanto, a água potável, como bem fundamental, requer dos poderes públicos o seu fornecimento a todos e a todas como "corolário da constatação de seu caráter imprescindível para a

---

[5]   ONU   BRASIL.   Nações   Unidas   Brasil:
https://nacoesunidas.org/acao/agua/
[6] GRAF, A. C. B. Água, bem mais precioso do milênio: o papel dos Estados. Revista CEJ, v. 4, n. 12, p. 30-39, 29 dez. 2000. Disponível em: https://revistacej.cjf.jus.br/revcej/article/view/356/504.

manutenção da vida em si mesma"[7]. A exclusão de um grupo social de suas necessidades básicas é incompatível com os direitos fundamentais e com a democracia. Ademais, o acesso as necessidades básicas admitem a inclusão social do indivíduo.

Apesar de ser um direito fundamental, e, portanto, reconhecido pela constituição, Ferrajoli[8] afirma ser insuficiente a simples estipulação ou apenas o reconhecimento desses direitos nas constituições. Evidencia-se a necessidade de um disciplinamento autônomo e específico para os 'bens fundamentais' como a água, a atmosfera, o equilíbrio ecológico, a alimentação básica, os medicamentos essenciais, diante da sua vulnerabilidade e não renovabilidade atrelado a sua aptidão em serem garantidos a todos e a todas como fator de sobrevivência. Nesse sentido, aduz,

> Denominei de "bens sociais" aqueles bens – como a água potável, os medicamentos essenciais e os produtos necessários para a alimentação básica – que são objeto dos direitos sociais, isto é, daqueles direitos fundamentais que consistem em prestações, como a alimentação básica e a assistência sanitária. Estes bens coincidem, em grande parte, com os bens fundamentais que não são tais por natureza, como o são os bens personalíssimos e os comuns, mas são duplamente artificiais: no sentido de que são produzidos ou distribuídos pelo homem, e no sentido de que são convencionados como tais, isto é, como bens vitais que devem ser juridicamente acessíveis a todos, mesmo porque, por causa do estado de indigência, não são de fato naturalmente acessíveis a todos. Sob este último aspecto, tais bens são "fundamentais", em sentido não objetivo, mas subjetivo: para quem não está em condições de adquiri-los como bens patrimoniais. O são, saliento, na medida em que são objeto dos direitos sociais à sobrevivência estipulados nas

---

[7] URQUHART CADEMARTORI, Sergio; MESQUITA LEUTCHUK DE CADEMARTORI, Daniela. A água como um bem fundamental e o direito à água potável como um direito humano fundamental: uma proposta teórica de políticas públicas. Revista do Instituto Brasileiro de Direitos Humanos, n. 14, p. 351-364, dez. 2014. Disponível em: <http://revista.ibdh.org.br/index.php/ibdh/article/view/281>. Acesso em: 29 maio 2020.

[8] FERRAJOLI, Luigi. Por uma carta dos bens fundamentais. Sequência: Estudos Jurídicos e Políticos, Florianópolis, p. 29-73, nov. 2010. Disponível em: https://periodicos.ufsc.br/index.php/sequencia/article/view/16493. Acesso em: 29 maio 2020. doi:https://doi.org/10.5007/2177-7055.2010v31n60p29.

cartas constitucionais e internacionais[9].

Para Luigi Ferrajoli, o acesso a água potável, como um direito fundamental, que tem a água como objeto desse direito fundamental, quando exercido por meio de um serviço público de abastecimento, assume o caráter de serviço de um direito fundamentalmente social, pois tem como cerne o bem fundamental social água, necessário a sobrevivência humana e imprescindível para a garantia do direito à vida, devendo ser garantido pelo Estado.

Portanto, "os direitos fundamentais existem para que sejam satisfeitas as necessidades básicas do cidadão de modo a respeitar a sua dignidade como ser humano"[10]. É preciso atentar-se à saúde como um direito universal e fundamental, e a água, nesse contexto, como cerne desse direito.

Além de direito fundamental, é preciso lembrar que a água e o esgotamento sanitário são direitos humanos. Nas palavras de Neves-Silva e Heller[11]:

> O DHAES reconhece que o acesso a esses serviços é um direito dos indivíduos e uma obrigação do Estado, não podendo ser considerado um ato de caridade. Assim, ao considerar o acesso à água como direito humano, a comunidade, principalmente as populações vulneráveis, em princípio as que mais têm seus direitos violados, podem reivindicá-lo, utilizando para isso, caso necessário, o sistema jurídico e os tribunais. Sendo a participação social um princípio importante do referencial dos Direitos Humanos, as populações vulneráveis passam a ter direito a participar dos processos de tomadas de decisão, tendo suas demandas e necessidades ouvidas e valorizadas.

---

[9] FERRAJOLI, Luigi. Por uma carta dos bens fundamentais. Sequência: Estudos Jurídicos e Políticos, Florianópolis, p. 55-56, nov. 2010

[10] URQUHART CADEMARTORI, Sergio; MESQUITA LEUTCHUK DE CADEMARTORI, Daniela.

[11] NEVES-SILVA, Priscila and HELLER, Léo. O direito humano à água e ao esgotamento sanitário como instrumento para promoção da saúde de populações vulneráveis. Ciênc. saúde coletiva [online]. 2016, vol.21, n.6 [cited 2020-05-31], pp.1861-1870. Available from: <http://www.scielo.br/scielo.php?script=sci_arttext&pid=S1413-81232016000601861&lng=en&nrm=iso>. ISSN 1678-4561. https://doi.org/10.1590/1413-81232015216.03422016

Por fim, há o olhar para o futuro de Mattei e Capra[12] que se debruçam sobre o tema da gestão do comum ou *commom* e trazem o exemplo do sistema hídrico de Nápoles e da gestão das águas de Paris, partindo do pressuposto de que o suprimento de água deve ser administrado de uma maneira não privatista e, portanto, não lucrativa, mas como um serviço comum e uma garantia às futuras gerações.

A perspectiva que traz a água para o cerne de proteção de direitos, seja como direito humano e fundamental, seja como bem comum da humanidade, a ser assim gerido e administrado, abre a reflexão para o próximo tópico que buscará refletir sobre a estreita relação entre a água e o Sars-Cov-2 ou novo coronavírus, causador da COVID-19.

3 Água, vulneravilidade social e Covid-19

Conforme já enunciado na introdução do presente capítulo, a pandemia do COVID-19 fez emergir um gama de problemas sociais relativos ao abastecimento de água e ao saneamento básico, com especial ênfase aos brasileiros e brasileiras que vivem em situação de vulnerabilidade.

Em relação ao conceito de vulnerabilidade e suas nuances, Pereira e Souza destacam que a vulnerabilidade se caracteriza pela existência de um risco e pela incapacidade de responde-lo, além da inabilidade de adaptar-se ao perigo[13].

Henri Acserald ao falar de vulnerabilidade e risco, informa que:

> Da noção de risco à noção de vulnerabilidade, buscou-se melhor articular as condições que favorecem a suscetibilidade de sujeitos a agravos. Conforme assinala Ayres: "Enquanto com a noção de risco buscou-se 'calcular a probabilidade de ocorrência' de um agravo em

---

12 CAPRA, Fritjof; MATTEI, Ugo. A revolução ecojurídica : o direito sistêmico em sintonia com a natureza e a comunidade. Trad. Jeferson Luiz Camargo. São Paulo : Cultrix, 2018, p. 232 e 233.

13 PEREIRA, E. C.; SOUZA, M. R. **Interface entre risco e população** [Texto completo]. In Associação Brasileira de Estudos Populacionais (Ed.), Textos completos de comunicações científicas, XV Encontro de Estudos Populacionais. Caxambu, MG: ABEP. 2006. Acesso em: Jul/ 2012. Disponível em: http:// www.abep.nepo.unicamp.br/encontro2006/docspdf/ ABEP2006_592. pdf. p. 6

um grupo qualquer com determinada característica, 'abstraídas outras condições intervenientes', com a noção de vulnerabilidade procura-se 'julgar a suscetibilidade' do grupo a esse agravo, 'dado um certo conjunto de condições intercorrentes'. A disposição a tratar as condições de vulnerabilidade como uma questão de direitos humanos, por sua vez, é apresentada também como destinada a vinculá-las às suas raízes sociais mais profundas, estimulando e potencializando a mobilização das pessoas para a transformação destas condições.[14]

Para Abramovay, Castro, Pinheiro, Sousa e Martinelli[15], a vulnerabilidade social pode ser definida como a situação em que os recursos e habilidades de um dado grupo social são tidos como insuficientes e inadequados para lidar com o que é oportunizado pela vida em sociedade, sendo que estas oportunidades constituem uma forma de ascender a maiores níveis de bem-estar ou diminuir probabilidades, de deterioração de vida de determinados sujeitos sociais. Segundo os autores, a concepção de vulnerabilidade social tem a pretensão de superar e, ao mesmo tempo, incorporar o conceito de pobreza.

A população vulnerável que é atingida pela falta, ou precário, abastecimento de água concentra-se em duas grandes categorias: as periferias urbanas, vivenciadas pelos assentamentos irregulares, e as comunidades rurais. Apesar do adensamento populacional ser uma característica encontrada fundamentalmente na primeira categoria, a precariedade das moradias, da alimentação, e a maior concentração de pessoas com comorbidades passa a ser de ambas.

De acordo com o Instituto Trata Brasil[16], 83,62% dos brasileiros e brasileiras são atendidos com abastecimento de água tratada.

---

[14] ACSELRAD, Henri. **Vulnerabilidade ambiental, processos e relações.** Disponível em: http://www.fase.org.br/projetos/clientes/noar/noar/UserFiles/17/File/VulnerabilidadeAmbProcRelAcselrad.pdf. Acesso em: Out/2011.

[15] ABRAMOVAY, M.; CASTRO, M. G.; PINHEIRO, L. C.; SOUSA, F. L.; MARTINELLI, C. C. **Juventude, violência e vulnerabilidade social na América Latina: Desafios para políticas públicas.** Brasília, DF: UNESCO. 2002.

[16] Recomendações para a Prevenção do contágio da COVID-19 (novo coranavírus-SARS-CoV-2) pela Água e por Esgoto Doméstico. Mar. 2020. Disponível em: http://tratabrasil.org.br/covid-19/assets/pdf/cartilha_covid-19.pdf.

Apesar do percentual parecer alto, isso significa que quase 35 milhões de pessoas são deixadas de lado sem poder contar com um serviço básico e necessário para prevenção ao COVID-19. Além de não possuírem esse recurso básico para a higienização correta na prevenção contra o novo coronavírus, conforme recomendado pelas autoridades médicas e pela Organização Mundial da Saúde – OMS, ainda há cerca de 100 milhões de pessoas com deficiência de saneamento, via de regra moradores de grandes vilas e favelas, que além de serem vulneráveis a doenças, tais como diarreias, leptospirose, dengue, malária, e outras, vivem no palco de proliferação do vírus, conforme apontado pelas Recomendações para Prevenção do Contágio da Covid-19 (Novo Coronavírus – SARS-CoV-2) pela Água e por Esgoto Doméstico, documento elaborado por integrantes da Sala Técnica de Saneamento, composta por 250 profissionais da área de saneamento.

Pesquisadores da Fundação Oswaldo Cruz[17], FIOCRUZ, em parceria com a prefeitura de Niterói, no estado do Rio de Janeiro, verificaram a presença de material genético do novo coronavírus em amostras colhidas no esgoto da cidade, apesar da literatura científica não evidenciar a contaminação do vírus quando excretado nas fezes, demostra-se a vulnerabilidade das comunidades que convivem com o esgoto na porta de suas casas.

O caos sanitário vivenciado contemporaneamente pontua a velha problemática de políticas públicas ineficientes em vários setores do país, como o sucateamento de saúde, falta de leitos hospitalares, escassez ao acesso a água, saneamento, higiene, entre outros. Os dados colhidos pelo Sistema Nacional de Informações sobre Saneamento – SNIS, apontam as diferenças entre as regiões do país no que se refere ao abastecimento de água. Traduz que embora a região Sudeste tenha 91% da população atendida com água tratada, os 9% sem abastecimento representam 7,8 milhões de pessoas não atendidas, um número elevado levando-se em consideração que essa é a região mais contaminada e afetada pela Covid-19. E, embora a região amazônica esteja permeada com grandes rios e aquíferos, rica portanto em recursos hídricos, é uma das regiões que mais sofre com o acesso à água potável. Logo, os dados aprontam que a

---

[17]   Fiocruz Notícias, maio de 2020. Disponível em: https://portal.fiocruz.br/noticia/fiocruz-divulga-resultados-de-estudo-sobre-presenca-do-novo-coronavirus-em-esgotos.

problemática não está na quantidade de recursos hídricos disponíveis por região no Brasil, mas na sua distribuição irregular, ainda que o país seja detentor do maior volume de água doce no planeta, 12% no total[18].

No Brasil, as Companhias Estaduais de Saneamento Básico (CESBs), responsáveis pela prestação dos serviços de água e esgoto em cerca de 70% dos municípios, alinharam-se para determinar a proibição dos cortes dos serviços em razão de sua essencialidade. Em São Paulo, por exemplo, foi estabelecido que aqueles classificados como baixa renda estão isentos do pagamento das faturas por três meses, medida que deverá ser compensada com redução de despesas da companhia e ajustes orçamentários.[19]

Almeja-se, além da suspensão de cortes no fornecimento de água para a população mais vulnerável, a gratuidade da tarifa social, a garantia de água segura, como alternativa rápida e eficaz, a justiça sanitária e ambiental, levando-se em conta a distribuição de materiais de higiene, além da educação e informação como medida emergencial durante a pandemia ocasionada pelo Covid-19.

Michelle Bachelet, alta-comissária da ONU para os direitos humanos, relatou preocupação com os impactos da COVID-19 sobre os vulneráveis. Ao se referir sobre as minorias raciais e étnicas aduziu que no estado de São Paulo "as pessoas negras têm 62% mais chances de morrer da COVID-19 do que as brancas", pois existe uma conjunção de fatores como, "marginalização, discriminação e acesso à saúde"[20], que acabam por vulnerabilizar e distribuir desigualmente os riscos por grupos sociais específicos. Fato que inclui não só o Brasil, mas França, Reino Unido e Estados Unidos.

Os pilares necessários para assegurar a qualidade e a quantidade de água no país incluem a implementação plena e efetiva de Políticas Públicas, dos Sistemas de Recursos Hídricos, Saneamento, Saúde,

---

[18] Sistema Nacional de Informações sobre Saneamento, 2018. Disponível em: http://www.snis.gov.br/painel-informacoes-saneamento-brasil/web/painel-setor-saneamento.

[19] Webinar "Impactos da COVID-19 no Estado de SP-perspectivas de especialistas do setor de recursos hídricos", organizado pela Rede Brasil do Pacto Global, ocorrido em 17 abril de 2020. Disponível em: https://www.youtube.com/watch?v=FMyV3NarzhI&feature=youtu.be.

[20] Nações Unidas Brasil. ONU. Desenvolvimento Sustentável. Disponível em: https://nacoesunidas.org/onu-alerta-para-impacto-desproporcional-da-covid-19-sobre-minorias-raciais-e-etnicas/.

Meio Ambiente e Clima. Além disso, destaca-se a importância dos Comitês e das Agências de Bacias Hidrográficas e o seu papel na promoção de ações coletivas e integradas envolvendo o poder público, o setor empresarial e industrial, os usuários de água e a sociedade civil.

É preciso repensar políticas públicas, trazer o elemento água como um direito humano de fato, acessível a todos e a todas, buscar, através de uma rede colaborativa, uma nova cultura da água, que visa cuidar, tratar e reutilizar, reduzir o uso e as perdas, com eficiência em todos os setores - social, industrial e agrícola -, com uma governança colaborativa da água, através de investimentos, transparência e informação, principalmente para o atendimento das populações vulneráveis juridicamente violadas em seu acesso a água e saneamento.

4 Considerações finais

A falta de acesso à água e saneamento básico passa a ser um dos principais entraves às medidas preventivas de contaminação pelo coronavírus, deixando milhões de brasileiros e brasileiras em risco nas periferias urbanas, nos assentamentos irregulares e nas comunidades rurais numa posição de ainda maior vulnerabilidade

Em síntese, é necessário vislumbrar o fato de que o enfrentamento dos temas trazidos à baila no presente capítulo precisam se articular a partir de uma ótica que tangencie os mais diferentes aspectos envolvidos na questão homem/saúde/ambiente, quais sejam: ciência, política, economia e direito, elementos constitutivos da vida social, por sua vez.

Para a construção de uma compreensão plural e que possibilite a promoção democrática de medidas para a necessária proteção das populações vulneráveis em face da pandemia provocada pelo coronavírus é preciso perceber que o diálogo entre múltiplos saberes e conhecimentos, além da busca de novas reflexões jurídicas (*commons*) e filosóficas (pensamento complexo[21]), num processo cercado de riscos e incertezas, pode funcionar como um caminhos

---

[21] Sugere-se a leitura das obras Ciência com consciência e Educação e complexidade: os sete saberes e outros ensaios de Edgar Morin para melhor familiarização com as interessantes propostas da Teoria do Pensamento Complexo como novo marco epistêmico.

instigante e possibilitador de um maior incremento rumo à justiça sanitária e ambiental[22] em tempos terrivelmente pandêmicos.

---

[22] Sobre o tema da justiça ambiental e sua relação com o Direito, aponta-se a obra organizada por Wilson Madeira Filho, Direito e justiça ambiental.

Populismo e constitucionalismo: desafios à democracia constitucional na crise do coronavírus

João Henrique Luttmer

1 O populismo contemporâneo

Fundamental para se entender o estudo das democracias constitucionais hoje em dia e sua relação com a emergência de movimentos populistas é a compreensão de que estes regimes não mais parecem ruir através do que Tom Ginsburg e Aziz Huq denominam "colapso absoluto à autocracia"[1], senão de forma gradativa e muito menos perceptível[2]. Sob pena de se incorrer no óbvio, frisa-se que assimilar esta mudança no comportamento de regimes democráticos como novo pressuposto teórico é crucial precisamente em virtude do que se encontra em jogo: isto é, a deterioração gradual de elementos centrais da democracia e do Império da Lei (*rule of law*)[3] e, consequentemente, do constitucionalismo liberal em sentido amplo[4].

---

[1] GINSBURG, Tom & HUQ, Aziz Z. **How to Save a Constitutional Democracy**. Chicago: The University of Chicago Press, 2018. p. 43.

[2] Levitsky e Ziblatt também ressaltam como, desde o final da Guerra Fria, grande parcela das democracias não tiveram sua ruína causada por militares, mas por governos democraticamente eleitos. Ver: LEVITSKY, Steven & ZIBLATT, Daniel. **Como as Democracias Morrem**, Rio de Janeiro: Jorge Zahar Editor Ltda, 2018. p. 12.

[3] Opta-se, aqui, pela tradução "Império da Lei", em contraposição à expressão "Estado de Direito" a fim de se distinguir entre os conceitos de *"rule of law"* e o conceito alemão *"Rechtsstaat"*.

[4] Para os fins do presente trabalho, os termos democracia e Império da Lei podem ser entendidos segundo à definição de András Jakab, o qual define o primeiro como um regime no qual concorrem as qualidades de (i) eleições livres, justas e periodicamente organizadas, (ii) sufrágio universal, (iii) existência de uma chance (legal e fática) realista de se retirar o atual governo por meio do voto e (iv) possibilidade dos votantes terem uma real oportunidade, bem como os meios jurídicos, de se informarem acerca da performance do governo, ao passo que o segundo consiste (i) nos

Dada a emergência e o crescimento de movimentos populistas e sua relação com a erosão democrática de regimes constitucionais[5], faz-se pertinente uma análise preliminar das características centrais do populismo contemporâneo e de suas principais variantes. Assim, partindo da definição abrangente de Jan-Werner Müller, o populismo pode ser descrito como um "movimento político caracterizado por anti-elitismo, anti-pluralismo e uma pretensão de saber ou incorporar os interesses do único e verdadeiro povo"[6]. Neste mesmo sentido, Cas Mudde e Cristóbal Kaltwasser reforçam como a ideologia populista concebe a sociedade como "dois campos homogêneos e antagônicos, 'o povo puro' versus 'a elite corrupta', e que afirma que a política deveria ser uma expressão da vontade geral"[7].

A este aspecto, adiciona-se ainda a pertinente observação de David Prendergast[8], segundo o qual o populismo também pode ser caracterizado por uma mentalidade criadora de ficções próprias sobre a essência cultural de um país, seu verdadeiro povo e sobre o verdadeiro estado de coisas[9], de forma que, muitas vezes, podem

---

elementos formais da lei (previsibilidade, efetividade e claridade), e (ii) em seus elementos substantivos (separação dos poderes e a proteção jurídica e fática de direitos fundamentais). Ver: JAKAB, András, What Can Constitutional Law Do Against the Erosion of Democracy and the Rule of Law? On the Interconnectedness of the Protection of Democracy and the Rule of Law. **Max Planck Institute for Comparative Public Law & International Law (MPIL) Research Paper No. 2019-15**. Disponível em: <https://ssrn.com/abstract=3454649> Acesso em: 28 maio 2020.

[5] Os exemplos, por excelência, são a "democracia iliberal" de Viktor Orbán, na Hungria, e o Partido Lei e Justiça (*Prawo i Sprawiedliwość*, ou PiS), na Polônia. Ver: HALMAI, Gábor. The rise and fall of constitutionalism in Hungary. In: BLOKKER, Paul (Ed.). **Constitutional Acceleration within the European Union and Beyond**. London: Routledge, 2017, p. 217-234.

[6] MÜLLER, Jan-Werner. **What is populism?** Philadelphia, Pennsylvania: University of Pennsylvania Press, 2016. p. 110. Tradução livre.

[7] MUDDE, Cas & KALTWASSER, Cristóbal Rovira. **Populism: a very short introduction**. New York, NY: Oxford University Press, 2017. p. 6. Tradução livre.

[8] PRENDERGAST, David. The judicial role in protecting democracy from populism. **German Law Journal**,v. 20, n. (2), p. 245-262. 2019. Disponível em: <doi:10.1017/glj.2019.15>. Acesso em 28 maio 2020.

[9] Sobre a construção discursiva da ideologia populista, bem como sua tentativa de desenvolver uma visão hegemônica de sociedade, em

simplesmente ignorar a realidade empírica.[10]

Estabelecida uma definição geral da abordagem populista contemporânea, faz-se necessário pontuar, por motivos de clareza conceitual, que nem todo movimento ou governo populista pode ser categorizado da mesma forma, sendo possível falar em variações de populismo. Mark Tushnet, por exemplo, distingue entre populismos de esquerda, direita e etnonacionalistas, estes últimos pertencendo, em grande parte, ao populismo de direita[11], ao passo que Bojan Bugaric contrapõe ao populismo autoritário um populismo democrático, entendido como uma proposta para os impasses econômicos e políticos vivenciados na Europa atual[12]. Nesta linha, cumpre ressaltar ainda a categorização de Cédric Koch, que distingue entre populismos cosmopolitas e populismos comunitaristas, no eixo vertical, e populismos de direita e de esquerda, no eixo horizontal[13]. Para os fins deste trabalho, o termo "populismo" pode ser entendido como referindo à definição abrangente oferecida por Müller, exposta anteriormente.

---

contraposição a partidos estabelecidos, ver: KOCH, Cédric M.Varieties of populism and the challenges to Global Constitutionalism: Dangers, promises and implications. **Global Constitutionalism**, p. 1-39. Disponível em: < doi:10.1017/S2045381719000455>. Acesso em: 28 maio 2020.

[10] Este aspecto relativo a líderes e políticos populistas não deve ser desconsiderado, por exemplo, quando da análise de posturas negacionistas em relação à pandemia da COVID-19, como apontado por Andrea Katz. Ver: KATZ, Andrea S. Lies in the Time of Corona: Attempts to Inoculate Truth from a Pandemic, **Int'l J. Const. L. Blog.**, 2020. Disponível em: <http://www.iconnectblog.com/2020/04/lies-in-the-time-of-corona-attempts-to-inoculate-truth-from-a-pandemic/> Acesso em: 28 maio 2020..

[11] TUSHNET, Mark. Varieties of populism. **German Law Journal**,v. 20, n. (3), p. 382-389, 2019. Disponível em: < doi:10.1017/glj.2019.27>. Acesso em 28 maio 2020.

[12] BUGARIC, Bojan. The two faces of populism: Between authoritarian and democratic populism. **German Law Journal**,v. 20, n.(3), p. 390-400, 2019. Disponível em < doi:10.1017/glj.2019.20>. Acesso em 28 maio. 2020.

[13] KOCH, Cédric M.Varieties of populism and the challenges to Global Constitutionalism: Dangers, promises and implications. **Global Constitutionalism**, p. 1-39. Disponível em: < doi:10.1017/S2045381719000455>. Acesso em: 28 maio 2020.

2 Populismo e constitucionalismo

Ainda que o caráter anti-institucional e anti-*establishment* de populistas possa fazer com que inicialmente se suponha uma relação de exclusão mútua entre populismo e constitucionalismo, isto se deve a uma concepção equivocada de sua interação com instituições formais e informais de um regime democrático. De maneira oposta, é possível afirmar a existência de algo como um "constitucionalismo populista", concebido como um projeto caracterizado por (i) uma visão estreita de soberania popular, relacionada a uma construção simbólica e moralizada de povo, (ii) uma abordagem teórica e prática instrumentalista das instituições da democracia liberal, compreendidas como meros meios para concretização de sua visão de sociedade, e (iii) o que Paul Blokker denomina "ressentimento jurídico"[14], isto é, um alto ceticismo em relação a regimes constitucionais liberal-democráticos, no sentido de que

> é cético acerca da ideia de um Império da Lei não-político, neutro e que transcenderia a política, da ideia de que a soberania política necessita de (auto)limitação e da ideia de que o direito se encontra na base tanto da autonomia individual, quanto coletiva[15].

Visto pelas lentes do constitucionalismo, portanto, o populismo pode ser entendido como um pensamento que vê o Império da Lei, em termos *schmittianos*, como uma moldura neutra e universalista do processo de decisão que mina o potencial da política de promover o "interesse nacional" e de prosperar na competição internacional[16] [17].

---

[14] BLOKKER, Paul. Populist Constitutionalism, **Int'l J. Const. L. Blog**, 4 maio 2017. Disponível em: <http://www.iconnectblog.com/2017/05/populist-constitutionalism/>. Acesso em: 28 maio 2020.

[15] BLOKKER, Paul. Populism as a constitutional project, **International Journal of Constitutional Law**, V. 17, n. 2, (Abril), 2019. p. 536–553. Disponível em: <https://doi.org/10.1093/icon/moz028>. Acesso em: 28 maio 2020. p. 549. Tradução livre.

[16] Ibid., p. 551.

[17] Esta acusação do caráter *schmittiano* do constitucionalismo populista também encontra apoio na leitura de Julian Scholtes. Ver: SCHOLTES, Julian. The complacency of legality: Constitutionalist vulnerabilities to populist constituent power. **German Law Journal**, v. 20, n.(3), p. 351-361.

Não é descabido, desta maneira, classificar o populismo como uma espécie de crítica ao constitucionalismo liberal-democrata[18], sendo razoável assumir que seu crescimento implica, até certo ponto, uma necessidade de se analisar criticamente o constitucionalismo liberal e transnacional. Isto não é dizer, entretanto, que sua concretização tenha se traduzido em regimes mais democratizantes[19]– sendo os exemplos recentes da Hungria e da Polônia os casos mais emblemáticos de democracias iliberais que demonstraram desprezo pelo Império da Lei e por direitos humanos[20]. É preciso atentar à lição de Jan-Werner Müller, a respeito do aparente caráter anti-institucionalista do processo constituinte populista:

> a reivindicação de uma vontade popular não restringida é plausível para populistas quando estes estão na oposição; afinal, eles visam a construir uma autêntica expressão do *populus* como um *corpus mysticum* não-institucionalizado e não-procedimentalizado, em contraposição aos verdadeiros resultados de um sistema político existente (tais como o resultado de uma eleição onde os populistas não ganham). Contudo, quando no poder, populistas tendem a ser muito menos céticos sobre o maquinário do constitucionalismo como meio de criar constrições no que eles interpretam ser a vontade popular – exceto que a vontade popular (nunca empírica, mas sempre moral e simbolicamente construída) tem de primeiro ser apurada pelos populistas, então constitucionalizada, e então

---

2019. p. 361. Disponível em <doi:10.1017/glj.2019.26>. Acesso em 28 maio 2020.

[18] Vai no mesmo sentido a análise de Landau. Ver: LANDAU, David, Populist Constitutions. v. 85 **University of Chicago Law Review**; FSU College of Law, Public Law Research Paper N. 861, 2018. p. 543. Disponível em: <https://ssrn.com/abstract=3053513>. Acesso em: 28 maio 2020

[19] BLOKKER, Paul. Populism as a constitutional project, **International Journal of Constitutional Law**, V. 17, n. 2, (Abril), 2019. p. 536–553. Disponível em: <https://doi.org/10.1093/icon/moz028>. Acesso em: 28 maio 2020. p. 551-553.

[20] Como ressaltado por Drinóczi e Bień-Kacała, os quais usam a denominação "constitucionalismo iliberal". Ver: DRINÓCZI, Tímea & BIEŃ-KACAŁA, Agnieszka. Illiberal Constitutionalism: The Case of Hungary and Poland. **German Law Journal**, v 20, n. 8, 2019. p. 1140-1166. Disponível em <doi:10.1017/glj.2019.83>. Acesso em: 28 maio 2020.

constrita constitucionalmente[21].

Ao invés de opostos, sugere-se que governos populistas, diferentemente de autoritários do século XX, demonstram uma relação ambivalente com o constitucionalismo liberal, cooptando valores da democracia e do Império da Lei, ao mesmo tempo em que lançam mão de diversas práticas formais e informais para enfraquecer os mecanismos que conferem equilíbrio e harmonia institucional a um sistema democrático[22], ensejando um processo de erosão democrática, aqui entendido como a decadência gradual, mas em última análise, substancial, dos três predicados da democracia, conforme estabelecido por Ginsburg e Huq: eleições competitivas, direitos à expressão e associação e o Império da Lei[23].

Esta cooptação de ferramentas democráticas e constitucionais para atingir fins antidemocráticos não é novidade, como bem relembram Ginsburg e Huq. Ocorre que, ultimamente, este uso foi se tornando crescentemente sofisticado. Simulando um roteiro de atuação do "democrata iliberal", os autores chegaram ao seguinte resultado:

> Primeiro, inicie uma plataforma populista, na qual a maioria é retratada como vitimizada e a ordem antiga, elitista. Tal foi a estratégia, por exemplo, de Orbán na Hungria e Erdoğan na Turquia. Enfatize ameaças à segurança nacional ou à pureza da pátria. Em seguida, encontre caminhos de minar oponentes em instituições estatais, tais como o Judiciário ou os militares, através de uma combinação de apontamentos, espurgos, patrocínio e até intimidação. Talvez use os tribunais para reprimir críticas via processos de difamação ou similares. Criticamente, não esqueça de manipular as instituições eleitorais de forma a assegurar que a

---

[21] MÜLLER, Jan-Werner. Populist Constitutions — A Contradiction in Terms?, **Int'l J. Const. L. Blog**, Abr. 23, 2017. Disponível em: <http://www.iconnectblog.com/2017/04/populist-constitutions-a-contradiction-in-terms/>. Acesso em: 28 maio 2020. s/ p. Itálico do autor.

[22] Além dos casos já citados, Julian Scholtes menciona os acontecimentos recentes na Índia de Modi e as Filipinas de Rodrigo Duterte como exemplos importantes. Ver: SCHOLTES, Julian. The complacency of legality: Constitutionalist vulnerabilities to populist constituent power. **German Law Journal**, v. 20, n.(3), p. 351-361. 2019. p. 351. Disponível em <doi:10.1017/glj.2019.26>. Acesso em 28 maio 2020.

[23] GINSBURG, Tom & HUQ, Aziz Z. **How to Save a Constitutional Democracy**. Chicago: The University of Chicago Press, 2018. p. 43.

competição futura seja limitada. Então, ataque a sociedade civil de
ser uma elite financiada externamente e portadora de ideias
globalistas que não comportam valores nacionais. Assegure que a
mídia livre seja intimidada, ou diluida, de forma a não providenciar
checagem independente: isto é particularmente fácil de se fazer em
uma era de privatização na qual a imprensa pode ser literalmente
comprada. Por fim, mine a autoridade acadêmica através de sub-
financiamento ou politização aberta. O efeito destas medidas é
cumulativo; mesmo que uma sozinha seja insuficiente para levantar
preocupações sobre erosão democrática, quando suficientemente
numerosas, elas devem ser vistas com alarme[24].

É neste contexto, isto é, o crescimento de movimentos populistas
ao redor do mundo, que ganharam nova atenção de estudiosos
práticas como o uso de mecanismos de alteração constitucional com
o objetivo de, gradualmente, erodir a ordem democrática, processo
denominado por David Landau de "constitucionalismo abusivo"[25],
ou outras como a deterioração da razão pública, em seu sentido
rawlsiano, através da mudança nas formas de ação das instituições
liberais, como apontado por Bustamante e Meyer[26], ou a exploração
de procedimentos formalmente constitucionais, mas inconsistentes
com o entendimento pré-constitucional estabelecido, a fim de obter
ganhos políticos –*Constitutional Hardball*, na emblemática expressão
de Tushnet[27]–, bem como a quebra de regras e padrões informais de
boas relações institucionais[28] e o uso de retórica anti-Império da

---

[24] Ibid. p. 127.

[25] LANDAU, David. Abusive Constitutionalism. **47 UC Davis Law
Review 189 (2013); FSU College of Law, Public Law** Research Paper N.
646. Disponível em <https://ssrn.com/abstract=2244629>. Acesso em:
28 maio 2020.

[26] BUSTAMANTE, Thomas da Rosa de & MEYER, Emilio Peluso Neder.
Bolsonarism & Covid-19: Truth Strikes Back. **Int'l J. Const. L. Blog**, 24
Mar.   2020.   Disponível   em
<http://www.iconnectblog.com/2020/03/bolsonarism-and-covid-19-
truth-strikes-back/>. Acesso em 28 maio 2020. s/p.

[27] TUSHNET, Mark. Constitutional Hardball. **J. Marshall L. Rev.** 523, n.
37. 2004

[28] Levitsky e Ziblatt enfatizam como a democracia não se sustenta
meramente pela existência de uma Constituição bem redigida e respeitada,
mas também pelo respeito de regras informais implícitas entre os políticos
e representantes de instituições. Ver: : LEVITSKY, Steven & ZIBLATT,

Lei.[29]

3 A crise da Covid-19 como elemento agravante de erosão democrática em países com governos populistas

Uma particularidade de crises emergenciais que, por sua própria natureza, constituem um estado de coisas a provocar a necessidade de medidas excepcionais é sua capacidade de evidenciar o por vezes frágil equilíbrio institucional de muitos regimes democráticos. A pandemia da COVID-19, ao alterar consideravelmente o modo como são exercidos determinados direitos fundamentais, tais como liberdade de locomoção e associação, suscitou novamente a questão dos limites à restrição de direitos como forma de coordenar a ação coletiva, evitar externalidades e garantir o bem comum. Dentro deste raciocínio, infere-se uma lógica de proporcionalidade e constante necessidade de vigilância frente ao Poder Público, de modo a assegurar que não ocorra a deterioração deste bloco normativo de direitos fundamentais, como ressaltado por Angela Condello[30].

A necessidade de se analisar o caráter democrático de medidas emergenciais no contexto da pandemia se reflete não só na eventual proporcionalidade das medidas tomadas, contudo, mas igualmente na legitimação pelo procedimento e no respeito aos preceitos básicos do Império da Lei. Regimes democráticos com governos populistas, neste sentido, encontram-se em uma situação onde as possibilidades de erosão democrática se agravaram.

O caso mais notável até a data da elaboração deste trabalho se deu na Hungria, onde o Parlamento Húngaro, por maioria de dois

---

Daniel. **Como as Democracias Morrem**, Rio de Janeiro: Jorge Zahar Editor Ltda, 2018. p. 80

[29] JAKAB, András, What Can Constitutional Law Do Against the Erosion of Democracy and the Rule of Law? On the Interconnectedness of the Protection of Democracy and the Rule of Law. **Max Planck Institute for Comparative Public Law & International Law (MPIL) Research Paper No. 2019-15**. 2019. p. 10. Disponível em: <https://ssrn.com/abstract=3454649> Acesso em: 28 maio 2020.

[30] CONDELLO, Angela. Immersed in a Normative Lab. **The Corona Crisis in Light of the Law-as-Culture Paradigm.** 2020. Disponível em: < http://www.recht-als-kultur.de/en/download/66/364/2663/Angela%20Condello_Immersed%20in%20a%20Normative%20Lab.pdf >. Acesso em: 28 maio 2020.

terços, aprovou a legislação de emergência, denominado *Act on Protecting against the Coronavirus* ou, como ficou conhecido publicamente, o *Enabling Act*, que garante ao Primeiro Ministro, Viktor Orbán, enquanto durar a crise, a possibilidade de governar por decreto, sem que houvesse sido estabelecido um prazo para o encerramento da referida medida emergencial. Como bem repara Kriszta Kovács, por mais que o Parlamento Hungáro ainda esteja em sessão, tal ato autorizaria o Primeiro Ministro a promover medidas extraordinárias, tais como a suspensão ou revogação de provisões estatutárias sem aprovação parlamentar[31].

Passados menos de dois meses após a aprovação do referido ato, na data de 30 de março de 2020, foram levadas ao Parlamento Húngaro duas propostas de leis que, se aprovadas, poriam fim ao estado de emergência e criariam um novo ferramental para lidar com a pandemia, daquele momento em diante. Apesar destes últimos acontecimentos aparentarem um cenário de recuperação democrática, frente ao deslize autoritário que representava o *Enabling Act*, Halmai, Mészáros e Scheppele aduzem que, na falta de alterações futuras, tais mudanças legislativas não representariam uma melhora, podendo inclusive piorar o estado de erosão democrática vivenciado na Hungria. Em suas palavras:

> O novo ferramental proposto pelo governo – o Enabling Act II – ignora completamente a constituição e várias salvaguardas. Ele é, portanto, mais furtivo, o que não o faz melhor. O novo ferramental toma a moldura preexistente de desastres médicos ("egészségügyi válsághelyzet" = literalmente, "situação de crise médica") e transforma-o na maior nova fonte de poderes emergenciais. Este novo "estado de urgência médica" – porque é disso que se trata – é inserido dentro da lei ordinária sem os andaimes constitucionais que deveriam restringir poderes emergenciais. O Enabling Act II não só devolve ao governo o quase ilimitado poder de decreto que este tinha sob o Enabling Act I, mas também concede este poder ao governo sem qualquer requerimento superficial de que o Parlamento aprove os decretos emitidos com o fim de conduzir a nova emergência. Sob a nova lei, o governo poderia simplesmente agir por si só – tanto ao declarar um "desastre" quanto ao governar

---

[31] KOVÁCS, Kriszta. Hungary's Orbánistan: A Complete Arsenal of Emergency Powers. **VerfBlog**, 2020/4/06. Disponível em: <https://verfassungsblog.de/hungarys-orbanistan-a-complete-arsenal-of-emergency-powers>. Acesso em: 28 maio 2020.

de encontro ao desastre que o mesmo declara.[32]

Não devem ser desconsideradas, no contexto da pandemia, ameças de desmembramento constitucional[33], como bem reparam Cristiano Paixão e Juliano Benvindo, na medida que o cenário de crise emergencial poderia criar a possibilidade de autocratas e oportunistas justificarem mudanças constitucionais de longa duração, assim como a desconstitucionalização de compromissos de longa data. A sugestão de precaução parece razoável até mesmo para regimes que gozam de considerável estabilidade institucional, como relembram os autores, ao aludir à instauração do USA PATRIOT Act, em 26 de outubro de 2001[34].

Cumpre ainda ressaltar que, se a análise de Paixão e Benvindo estiver correta, países com histórico de autoritarismo e mais próximos da tradição do *Rechtsstaat* alemão do que do *Rule of Law* anglófono, em um cenário de crise, podem estar muito mais suscetíveis a um processo de desmembramento constitucional ou de simples desconstitucionalização, como parece ser o caso do Brasil[35].

Esta necessidade de cautela com a possibilidade de agravamento do processo de erosão democrática durante a crise da COVID-19,

---

[32]HALMAI, Gábor; MÉSZÁROS, Gábor; SCHEPPELE, Kim Lane. From Emergency to Disaster: How Hungary's Second Pandemic Emergency will Further Destroy the Rule of Law, **VerfBlog**, 2020/5/30. Disponível em: <https://verfassungsblog.de/from-emergency-to-disaster>. Acesso em 28 mai 2020. Tradução livre.

[33]   David Albert define desmembramento constitucional como uma mudança que é mais que uma emenda, mas menos que uma constituição, sendo "incompatível com a moldura constitucional existente e promovida com o objetivo deliberado de dissociar um ou mais elementos centrais da constituição ao alterar um direito fundamental, um aspecto estrutural importante ou aspectos centrais da identidade da constituição". Tradução livre. Ver: ALBERT, Richard. **Constitutional Amendments**: Making, Breaking, and Changing Constitutions. New York: Oxford University Press. 2019. p. 31.

[34] PAIXÃO, Cristiano & BENVINDO, Juliano Zaiden. Constitutional Dismemberment" and Strategic Deconstitutionalization in Times of Crisis: Beyond Emergency Powers, **Int'l J. Const. L. Blog**, 24 abril 2020. Disponível em <http://www.iconnectblog.com/2020/04/constitutional-dismemberment-and-strategic-deconstitutionalization-in-times-of-crisis-beyond-emergency-powers/>. Acesso em: 28 maio 2020.

[35] Ibid., s/p.

por fim, ganha novo fôlego quando se discute não apenas a possibilidade de medidas de caráter oportunista durante o estado de emergência propriamente dito, mas igualmente na análise do momento pós-emergencial, onde os domínios do jurídico e do antijurídico podem não mais voltar aos limites onde se encontravam antes da decretação de medidas excepcionais de combate à pandemia. Esta preocupação também aparece visivelmente na análise de Thomas Dreier:

> até que medida a reentrada do direito vai ter sucesso não pode ser previsto com certeza. A experiência no tocante a restrições de direitos fundamentais introduzidas na Alemanha na época de ameaças terroristas demonstra que não haverá um retorno completo ao *status quo ante,* uma vez que a ameaça acabe. Invariavelmente, haverá um desejo de estender os procedimentos simplificados de emissão de regulações, possibilitados pela crise do Coronavírus, para outras áreas. Mais importantemente, contudo, quanto mais determinada for a vontade política de prevenir a reentrada do direito, menos bem-sucedida será ela.[36]

4 O papel do direito na preservação da democracia constitucional

O cenário descrito até então parece levar a crer que, na mesma medida em que a capacidade de reação do direito é enfraquecida pelo desequilíbrio institucional ocasionado pela pandemia da COVID-19, caberia a ele a adoção de uma postura de reafirmação da legalidade e do Império da Lei, especialmente na figura do Poder Judiciário. A questão que se coloca a seguir diz respeito à sua aptidão para lidar com esta crise.

Entre os que tentam responder esta questão, David Prendergast é um dos que parece atribuir um papel mais assertivo ao Poder Judiciário como protetor da democracia, em contraposição ao populismo contemporâneo. De fato, Prendergast ressuscita a

---

[36] Tradução livre. DREIER, Thomas. „Law as Culture" in Times of Corona. **The Corona Crisis in Light of the Law-as-Culture Paradigm.** 09 abr. 2020. Disponível em: http://www.recht-als-kultur.de/en/download/66/364/2651/Thomas%20Dreier_Law%20as%20Culture%20in%20Times%20of%20Corona.pdf>. Acesso em: 28 maio 2020.

doutrina constitucional de John Hart Ely[37], defendendo o papel dos tribunais como instituições que protegem, mas não perfectibilizam a democracia. Seu argumento é que, ainda que o conceito de democracia seja essencialmente contestado, ele não é plástico, no sentido de que existe um núcleo duro do qual duas pessoas não podem discordar, sem deixarem de falar sobre a mesma coisa. Neste sentido, a democracia seria entendida como essencialmente pluralista, fomentando e reconhecendo o pluralismo de valores. Desta forma, medidas avançadas por populistas que atentem ao aspecto pluralista das democracias constitucionais devem ser sujeitas ao devido controle judicial[38].

Posto este argumento, parece haver boas razões pare se sustentar uma posição mais atenuada do que aquela defendida por Prendergast, contudo, enxergando no Poder Judiciário uma saída insuficiente. András Jakab, por exemplo, encara com ceticismo a ideia de apostar no Poder Judiciário como uma panaceia para crises democráticas, denunciando como paradoxal a expectativa de que instituições com pouca legitimidade democrática (mas, espera-se, dedicadas à democracia) forcem políticos democraticamente eleitos (mas potencialmente com intenções antidemocráticas) a aderirem a princípios democráticos[39]. Ao invés de se focar em um só tipo de instituição independente, tais como tribunais, dever-se-ia dedicar atenção para a interação entre os diferentes tipos de instituições, sendo a melhor forma de proteção provavelmente a formação de redes de instituições independentes, que mutuamente controlam e protegem a si mesmos[40].

---

[37] Ver: ELY, John Hart. **Democracy and Distrust**: A Theory of Judicial Review. Cambridge, Massachusetts: Harvard University Press. 1980.

[38] PRENDERGAST, David. The judicial role in protecting democracy from populism. **German Law Journal**,v. 20, n. (2), p. 247-248. Disponível em <doi:10.1017/glj.2019.15>. Acesso em 28 maio 2020.

[39] JAKAB, András, What Can Constitutional Law Do Against the Erosion of Democracy and the Rule of Law? On the Interconnectedness of the Protection of Democracy and the Rule of Law. **Max Planck Institute for Comparative Public Law & International Law (MPIL) Research Paper No. 2019-15**. 2019. p. 17. Disponível em: <https://ssrn.com/abstract=3454649> Acesso em: 28 maio 2020.

[40] No mesmo sentião vão Ginsburg e Huq. Ver: [40] GINSBURG, Tom & HUQ, Aziz Z. **How to Save a Constitutional Democracy**. Chicago: The University of Chicago Press, 2018. p. 194-196.

Em convergência com o exposto acima, há certa força no argumento de que, mais do que insuficiente, a tomada de uma postura assertiva por parte do Poder Judiciário, em regimes constitucionais com governos populistas, poderia ter o efeito inverso do pretendido. É o ponto sustentado por Benítez, que defende uma abordagem mais realista ao poder judiciário, ao invés de meramente assertiva:

> Cortes são como embarcações. Seu objetivo é chegar de forma segura a suas destinações normativas. Ter um capitão que conhece a rota, como Hércules, é muito importante para atingir este fim. Mas isto não é suficiente. Cortes navegam águas políticas perigosas em tempos normais. Em emergências, as condições de navegação são ainda mais extremas – elas podem abrir a porta mais facilmente a possíveis autocratas atacando a corte, e um controle demasiado pesado de medidas emergenciais poderia ser o pretexto perfeito para dominá-las. Portanto, capitães devem também adotar uma atitude realista e ser sensíveis a esta realidade para evitar um naufrágio[41].

Em defesa deste posicionamento, pode ser alegado que, durante emergências, os mecanismos institucionais que ofereciam incentivos negativos e positivos para que políticos populistas ou de tendências autoritárias respeitassem decisões desfavoráveis não mais se encontram nas mesmas condições que anteriormente, fazendo com que tribunais, consequentemente, se encontrem em uma posição muito mais instável. A isto se adiciona outro aviso formulado por Benítez, que ressalta como, durante a pandemia, a população pode estar alinhada a um pensamento negacionista ou estar apoiada em proporções anormais ao Poder Executivo, de forma que o equilíbrio dado pelo sistema de freios e contrapesos pode não ser o suficiente para garantir a obediência às determinações do judiciário, muito menos lhe garantir legitimidade popular no plano discurso. A possibilidade de certos países terem de adiar eleições atua como fator agravante, visto que autocratas não mais teriam o incentivo para

---

[41] BENÍTEZ, Vicente F. Hercules Leaves (But Does Not Abandon) the Forum of Principle: Courts, Judicial Review, and COVID-19, **Int'l J. Const. L. Blog**, 8 maio 2020. Disponível em: <http://www.iconnectblog.com/hercules-leaves-but-does-not-abandon-the-forum-of-principle-courts-judicial-review-and-covid-19>. Acesso em: 28 maio 2020.

preservar a independência dos tribunais como anteriormente[42].

Do exposto, duas conclusões de razoável importância para o entendimento do constitucionalismo contemporâneo emergem:

A primeira delas remonta a como, com a crise da COVID-19, regimes constitucionais em processo de erosão democrática aparentam estar sujeitas a um equilíbrio institucional cada vez mais instável, onde discursos decisionistas e personalistas, impulsionados por atores políticos populistas, podem gradualmente se sobrepor a discursos de caráter normativista e institucionalista. Para que isto não ocorra, parece ser o caso que os valores do Império da Lei e do constitucionalismo democrático também sejam defendidos no âmbito político, como também aponta Julian Scholtes, a fim de garantir o que parte da doutrina constitucional alemã denomina os "requisitos da Constituição" (*Verfassungsvoraussetzungen*)[43].

A segunda conclusão, por sua vez, resgata o ponto levantado anteriormente sobre a atribuição de um papel intermediário ao Poder Judiciário, situado entre a deferência e a assertividade, argumentando que, mais importante que mudanças pontuais na doutrina judicial, contudo, é a necessidade de uma formação de redes de instituições independentes, mas mutuamente controladas e protetivas, como forma de evitar a gradual deterioração de uma democracia constitucional.

---

[42] Ibid. Benítez cita como exemplos a reação de

[43] SCHOLTES, Julian. The complacency of legality: Constitutionalist vulnerabilities to populist constituent power. **German Law Journal**, v. 20, n.(3), p. 351-361. 2019. p. 361. Disponível em <doi:10.1017/glj.2019.26>. Acesso em 28 maio 2020.

Desigualdade social no contexto da pandemia: renda básica universal como reinvenção da institucionalidade democrática global

João Paulo Allain Teixeira

Desde o advento da COVID-19 temos percebido um imenso abalo na institucionalidade global. No contexto de negacionismos e simplificações populistas no enfrentamento da crise, a desigualdade, fruto da consagração acrítica de um modelo de desenvolvimento econômico e social torna-se ainda mais evidente.

A despeito das demandas sociais emergentes, percebemos movimentações no sentido da reinvenção da atividade econômica, não necessariamente sensibilizadas pelo risco que a insistência em um modelo individualista traz para o futuro. É no contexto da mudança de hábitos provocada pela pandemia que muitos veículos da mídia global têm promovido amplos debates sobre as estratégias de saída do isolamento social, destacando como pauta principal a necessária construção de parâmetros confiáveis para uma "economia de baixo contato"[1]. Trata-se aqui do reforço da já evidente tendência de consolidação para o futuro pós-pandemia, de estratégias de redução de momentos de interação pessoal e a ampliação de vendas de produtos e da prestação de serviços on-line. A economia de baixo contato emergiria assim da combinação e interação recíproca decorrentes dos efeitos mais imediatos da pandemia, especialmente no que se refere ao potencial de disrupção econômica, nas consequências decorrentes da implantação de medidas de segurança sanitária e os seus efeitos sobre a mudança no comportamento dos agentes sociais.

Espera-se para os próximos anos um processo de lenta retomada da atividade econômica com previsão de uma sequência de choques secundários decorrentes da pandemia tais como desemprego em massa, ascensão de nacionalismos e colapso de moedas em todo o mundo. Trata-se de um impacto considerável no modelo de

---

[1] Welcome to the Low Touch Economy. Disponível em: https://www.boardofinnovation.com/low-touch-economy/

globalização até aqui conhecido. A festejada revista "The Economist" considera que a COVID-19 pode ser o golpe de piedade no modelo de economia globalizada[2].

Estamos diante do desafio de inventar uma nova ordem mundial. Uma nova ordem capaz de perceber o potencial perturbador que as instabilidades da nova realidade impõem. As mútuas desconfianças entre os países, decorrentes da desglobalização[3] tendem a gerar ainda mais ansiedade, empobrecimento geral e exclusão social, pressionando as políticas públicas no sentido de uma efetiva proteção social.

De acordo com a OXFAM[4] a distribuição desigual de riquezas em escala global faz com que os bilionários do mundo hoje detenham, juntos, a riqueza correspondente àquela correspondente a mais de 60% da população mundial. A distribuição desigual de riquezas pode ser também analisada em uma perspectiva de raça e gênero, evidenciando a seletividade do modelo de acúmulo de capital atualmente normalizado. Segundo a mesma OXFAM, 75% de todo o trabalho de cuidado não remunerado do mundo é realizado por mulheres. Dedicadas às tarefas do cuidar, 42% das mulheres em todo o mundo não conseguem emprego. Para os homens, esse número é de apenas 6%[5].

O cenário de desigualdade é significativamente reforçado pela pandemia, sobretudo em países desiguais como o Brasil. A OMS como se sabe, na falta de tratamento eficaz ou vacina contra a COVID-19, recomenda o isolamento social e o reforço de medidas de higiene como forma de contenção do avanço da doença. No

---

[2]Globalisation Unwound: Has COVID-19 Killed Globalisation? Disponível em: https://www.economist.com/leaders/2020/05/14/has-covid-19-killed-globalisation Acesso em 04/06/2020

[3] Como a pandemia pode acentuar o processo de desglobalização. Disponível em: https://gauchazh.clicrbs.com.br/mundo/noticia/2020/05/como-a-pandemia-pode-acentuar-o-processo-de-desglobalizacao-cka6vezqs002c015nbgd8izrd.html Acesso em 04/06/2020

[4]Bilionários do mundo têm mais riqueza do que 60% da população mundial. Disponível em: https://oxfam.org.br/noticias/bilionarios-do-mundo-tem-mais-riqueza-do-que-60-da-populacao-mundial/ Acesso em 04/06/2020

[5]Bilionários do mundo têm mais riqueza do que 60% da população mundial. Disponível em: https://oxfam.org.br/noticias/bilionarios-do-mundo-tem-mais-riqueza-do-que-60-da-populacao-mundial/ Acesso em 04/06/2020

contexto brasileiro é difícil imaginar que tais recomendações sejam verdadeiramente eficazes. Vale lembrar que parcela significativa da população brasileira vive em condições absolutamente inadequadas. De acordo com o IBGE, cerca de 6% da população brasileira vive em favelas. O espaço das favelas é geralmente marcado por grandes quantidades de pessoas habitando cômodos muito pequenos, muitas vezes sem qualquer estrutura de saneamento básico. Da mesma forma, a crise econômica tem determinado um aumento significativo de pessoas em situação de rua[6]. Importa lembrar o crescente desemprego que joga na precarização ou na informalidade uma legião de brasileiros[7].

O momento oferece rara oportunidade para o redesenho da institucionalidade global e a construção de um novo modelo de sociedade informado pelos valores da solidariedade e do comunitarismo. Boaventura de Sousa Santos destaca o caráter pedagógico do vírus chamando a atenção para os ensinamentos da pandemia. Dentre as lições dadas pela pandemia estão, em primeiro lugar, a compreensão dos condicionamentos do tempo político e midiático da percepção das crises. Nesse sentido, as medidas de enfrentamento das crises geralmente atacam os seus efeitos, deixando de lado o enfrentamento das suas causas fundamentais. Uma segunda lição diz respeito ao suposto caráter de impessoalidade da pandemia. Ao contrário do que tradicionalmente veiculado pela mídia, as pandemias não atingem indiscriminadamente a todos. As possibilidades de contágio e os níveis de letalidade são muito maiores

---

[6] "Segundo o Censo produzido pela Secretaria Municipal de Assistência e Desenvolvimento Social (SMADS), a população em situação de rua aumentou mais de 50% entre 2015 e 2019 na cidade de São Paulo. O número passou de 15.905 para 24.344." Pandemia de coronavirus reforça desigualdades da população mais vulnerável. Disponível em: https://oxfam.org.br/blog/pandemia-de-coronavirus-reforca-desigualdades-da-populacao-mais-vulneravel/_Acesso em 04/06/2020

[7] "Dados da PNAD Contínua do IBGE mostram que entre a população com algum tipo de ocupação o número de informais chega a 41,3%, o maior número registrado desde 2012. São cerca de 38 milhões de brasileiros que com as medidas de isolamento social ficam sem renda." Pandemia de coronavirus reforça desigualdades da população mais vulnerável. Disponível em: https://oxfam.org.br/blog/pandemia-de-coronavirus-reforca-desigualdades-da-populacao-mais-vulneravel/____Acesso em 04/06/2020

no chamado sul global, aqui dominados pelos grupos vulneráveis[8]. A terceira lição põe em cheque o futuro do capitalismo, ao menos em sua formulação contemporânea do neoliberalismo e da financeirização do mercado. A quarta lição mostra os limites da extrema-direita quanto ao enfrentamento de crises de abrangência global. A quinta lição demonstra como o colonialismo e o patriarcado estão vivos e como se reforçam mutuamente em momentos de crise. Para Santos, as epidemias apenas se tornam problemas globais quando as populações mais enriquecidas são efetivamente atingidas. Finalmente a sexta lição, destaca o regresso do Estado e dos valores comunitários diante da incapacidade de respostas satisfatórias apresentadas pelo individualismo neoliberal[9].

É nesse contexto que ganham impulso as propostas em torno da implantação de mecanismos que garantam renda básica universal. A ideia em torno da renda básica universal decorre da expansão tecnológica e da crescente automação da produção e o crescimento do desemprego em todo o mundo. A adoção de uma renda básica teria como função proporcionar proteção social contra as mudanças no cenário da empregabilidade. Com os efeitos da COVID-19 sobre as relações laborais e o aumento das desigualdades por ela provocados, o debate em torno da renda básica universal ganhou novo impulso. No contexto da pandemia, manifestações recentes de representantes da Organização das Nações Unidas defenderam a necessidade de adoção por parte dos Estados de políticas voltadas à proteção social. Em termos práticos isto envolveria a formulação de pacotes econômicos e estímulos fiscais diversos para a diminuição dos efeitos decorrentes da crise sanitária para a economia[10].

No Brasil, as principais propostas no sentido da implantação de

---

[8] O conceito de sul global no pensamento de Boaventura de Sousa Santos não se refere a um espaço geográfico, mas a um "espaço-tempo político, social e cultural" representa "a metáfora do sofrimento humano causado pela exploração capitalista, pela discriminação racial e pela discriminação sexual". Santos, Boaventura de Sousa. **A cruel Pedagogia do vírus**. Coimbra: Almedina, 2020, p.15.

[9] Santos, Boaventura de Sousa. **A cruel Pedagogia do vírus**. Coimbra: Almedina, 2020 pp 22-28.

[10] Relator da ONU pede que países adotem renda básica universal diante da pandemia. Disponível em: https://nacoesunidas.org/relator-da-onu-pede-que-paises-adotem-renda-basica-universal-diante-da-pandemia/. Acesso em 02/06/2020

renda básica universal datam do início década de 1990, após a promulgação da Constituição de 1988. Contudo, só na década seguinte, a partir de projeto de autoria do então Senador Eduardo Suplicy foi editada em 2004 a lei 10.835/04 que instituiu a "Renda básica de cidadania". A função da renda básica consiste em estabelecer uma rede de proteção contra as mudanças no mercado de trabalho, garantindo a todos condições de sobrevivência digna. Da mesma forma, a concessão de um valor por parte do próprio poder público previne o subemprego e a exploração da atividade laboral degradante ou com baixíssima remuneração. Não há por outro lado subversão do modelo capitalista, servindo a própria ideia de renda básica como um estímulo permanente à atividade econômica na medida em que proporciona a inclusão de parcela significativa da população no mercado consumidor.

Também datado do início dos anos 2000, o programa Bolsa Família representa uma experiência importante no processo de construção de uma renda básica universal no Brasil constituindo um dos maiores programas de transferência de renda registrado no país. O objetivo do programa Bolsa Família criado pela lei 10836/04 procura favorecer famílias em situação de pobreza e extrema pobreza mediante compromissos assumidos pelas famílias nas áreas de Saúde, Assistência Social e Educação para a continuidade do recebimento dos benefícios do programa. Estes compromissos incluem a obrigação de matricular crianças na escola e acompanhar regularmente o calendário de aplicação de vacinas nas crianças dentre outras medidas de proteção social.

O Bolsa Família não se confunde com a renda básica universal. A ideia de uma renda básica universal consiste no "pagamento regular a todos os membros individualmente de uma comunidade política independente de sua condição financeira ou exigência de trabalho."[11] Trata-se de um modelo de proteção social que atribui ao Estado o dever de adotar medidas concretas destinadas à redução da pobreza e das desigualdades sociais mediante concessão de renda básica em benefício monetário, "direito de todos os brasileiros residentes no País e estrangeiros residentes há pelo menos cinco anos no Brasil, não importando a sua situação sócio-econômica" . Não se trata de mero assistencialismo ou paternalismo. Apesar da

---

[11] VAN PARIJS, Philippe. "Renda básica: renda mínima garantida para o Século XXI?" in: Estudos Avançados, N.14. Vol 40. 2000. P. 179

renda básica não estabelecer condicionalidades para o recebimento do benefício, sua função essencial é atuar no enfrentamento da pobreza proporcionando vida digna a todos indistintamente.

Apesar de formalmente instituída, a renda básica cidadã encontra uma variedade de dificuldades que impedem a sua plena eficácia. A ausência de regulamentação da lei 10835/04 bem como a falta de consenso na esfera política sobre a sua efetiva adoção tornam a sua efetiva adoção no Brasil uma realidade distante.

Contudo, o cenário da pandemia provocada pela COVID-19 revelou o interesse pela institucionalização de uma renda básica renovando o debate político em torno do papel do Estado diante da vulnerabilidade social. Em 02 de abril de 2020 foi editada a lei 13.982 estabelecendo o auxílio emergencial contemplando "medidas excepcionais de proteção social a serem adotadas durante o período de enfrentamento da emergência de saúde pública de importância internacional decorrente do Coronavirus (COVID-19)". O auxilio emergencial é limitado e temporário, apresentando âmbito protetivo de três meses e favorecendo pessoas específicas.[12] A institucionalização de auxilio emergencial não se confunde assim com a ideia de renda básica. A renda básica, tal como definida pela

---

[12] Nos termos da lei 13.982: "Art. 2º Durante o período de 3 (três) meses, a contar da publicação desta Lei, será concedido auxílio emergencial no valor de R$ 600,00 (seiscentos reais) mensais ao trabalhador que cumpra cumulativamente os seguintes requisitos: I - seja maior de 18 (dezoito) anos de idade, salvo no caso de mães adolescentes; II - não tenha emprego formal ativo;III - não seja titular de benefício previdenciário ou assistencial ou beneficiário do seguro-desemprego ou de programa de transferência de renda federal, ressalvado, nos termos dos §§ 1º e 2º, o Bolsa Família;IV - cuja renda familiar mensal **per capita** seja de até 1/2 (meio) salário-mínimo ou a renda familiar mensal total seja de até 3 (três) salários mínimos; V - que, no ano de 2018, não tenha recebido rendimentos tributáveis acima de R$ 28.559,70 (vinte e oito mil, quinhentos e cinquenta e nove reais e setenta centavos); e VI - que exerça atividade na condição de: a) microempreendedor individual (MEI); b) contribuinte individual do Regime Geral de Previdência Social que contribua na forma do caput ou do inciso I do § 2º do art. 21 da Lei nº 8.212, de 24 de julho de 1991; ou c) trabalhador informal, seja empregado, autônomo ou desempregado, de qualquer natureza, inclusive o intermitente inativo, inscrito no Cadastro Único para Programas Sociais do Governo Federal (CadÚnico) até 20 de março de 2020, ou que, nos termos de autodeclaração, cumpra o requisito do inciso IV.

lei 10.835 é permanente e tem âmbito protetivo universal, incluindo estrangeiros residentes no país há mais de cinco anos.

As perspectivas deixadas pela COVID-19 evidenciam a relevância do debate em torno da renda básica. A pandemia pode servir assim como verdadeiro gatilho para a construção de modelos econômicos que coloquem a condição humana no centro da institucionalidade global. Para tanto, importa desenvolver uma cultura solidária e inclusiva, materializando, no plano interno as diretrizes estabelecidas pelo texto constitucional como objetivos da República Federativa do Brasil[13], e no plano externo realizando as disposições constantes nos tratados internacionais em matéria de direitos humanos. A pandemia apresenta ao mundo uma rara oportunidade de reinvenção.

---

[13] Art. 3º Constituem objetivos fundamentais da República Federativa do Brasil: I - construir uma sociedade livre, justa e solidária; II - garantir o desenvolvimento nacional; III - erradicar a pobreza e a marginalização e reduzir as desigualdades sociais e regionais;   IV - promover o bem de todos, sem preconceitos de origem, raça, sexo, cor, idade e quaisquer outras formas de discriminação.

Saúde mental em tempos de pandemia: "eu tenho medo e já aconteceu, eu tenho medo e 'inda' está por vir"

JULLYANNE ROCHA SÃO PEDRO

Introdução

Vidas em quarentena, afastamento dos corpos e distanciamento social marcam o viver em tempos de pandemia. Jornais noticiam o colapso no sistema de saúde e o crescimento alarmante das estatísticas das vidas ceifadas pelo vírus - vidas que foram o amor de alguém. As vidas que ficam tornam-se vidas em luto, marcadas pela dor, desamparo, medo e saudade. Vidas que não puderam sepultar os que se foram. Vidas que não puderam se despedir.

Vidas em pandemia. A pandemia modificou o viver e cada pessoa precisou construir uma nova forma de estar no mundo, uma forma possível para este momento. Os lares viraram ambientes para trabalho, compromissos escolares e acadêmicos, exercícios físicos e cuidados em saúde. Sobrecarga de atividades e esgotamento emocional. Angústia, ansiedade, crises de choro, irritação, insônia, tristeza, solidão e medo passam a fazer parte do viver em pandemia.

Vidas com medo. Medo do vírus, medo da morte, medo de perder quem ama, medo de não estar presente em vida, medo de não viver os planos e sonhos, medo do outro que pode te contaminar, medo de um simples toque, medo de não ter vaga no serviço de saúde, medo de sufocar. Como cantou Belchior (1977), "eu tenho medo e já aconteceu, eu tenho medo e 'inda' está por vir".

Vidas em linha de frente. Saúde, segurança pública, alimentação, limpeza, serviços funerários. Rituais para sair e voltar para casa: máscara de proteção, luvas, álcool em gel, descarte seguro de roupas e calçados, higienização meticulosa e protocolos sanitários. Medo de se contaminar e transmitir o vírus para as crianças e idosos que ficaram em casa.

Vidas precárias e vulneráveis. Vidas pertencentes a grupos que incomodam a ordem social, os quais são excluídos cotidianamente em diversos contextos históricos, sociais e culturais, pois são considerados ameaças à normatividade. Desemprego. Pessoas que tem a rua como casa. "Fique em casa!", mas em que casa? Pessoas que tem a rua como casa. O medo é de morrer de fome, o medo é de morrer de frio. Não somente na pandemia. O medo mora na tentativa de (sobre)viver.

A pandemia está possibilitando o surgimento de novas formas de sofrimento psíquico, bem como está proporcionando o agravamento do sofrimento em pessoas que já estavam em processo de adoecimento anteriores a este momento. Desse modo, foi lançado um relatório, pelas Nações Unidas, que trata sobre as políticas públicas da saúde mental, documento intitulado "Covid-19 and the need for action on Mental Health" (ONU, 2020), que versa sobre os impactos do Covid-19 na saúde mental da população e sobre as ações recomendadas, que indicam a necessidade da expansão e financiamento dos serviços de saúde mental. Os serviços de saúde mental são considerados pela ONU como essenciais enquanto respostas do governo à pandemia.

Nesse sentido, considerando a importância de que as estratégias para os cuidados em saúde mental precisam acompanhar as transformações sociais e que a atuação da psicologia precisa ser responsável pela garantia dos direitos sociais, o objetivo deste capítulo é propor a reflexão sobre as possibilidades e desafios enfrentados pelas psicólogas nos serviços de saúde mental. Para tanto, serão analisados marcadores históricos importantes para o entendimento da conquista da saúde enquanto direito, bem como serão analisados dispositivos jurídicos e práticas psicológicas que versam sobre o cuidado nas políticas públicas de saúde mental.

Políticas Públicas de Saúde: a conquista do direito à saúde

O modelo de saúde brasileiro, o Sistema Único de Saúde (SUS), implantado a partir da Lei Orgânica da Saúde (Lei nº 8.080 de 1990) segue alguns princípios, dentre eles: universalidade de acesso em todos os níveis de assistência, igualdade na assistência à saúde, sem preconceitos ou privilégios de qualquer espécie, integralidade da assistência, participação da comunidade, descentralização político-administrativa, os quais são imprescindíveis para a efetividade dos serviços de saúde (NORONHA; LIMA; MACHADO, 2012).

As políticas públicas voltadas à saúde representam a promoção dos direitos individuais e coletivos, e o SUS representa uma tentativa de superação das desigualdades em saúde, levando em consideração o fato de que a saúde é um direito de cidadania de todos. É necessário compreender que a saúde não se constitui apenas enquanto ausência de doenças, conforme o modelo biomédico por tantos anos vigente, mas a saúde se afirma enquanto um construto multifatorial, que é determinado pela idade, sexo, hereditariedade, estilo de vida, influências sociais e comunitárias, condições de habitação, de trabalho, socioeconômicas, culturais e ambientais, que ainda leva em conta a dimensão espiritual do sujeito.

Importante ressaltar que a implantação do SUS foi resultado do movimento sanitário brasileiro, que visava a democratização da saúde e a democratização do Estado (ESCOREL, 2012; ESCOREL; TEIXEIRA, 2012). O Centro Brasileiro de Estudos de Saúde (CEBES) teve um papel importante na trajetória da democratização da saúde e do Estado, e encampou, na década de 70, a campanha sobre a saúde ser um direito de todos e a necessidade de unificar e ampliar os serviços de saúde, juntamente com a participação popular dos setores da sociedade (PAIM; ALMEIDA FILHO, 2014).

Com a VIII Conferência Nacional de Saúde, em 1986, o processo de democratização da saúde passou a ser chamado de "Reforma Sanitária", que visava transformações nas dimensões específicas, institucionais, ideológicas e das relações, e no próprio conceito de saúde. Nesse contexto, fora instituída uma Comissão Nacional de Reforma Sanitária (CNRS) que visou tão somente a modificação no sistema de serviços de saúde, o que contrariou outros atores do movimento que pediram as transformações em todas as dimensões anteriormente citadas (PAIM; ALMEIDA FILHO, 2014).

De acordo com Paim e Ameida Filho (2014), a Reforma Sanitária Brasileira ocorreu em 3 (três) momentos, a saber: os anos da instabilidade, que ocorreram de 1989 a 1994; a social democracia conservadora, entre os anos de 1995 a 2002; e a conservação-mudança, que ocorreu entre 2003 e 2012. Nos anos da instabilidade ocorreu a promulgação da Lei nº 8.080/90, a Lei Orgânica da Saúde; na social democracia conservadora teve a aprovação da Emenda Constitucional 29 que trata sobre financiamento do SUS e o fortalecimento do movimento da Associação Brasileira de Saúde Coletiva (ABRASCO) e do CEBES em defesa do cumprimento do projeto original da Reforma; e a conservação-mudança que apresentou conquistas na Reforma como um processo civilizatório que deve ocorrer de forma solidária.

Nesse sentido, percebemos que as Políticas Públicas de Saúde nascem através de processos complexos que envolvem interlocuções entre o Estado, a sociedade e o mercado. Tais políticas também têm o seu viés social, pois se voltam à proteção e ao bem-estar dos sujeitos, e abarcam ações que visam o desenvolvimento e as transformações dos sistemas de proteção social, que objetivam o cumprimento das responsabilidades públicas na promoção da seguridade social e do bem-estar (FLEURY; OUVERNEY, 2014).

Nas ações das Políticas Públicas de Saúde percebemos a preocupação com intervenções, promoção de direitos, de afirmação de valores humanos, da concepção de saúde enquanto um direito inerente à condição de cidadania, tendo em vista que a proteção social se desenvolve a partir da cidadania. Vale ressaltar que a cidadania implica a noção de pertencimento à comunidade política, às crenças e aos sentimentos, além de demonstrar a existência de vínculos políticos e jurídicos que denotam a participação ativa dos sujeitos nas questões públicas, sendo o resgate da cidadania fundamental para a reabilitação psicossocial dos sujeitos que se encontram em sofrimento psíquico (FLEURY; OUVERNEY, 2014).

Políticas Públicas de Saúde Mental: a construção de linhas de cuidado

As Políticas Públicas de Saúde Mental possuem como uma grande conquista a criação de serviços substitutivos à lógica manicomial, dentre eles os Centros de Atenção Psicossociais (CAPS), os quais possuem como objetivos a promoção de autonomia dos sujeitos através de ações de inclusão e integração social, de forma trans e multidisciplinar, através da base territorial e com a intersetorialidade (AMARANTE, 2012).

Nesse sentido, é imprescindível a atuação em rede de atenção de saúde efetiva, que garanta o princípio da integralidade, que tanto pode ser vertical, que consiste em um olhar integral sobre o sujeito em sofrimento psíquico; quanto horizontal, que diz respeito à articulação dos serviços que compõem a rede, através de encaminhamentos e outras práticas, a fim de proporcionar o cuidado integral. Além da integralidade, a formação de vínculos dos sujeitos em sofrimento psíquico com os trabalhadores que atuam na rede de atenção psicossocial é imprescindível no processo de humanização do atendimento e na constituição de linhas de cuidado (SILVA; MAGALHÃES JÚNIOR, 2013).

Um desafio da efetividade das políticas de saúde mental se dá na existência de barreiras no acesso a determinados serviços, como os CAPS, que inviabilizam a possibilidade de os sujeitos irem até o local, como no caso das barreiras geográficas, uma vez que muitos serviços são localizados em bairros "elitizados" e distantes das suas residências, o que constitui um obstáculo espacial e financeiro, pois muitos não possuem dinheiro para custear o deslocamento. Outro ponto que deve ser ressaltado é a noção de espaço de relações, uma vez que muitos usuários não se sentem confortáveis ao frequentarem um espaço diferente do de sua realidade. As barreiras de informações também obstruem o acesso do usuário aos CAPS, tendo em vista que alguns diagnósticos e "tratamentos" não são compreendidos pelos sujeitos.

Assim, as políticas públicas de saúde mental precisam garantir ao usuário o acesso a serviços que se preocupem e se responsabilizem pelas demandas deles e por eles próprios. O cuidado com os usuários transcende o uso das ferramentas médicas, as quais são incluídas nas tecnologias duras, e pede a utilização de tecnologias leve-duras, que consistem no saber estruturado dos profissionais que atuam na rede (MERHY, 1998).

As tecnologias duras utilizam máquinas associadas aos procedimentos médicos, que geralmente distanciam os profissionais, principalmente os médicos, dos usuários dos serviços, que faz com que as relações sejam marcadas pela fragilidade de vínculos e desresponsabilização com os pacientes (MERHY, 1998).

Sobre as tecnologias leve-duras, Merhy (1998, p.5) nos diz que: "é leve ao ser um saber que as pessoas adquiriram e está inscrita na sua forma de pensar os casos de saúde e na maneira de se organizar uma atuação sobre eles, mas é dura na medida em que é um saber-fazer bem estruturado, bem organizado, bem protocolado, normalizável e normalizado."

Com relação às tecnologias leves, elas consistem na relação do profissional com o do serviço em um ato, principalmente no momento da escuta e da fala, que acarreta na "produção da responsabilização em torno do problema que vai ser enfrentado; momentos de confiabilidade e esperança, nos quais se produzem relações de vínculos e aceitação" (MERHY, 1998, p. 5).

É importante salientar que os serviços de saúde como os Centros de Atenção Psicossocial são lugares de acolhimento, responsabilização e criação de vínculos, os quais devem centrar as suas intervenções e terapêuticas no usuário. De tal modo, o trabalho em saúde com usuário-centrado deve ter como perspectiva a utilização da tecnologia leve como base de suas práticas, a partir do acolhimento, do cuidado, da atenção singularizada e da responsabilização.

As tecnologias leves nos serviços substitutivos são atravessadas pela prática clínica, e a sua utilização perpassa o núcleo específico do sofrimento psíquico, do saber profissional e das ações de cuidado. A lógica manicomial foi amplamente embasada por tecnologias duras, com relações de poder verticalizadas e sem vínculos entre profissionais e usuários; já as intervenções nos serviços substitutivos são amparadas pela lógica do cuidado, pela promoção da autonomia, pela construção de laços sociais e pela produção de vida, a partir das interlocuções entre os serviços que constituem a rede de saúde mental.

Nesse sentido, entende-se que os profissionais de saúde mental que atuam na rede são operadores do cuidado, os quais devem nortear as suas práticas com o uso das tecnologias leves, as quais se baseiam no acolhimento, na responsabilização e na criação de vínculos, sendo o projeto terapêutico singular uma forma de cuidado e atenção singularizada (MERHY, 1998).

Como perspectivas possíveis na atuação nos serviços de saúde mental, podemos citar a humanização, a promoção à saúde e a prevenção de doenças, as quais devem constituir as bases da relação dos trabalhadores com os usuários dos CAPS. A humanização demonstra que o cuidado deve ocorrer de forma ética, recíproca, zelosa em defesa da dignidade humana, através da valorização dos sujeitos envolvidos no processo de produção de saúde, sendo o resultado de uma construção coletiva.

A promoção da saúde deve ocorrer através da articulação entre os atores e os serviços que compõem a rede de atenção à saúde, tendo como valores para a sua efetivação a solidariedade, a felicidade, a ética, o respeito à diversidade, a humanização, a corresponsabilidade, a justiça social e a inclusão social; e como princípios a equidade, a participação social, a autonomia, o empoderamento, a intersetorialidade, a intrassetorialidade, a sustentabilidade, a integralidade e a territorialidade. A promoção da saúde pode ser considerada como o conjunto de ações voltadas à proteção, manutenção e aumento da saúde, que deve ser realizada a partir de processos educativos pensados nas características dos sujeitos e do território (ALVES, 2011).

A prevenção de doenças é uma novidade nas intervenções psicológicas na saúde pública e coletiva, e consiste na diminuição de ocorrência de enfermidades (prevenção primária), na diminuição de prevalências (prevenção secundária), e na diminuição de sequelas e complicações (prevenção terciária), que deve ocorrer em todos os níveis de atenção (ALVES, 2011). Com relação à prevenção e intervenção primárias, a saúde geral é priorizada através de ações voltadas à promoção de saúde e prevenção de enfermidades, e ocorrem nos serviços de Atenção Primária à Saúde (APS).

A prevenção e intervenção secundárias são assistências especializadas de seguimento, na qual a saúde mental tem sua maior expressão, que ocorrem nos ambulatórios ou em centros especializados. Já no tocante à prevenção e intervenção terciárias, elas são guiadas pelas pesquisas dos processos psicossociais da saúde-doença, e assistência aos problemas de alta complexidade, nos hospitais ou nos centros de especialidades (ALVES, 2011).

A humanização, a promoção da saúde e a prevenção de doenças, contam com a participação dos trabalhadores que compõem a rede de atenção à saúde, e deste modo, torna-se imprescindível pensar na qualificação dos trabalhadores e trabalhadoras de saúde mental, que pode ocorrer através da educação permanente em saúde.

A Política Nacional de Educação Permanente em Saúde, proposta pelo Ministério da Saúde, é estratégia do SUS para a formação e desenvolvimento dos trabalhadores e desenvolvimento de ações para o enfrentamento das dificuldades do sistema, e traz uma proposta político pedagógica que realiza uma interlocução entre os saberes e as práticas que visam a modificação do cotidiano.

A educação continuada possibilita a conquista e a renovação de conhecimentos e habilidades, possibilitando novas oportunidades de atuação dos profissionais de forma constante. A educação permanente permite o surgimento de vínculos interprofissionais que ocorrem através de atitudes ético-estético-políticas, as quais fortalecem da rede de saúde.

Os encontros em grupo proporcionam a troca de olhares entre os trabalhadores de saúde, bem como entre eles e os usuários dos serviços, além de suscitar o desejo de integralidade e de promover o encontro com as novas sensibilidades que perpassam os conceitos da saúde e a construção de novas linhas de cuidado.

Caminhos possíveis para a atuação da psicologia na saúde mental

A vida e o corpo são atravessados de diversas maneiras e produzem novas formas de manifestação da saúde e da doença. O sofrimento psíquico pode ser compreendido como o resultado de uma interação complexa de vivências, que acontecem nas mais diversas esferas da vida, o que faz com que a psicologia precise dar atenção ao processo pelo qual os sujeitos respondem às situações dadas. Como promover a saúde mental durante a pandemia?

Com o surgimento de novas concepções de sofrimento psíquico, a psicologia necessita estar em constante ajustamento às mudanças políticas, econômicas e sociais, fato que enriquece o seu conteúdo científico e de práticas, haja vista que ela lida com as demandas advindas da saúde mental e da saúde física dos sujeitos, tendo os mais diversos campos de atuação, como os hospitais, ambulatórios e os centros de saúde.

Nesse sentido, ao se levar em consideração as transformações geradas em virtude da pandemia do novo coronavírus, é importante se pensar na pesquisa como um caminho possível, pois ela pode contribuir a partir da construção de saberes que vão promover novas práticas de cuidado em saúde mental, possíveis para este momento vivido.

A pesquisa em psicologia deve ocorrer em articulação com as políticas de saúde, pois as relações do sujeito com a saúde refletem as relações de poder e as lutas, e o resultado científico pode desestabilizar práticas recorrentes, bem como subverter a lógica adoecedora e mortífera de algumas práticas (SPINK, 2007; DIMENSTEIN, 2003). Desse modo, a ausência de pesquisa e de produção acadêmica dificulta a prática e as ações de promoção de saúde e prevenção de doenças, criando o distanciamento entre a academia e a atuação nos dispositivos e serviços de saúde.

É preciso compreender que as psicólogas são corresponsáveis

pela sustentabilidade das políticas públicas de saúde e é preciso que elas se reconheçam enquanto trabalhadoras da saúde, com construção de práticas e intervenções alinhadas com as demandas da realidade social, com o sofrimento gerado em virtude da pandemia: depressão, ideação suicida, luto, ansiedade, medo, pânico.

Nesse mesmo sentido, além da pesquisa, percebem-se alguns desafios que são enfrentados pela psicologia e muitos destes impasses ocorrem em virtude de uma formação acadêmica e profissional limitada e ultrapassada, a qual se manifesta incapaz de responder às demandas da atenção primária, de reconhecer as necessidades e recursos da população usuária dos serviços públicos e de promover práticas que visem sanar o sofrimento gerado e potencializado pelas desigualdades sociais.

A formação acadêmica precisa possibilitar que a psicóloga tenha um pensamento crítico e reflexivo, e assuma o seu compromisso ético-político na busca por uma sociedade igualitária, justa e solidária. Em muitos currículos dos cursos de psicologia, a formação se encontra balizada por modelos clássicos de psicologia liberal, elitista e privada, que produz uma identidade profissional não condizente com a realidade do território.

Desse modo, para que esses desafios sejam superados é preciso que a atuação tenha novas perspectivas, a saber: a utilização de intervenções participativas e ativas; a construção do vínculo entre os trabalhadores e os usuários dos serviços; trabalho em equipe de forma horizontal e transversal; a troca de saberes e olhares entre os trabalhadores e os usuários; a interlocução entre os saberes científicos e os populares; o conhecimento do território e das demandas; e as formas de cuidado construídas com o usuário e não para o usuário (DIMENSTEIN, 2003; SPINK, 2007).

Nesse sentido, a formação continuada das psicólogas nos cenários de saúde mental é de suma importância, uma vez que as práticas e estratégias de cuidado precisam se adequar às mudanças e contingências geradas pelo contexto da pandemia. Desse modo, os processos formativos podem ser um caminho possível para a reinvenção de práticas e construção de estratégias de cuidado em saúde mental, a partir do acolhimento das novas formas do sofrer e do fortalecimento dos afetos.

O isolamento, o luto e o medo gerados com a pandemia afetam a forma com que os sujeitos se relacionam com o mundo e implicam em novos modos de sofrimento psíquico. Neste momento, em que os corpos precisam estar provisoriamente distantes, é preciso que outras formas de aproximação sejam construídas para que os afetos permaneçam próximos, pois estar perto não é físico.

Por conexões, afetos e uma psicologia sensível e comprometida com a construção de uma rede afetiva que permaneça, ainda mais potente, após a pandemia.

Referências

ALVES, R. F. *Psicologia da saúde:* teoria, intervenção e pesquisa. Campina Grande: Eduepb, 2011.

AMARANTE, P. D. C. Saúde Mental, desinstitucionalização e novas estratégias de cuidado. In: GIOVANELLA, L. et al. (Org.). *Políticas e Sistema de Saúde no Brasil.* Rio de Janeiro: Fiocruz, 2012. p. 635-656.

BELCHIOR, A. C. G. *Pequeno mapa do tempo.* WEA: 1977. 1 CD.

DIMENSTEIN, M. Los (des)caminos de la formación profesional del psicólogo en Brasil para la actuación en la salud pública. *Rev Panam Salud Pública/Pan Am J Public Health,* v. 13, n. 5, p. 341-345, 2003.

ESCOREL, S.; TEIXEIRA, L. A. História das Políticas Públicas de Saúde no Brasil de 1822 a 1963. In: GIOVANELLA, L. et al. (Org.). *Políticas e Sistema de Saúde no Brasil.* Rio de Janeiro: Fiocruz, 2012. p. 279-322.

ESCOREL, S. História das Políticas Públicas de Saúde no Brasil de 1964 a 1990. In: GIOVANELLA, L. et al. (Org.). *Políticas e Sistema de Saúde no Brasil.* Rio de Janeiro: Fiocruz, 2012. p. 323-364.

FLEURY, S.; OUVERNEY, M. Política de Saúde: uma política social. In: GIOVANELLA, L. et al. (Org.). *Políticas e Sistema de Saúde no Brasil.* Rio de Janeiro: Fiocruz, 2012. p. 25-58.

MERHY, E. A perda da dimensão cuidadora na produção da saúde uma discussão do modelo assistencial e da intervenção no seu modo de trabalhar a assistência. In: MERHY, E. *Sistema Único de Saúde em Belo Horizonte:* Reescrevendo o Público. São Paulo: Ed. Xamã, 1998.

NORONHA, J. C.; LIMA, L. D.; MACHADO, C. V. O Sistema Único de Saúde – SUS. In: GIOVANELLA, L. et al. (Org.). *Políticas e Sistema de Saúde no Brasil.* Rio de Janeiro: Fiocruz, 2012. p. 365-394

ONU. COVID-19 and the Need for Action on Mental Health, 2020. Disponível em: <https://www.un.org/sites/un2.un.org/files/un_policy_brief-vid_and_mental_health_final.pdf >. Acesso em: 29 mai. 2020.

PAIM, J. S.; ALMEIDA-FILHO, N. Reforma Sanitária Brasileira e o SUS. In: PAIM, J. S.; ALMEIDA-FILHO, N. (Orgs.). *Saúde Coletiva: Teoria e Prática.* Rio de Janeiro: Medbook, 2014. p. 203-209.

SILVA, S. F.; MAGALHÃES JÚNIOR, H. M. Redes de atenção á saúde: importância e conceitos. In: SILVA, S. F. (Org.). *Redes de atenção à Saúde*: desafios da regionalização no SUS. Campinas: Saberes Editora, 2013. p. 75-90.

SPINK, M. J. P. *A psicologia em diálogo com o SUS:* prática profissional e produção acadêmica. São Paulo: Casa do Psicólogo, 2007.

Judiciário e cultura cibernética em tempo de pandemia: o caso do Tribunal de Justiça de Pernambuco

LISANGELA DE SOUSA SANTOS

Com a declaração pública de pandemia em relação ao novo Coronavírus (Covid 19) pela Organização Mundial de Saúde - OMS, de 11 de março de 2020, a sociedade, especificamente no nosso país, com a publicação da portaria n° 454, de 20 de março de 2020, a qual declarou em todo o território nacional, o estado de transmissão comunitária do Coronavírus (covid-19), se viu obrigada a rever os costumes e as formas de comunicação.

Diante dos avanços tecnológicos da atualidade, essa demanda de costumes e das formas de acontecerem as relações se deslocaram para o mundo virtual, ou seja, a Cibercultura se fortaleceu de forma expressiva, e não podia ser diferente no Judiciário que está se tornando cada vez mais automatizado.

Para assim melhor contextualizarmos o tema aqui abordado, vejo pertinente esclarecermos o que seria cibercultura.

O conceito de cibercultura é trabalhado de forma diferente por cada autor. Na visão trazida por *Pierre Lévy*, a cibercultura é a reunião de relações sociais, de produções artísticas, intelectuais e éticas dos seres humanos que se articula por meio de redes interconectadas de computadores, ou seja, no ciberespaço. Pode ser pensada como um fluxo contínuo de ideias, práticas, representações, textos e ações, que ocorrem entre pessoas interconectadas. (LEVY, 1999)

Para além, a cibercultura é basicamente a transposição das culturas humanas para um espaço conectado, o ciberespaço. Por se tratar de um espaço em expansão, mais pessoas e grupos conectados podem trocar informações, saberes e conhecimentos.

Considerando o ciberespaço como o espaço de comunicação formado pela interconexão mundial dos computadores e das suas memórias. Constituindo-se num espaço virtual de trocas simbólicas entre pessoas, pode ser entendido como o espaço de troca de informação na cultura contemporânea. (LEVY,1999)

Com isso nos encontramos hoje, por conta da pandemia, diante da necessidade de nos privarmos da convivência social, ou seja, física, com isso a sociedade se viu quase que compulsoriamente diante da necessidade de migrar as suas práticas de comunicação quase que totalmente para o mundo virtual.

Assim, diante deste cenário, fomentou-se de forma exacerbada o crescimento da Cibercultura, ou seja, as nossas relações estão acontecendo de uma forma avassaladora no ambiente virtual, como também verificamos no judiciário.

O marco de abertura do poder judiciário para acolher novas tecnologias foi com o uso das máquinas de escrever manuais quando então as sentenças deixaram de ser escritas a mão para serem datilografadas, como explica o Juiz Alexandre Azevedo. (AZEVEDO, 2012). Tal fato, podemos afirmar que seria a preparação do terreno para a semeadura da cibercultura no judiciário brasileiro.

Trazendo a caminhada tecnológica no judiciário para os dias de hoje chegamos ao Processo Judicial eletrônico e especificamente no âmbito do Judiciário Pernambucano, podemos afirmar que já estamos sentido no dia a dia da prática jurídica essa presença do PJe, que nesse estado de pandemia o qual nos encontramos, está a mostrar para que veio, e se firmando como uma ferramenta online que veio para ficar.

Assim já é uma realidade o que afirmou Barroso em 2014; "o PJE, é a promessa que os órgãos judiciários dão a sociedade, ou seja, trata-se do futuro da virtualização dos processos". (BAROSO, 2014).

O Processo Judicial eletrônico (PJe), com o seu aprimoramento, possibilitando conexões com os sistemas de Audiência Virtual, juntamente com o uso de ferramentas como o Bacenjud, sistema utilizado para realização de penhora online, estão possibilitando a prestação jurisdicional com o mínimo de convivência social, nesse momento que estamos em plena pandemia, os atos judiciais migraram de forma expressiva para o ambiente virtual, demonstrando que já é realidade a automação do Judiciário brasileiro. Como pode ser constatado hoje no judiciário pernambucano.

Com o uso dessas ferramentas online foram viabilizadas as apreciações de forma expressiva, dos pedidos de tutelas antecipadas de urgência, características do estado de emergência como nos encontramos, como também de demais atos processuais como despachos e sentenças, o que pode ser constatado pelos números apresentados pelo Tribunal de Justiça do Estado de Pernambuco, os quais demonstram um crescimento na produtividade do Judiciário pernambucano, mesmo nestas situações adversas resultantes do estado de pandemia que nos encontramos:

> Ainda de acordo com o levantamento feito com base nos dados do Sistema TJPE Reports, a atividade desenvolvida por juízes e servidores em trabalho remoto resultou <u>num **aumento de 56,4% em decisões interlocutórias; de 14,7% em despachos; e de 8,8% em sentenças. Ou seja, comparados os períodos entre março e maio de 2019 e de 2020, o número de decisões subiu de 32.903 para 51.457; de despachos cresceu de 224.262 para 257.208; e de sentenças passou de 64.459 para 70.150.**</u> Diante dos atuais desafios, os resultados são comemorados pelo presidente do TJPE, desembargador Fernando Cerqueira e pelo corregedor-geral da Justiça, desembargador Luiz Carlos Figueirêdo.[1]

O aumento na produtividade do Judiciário Pernambucano nesse período da pandemia se vê ainda com as 2.153 audiências realizadas no formato online, através do Núcleo Permanente de Métodos Consensuais de Resolução de Conflitos (Nupemec) do Judiciário pernambucano, isso só nos meses de abril e maio, com 787 acordos e uma movimentação financeira de R\$13.5 milhões. Para a realização dessas audiências foram utilizadas duas ferramentas tecnológicas, a plataforma Cisco-Webex, ferramenta disponibilizada pelo Conselho Nacional de Justiça (CNJ) para todos os Tribunais durante a pandemia da Covid-19, como também o aplicativo WhatsApp [2].

---

[1] Justiça de Pernambuco aumenta produtividade em 15,9%. Resultados positivos foram obtidos mesmo com o Judiciário trabalhando em home office, em condições não ideais de trabalho. Disponível em: < https://www.folhape.com.br/economia/economia/economia/2020/05/21/NWS,141237,10,550,ECONOMIA,2373-JUSTICA-PERNAMBUCO-AUMENTA-PRODUTIVIDADE.aspx#:~:text=Diante%20dos%20atuais%20desafios%2C%20os,pessoas%20por%20tr%C3%A1s%20dos%20n%C3%BAmeros.> Acesso em 01/06/20

[2] BRASIL. CNJ. **Núcleo realiza mais de duas mil audiências virtuais de conciliação durante pandemia.** Notícias do Judiciário. Agência CNJ de Notícias. 20/05/2020. Disponível em: < https://www.cnj.jus.br/nucleo-realiza-mais-de-duas-mil-audiencias-virtuais-de-conciliacao-durante-pandemia/ > Acesso em 03/06/2020

Esse resultado expressivo na produtividade do TJPE só foi possível considerando que já em 2016 a resolução 227/2016 do Conselho Nacional de Justiça (CNJ)[3], possibilitou o regime do teletrabalho, e especificamente aqui no Judiciário pernambucano a Instrução Normativa TJPE n° 12, de 03 de maio de 2017 (DJe de 04 de maio de 2017), combinada com a Instrução Normativa TJPE n° 06, de 02 de fevereiro de 2016 (DJe de 03 de fevereiro de 2016), alterada pela Instrução Normativa n° 18, de 25 de agosto de 2016 (DJe de 26 de agosto de 2016) e Instrução Normativa TJPE n° 27, de 03 de novembro de 2017, republicada no DJe de 10 de novembro de 2017 regulamentaram esse regime de trabalho no Tribunal de Justiça de Pernambuco, viabilizando assim a possibilidade desse regime trabalho de força tão expressiva nesse momento de pandemia.

Assim com a necessidade dos servidores e magistrados se manterem em casa diante da pandemia, o teletrabalho tomou grandes proporções, mesmo com condições adversas, sem um espaço adequado para o trabalho, precisando cuidar de filhos, parentes e ainda tendo que lidar com questões emocionais, por conta da ansiedade diante de tudo que estamos vivendo.

Os números são vistos de uma forma muito positiva, até porque a celeridade processual com o intuito de dar uma resposta ao jurisdicionado em tempo hábil é um objetivo perseguido com a automação do Judiciário.

Mas a comunidade jurídica tem que estar atenta, pois, a implementação destas práticas, precipuamente requer estudos e planejamentos para que realmente sejam instrumentos de efetividade dos direitos, não só agora no momento de sua aplicação, mas para que os reflexos das ações do judiciário não tragam prejuízos futuros.

Uma questão a ser refletida seria o fato de que o PJe armazena digitalmente todos os documentos e dados que compõem os autos registrando um código específico para cada um. Desde o nascimento do processo, com a distribuição, realizada pelo próprio advogado,

---

[3] **BRASIL. RESOLUÇÃO 227 DE 15 DE JUNHO DE 2016. Regulamenta o teletrabalho no âmbito do Poder Judiciário e dá outras providencias.Disponível em:<** https://atos.cnj.jus.br/files/resolucao_227_15062016_17062016161058.pdf **> Acesso em 03/06/2020**

até a sua finalização, todos os procedimentos acontecem no ambiente do sistema virtual.

> "A ferramenta Audiências Virtuais **permite que sejam acessadas gravações em som e imagem de audiências**, realizadas em varas da Justiça estadual que incluem todas aquelas de competência criminal no Recife e nas comarcas da Região Metropolitana; e as promovidas na Central de Audiências do Fórum Desembargador Rodolfo Aureliano e em varas de comarcas do interior, perfazendo o número aproximado de 150 unidades. O sistema é utilizado por servidores, magistrados, advogados, defensores públicos e membros do Ministério Público, através de certificado digital."[4]

E como estamos na iminência da vigência da LGPD (Lei Geral de proteção de Dados) é de extrema importância estarmos atentos na implementação, em "toque da caixa", desses sistemas de automação no judiciário, não podemos nos descuidar da segurança, lembrando das devidas responsabilidades com a proteção dos dados envolvidos em todo esse processo.

> No entanto, se desejarmos que a nova fronteira digital se torne realmente civilizada, precisamos compreender como sistema jurídico deve ser aplicado a esse novo domínio da interação humana. (PAULI E MENEZES, 2013, p.48 apud LEONARD, 2012, p 29)

O artigo 23 Da LGPD estabelece os parâmetros para o tratamento de dados pessoais pelo poder público: deve ser realizado para uma finalidade pública, norteada pelo interesse público, e com o objetivo de executar suas competências legais ou atribuições legais de serviço público. Cabe sabermos se com todas essas dificuldades que estamos passando, será que realmente foram tomadas todas as cautelas devidas, para adequar os tratamentos dos dados que estão sob a guarda do Judiciário?

Outra questão a ser pensada seria sobre a determinação de uso dessas ferramentas, será que estão respeitando todos os direitos dos jurisdicionados? Direitos constitucionais como a ampla defesa e o contraditório, como ficam em relação as partes que não tem condições de acessar remotamente, através de smartphone ou

---

[4]**TJPE atualiza a versão online do sistema Audiências Virtuais. Disponível em :** < https://www.aasp.org.br/noticias/tjpe-atualiza-a-versao-online-do-sistema-audiencias-virtuais/> **Acesso em 01/06/20**

equipamento equivalente, compatível com o sistema do tribunal?

São muitos questionamentos que pós pandemia poderemos realmente computar se o mergulho do Judiciário na Cibercultura, diante da Covid-19, como está sendo executado, vai nos deixar boas heranças na qualidade da prestação jurisdicional.

Vale ressaltar, ainda, a lição do doutrinador italiano Renato Borruso, o qual, em 1989, afirmou que "se o jurista se recusar a aceitar o computador, que formula um novo modo de pensar, o mundo, que certamente não dispensará a máquina, dispensará o jurista. Será o fim do Estado de Direito e a democracia se transformará facilmente em tecnocracia" (BORUSO, 1989, p. 29, *apud* MONTE, 2016).

O combate às *fake news* como método de contenção à pandemia pelo novo coronavírus

LEONARDO BOCCHI COSTA

Introdução

A temática das fake news ganhou terreno no ordenamento jurídico brasileiro após a realização do pleito eleitoral de 2018, quando diversas notícias falsas foram veiculadas em várias redes sociais, visando ao benefício eleitoral de determinados candidatos a fim de desempenhar papel decisivo nos resultados eleitorais, fato que, indubitavelmente, se concretizou.

O tema é de eminente complexidade, uma vez que envolve uma seara jurídica tão pouco desenvolvida no Brasil: o Direito Digital. Apesar de haver leis regulamentando o uso da internet no Brasil – com destaque à Lei do Marco Civil da Internet – há lacunas no texto legal, tendo em vista que, por exemplo, a responsabilização pessoal pela fabricação e disseminação dolosa de notícias falsas carece de previsão legal específica, sendo aplicada subsidiária e extensivamente a legislação concernente, principalmente, à proteção da honra dos indivíduos.

A presente pesquisa buscará realizar, ao início, uma necessária abordagem acerca dos aspectos e definições que envolvem o fenômeno das fake news, uma vez que seu sentido técnico foi banalizado por diversas personalidades políticas, com destaque ao atual Presidente dos Estados Unidos, Donald Trump. Além disso, os impactos sociais e políticos trazidos pela disseminação de notícias fraudulentas durante o período de pandemia pelo novo coronavírus serão analisados, levando em consideração o mecanismo de *fact checking* – instrumento que tem como finalidade a identificação de mensagens que causam desconfiança e o esclarecimento do que é real e o que é falso – criado pelo Grupo Globo.

Por fim, poder-se-á concluir pela patente necessidade de repressão pelo Estado brasileiro aos fabricadores e disseminadores de desinformação, que visam à vantagem política, mesmo que em detrimento da garantia à saúde pública, uma vez que, ao veicular notícias que geram desconfiança sobre os métodos de prevenção ao novo coronavírus, instiga-se a população ao não cumprimento das diretrizes recomendadas pelos órgãos responsáveis pela logística de prevenção e tratamento da pandemia.

1 Sobre a necessária abordagem sobre a conceituação do termo "fake news"

Para que se discuta o impacto trazido pela disseminação de fake news durante o período de pandemia causada pelo novo coronavírus, faz-se mister uma abordagem cuidadosa acerca do termo "fake news". Isso porque o termo vem sendo utilizado indiscriminadamente, inclusive por chefes de Estado, para desqualificar informações simplesmente desagradáveis. Tal imprecisão terminológica gera uma descrença generalizada nas fontes de informações. Pior ainda, o termo se transformou em arma discursiva para negar medidas de governos autoritários, somadas às suas investidas contra a liberdade de imprensa (OLIVEIRA; GOMES, 2019).

Para evitar tão confusão deliberadamente implantada por cidadãos e chefes de Estado ligados a ideologias ultraconservadoras e segregacionistas a fim de gerar descrédito aos órgãos de imprensa tradicionais – uma vez que, perdendo tais órgãos sua credibilidade jornalística, aumenta-se a possibilidade de se ampliar a influência sociopolítica causada por mecanismos geradores de notícias falsas – , deve-se ter em mente que o fenômeno das fake news diz respeito à divulgação de notícias falsas ou mentirosas, podendo ser conceituado como a "disseminação, por qualquer meio de comunicação, de notícias sabidamente falsas com o intuito de atrair a atenção para desinformar ou obter vantagem política ou econômica" (BRAGA, 2018, p. 205).

A vantagem política no fenômeno das fake news diz respeito justamente à sua característica de ameaça à democracia e à pluralidade política, tendo em vista sua utilidade para a propagação de ideais ultraconservadores e segregacionistas, que vêm ganhando ares de normalidade e gerando insegurança social, jornalística e política por conta da desinformação (OLIVEIRA; GOMES, 2019). Deve-se pontuar que o fenômeno das fake news, em território brasileiro, apresenta características extremamente semelhantes às identificadas nos Estados Unidos da América, havendo a conjugação entre incentivos econômicos e interesses políticos para a publicação de notícias falsas e a consequente distorção do ambiente público das redes sociais (CARVALHO, 2020).

Deve-se pontuar que o fenômeno das fake news detém relação estreita com o termo "pós-verdade", expressão que denota circunstâncias em que fatos objetivos são menos influenciadores na formação da opinião pública do que apelos a emoções ou crenças pessoais. Cabe mencionar que não se refere, aqui, a uma época depois da verdade, mas sim a um contexto em que a verdade é irrelevante, principalmente no âmbito político (ARAUJO, 2018).

Portanto, os indivíduos ativos no fenômeno das fake news, visando à obtenção de vantagem econômica ou política, aproveitam-se de contextos em que os fatos objetivos são minorados em benefício do apelo à emoção e à crença pessoal, criando dolosamente notícias falsas que confirmam a visão de mundo que se busca beneficiar. Desse modo, os criadores e disseminações de fake news distorcem deliberadamente a opinião pública e vilipendiam imprescindíveis pilares democráticos, como a garantia da opinião pública livre por meio da promoção ao direito à informação, ao gerarem conteúdos pseudojornalísticos que manipulam a opinião pública e distorcem a realidade política de uma sociedade.

2 O fenômeno das fake news durante a pandemia pelo novo coronavírus no Brasil como método de obtenção de vantagem política

A pandemia causada pelo novo coronavírus vinha-se desenhando desde o começo do ano de 2020, quando a China sofria com a epidemia desenfreada originada pela COVID-19 (doença causada pelo novo coronavírus) e, por ser um país de sólido comércio internacional e forte intercâmbio com o mundo, a contaminação a nível global se mostrava uma questão de tempo. Quando a doença se espalhou pela Europa, a chegada do vírus às Américas era certamente uma questão de tempo, fato que se concretizou ainda no primeiro trimestre do ano de 2020, o que caracterizou a solidificação da situação pandêmica.

A pandemia pelo novo coronavírus, que foi declarada pela Organização Mundial de Saúde no começo do mês de março, só foi possível pela forma com que o vírus é transmitido e por seu alto grau de transmissibilidade. Isso porque o vírus apresenta alta transmissibilidade por meio de gotículas e contato, principalmente em locais fechados e ambientes hospitalares. Tem-se que, em média, um indivíduo com infecção pelo novo coronavírus é capaz de transmitir a doença para outras duas ou três pessoas, dependendo das condições ambientais (MEDEIROS, 2020).

Quando a doença chegou ao território dos Estados Unidos da América, o Presidente norte-americano, Donald Trump, desdenhou da letalidade e da transmissibilidade do novo vírus, defendeu o uso de um medicamento que ainda passava por fase de testes para sua utilização *off label* no tratamento contra a COVID-19 – a hidroxicloroquina – e ainda por cima atribuiu a existência e a disseminação do vírus ao Estado chinês, chegando a conjecturar no sentido da criação do novo coronavírus por um laboratório chinês.

Tal consideração torna relevante tendo em vista o alinhamento político entre o Presidente norte-americano Donald Trump e o Presidente brasileiro, Jair Messias Bolsonaro. Isso porque ambos os chefes de Estado chefiam governos ultraconservadores e reacionários, com fortes tendências autoritárias, principalmente no que diz respeito ao tratamento despendido aos órgãos de imprensa tradicionais. Diante disso, no mesmo caminho de seu aliado político norte-americano, o Presidente Jair Bolsonaro desdenhou igualmente da letalidade e da gravidade da situação envolvendo o novo coronavírus, chegando a se referir à nova doença como uma "gripezinha".

Tendo em vista o posicionamento do Presidente da República acerca da chegada do novo vírus em território brasileiro, parte de seus apoiadores, já amplamente conhecida como fabricadora e disseminadora de notícias falsas, passou a compartilhar em redes sociais notícias falsas acerca da situação epidêmica vivenciada pelo Estado brasileiro no que diz respeito ao novo coronavírus.

Isso porque, enquanto todos os Governadores brasileiros adotavam medidas que visavam ao achatamento da curva de contaminação (como o fechamento de comércio e serviços não essenciais), o Presidente da República ironizava a letalidade do vírus e adotava o discurso da necessidade de reabertura do comércio, a fim de não prejudicar seu governo com a provável recessão na economia brasileira.

Assim, o chefe maior do Poder Executivo brasileiro transformou uma situação de emergência de saúde pública em uma questão política, de modo que seus apoiadores passassem a questionar o real perigo trazido pela disseminação da nova doença em território brasileiro. Tal questionamento, amplamente influenciado pela pós-verdade, gerou a busca de notícias que confirmassem sua visão de mundo e beneficiassem politicamente o Presidente da República e suas pautas político-ideológicas. Ao não encontrarem notícias reais e informações científicas que embasassem sua visão, passou-se, então, à fabricação de notícias claramente falsas a fim de obter benefício político e manipular a opinião pública.

Dentre as inúmeras notícias falsas veiculadas nas redes sociais durante a pandemia pelo novo coronavírus, pode-se mencionar a falsa informação de que uma simples fórmula caseira poderia imunizar o indivíduo do novo coronavírus (GLOBO, 2020a). Essa informação falaciosa, que não tem como base qualquer tipo de estudo científico, tem como consequência a ilusão, por parte dos indivíduos que acabam por acreditar nesse tipo de pseudo-informação, de que se estaria protegido do novo vírus que atinge o território brasileiro, sem necessidade de obediência das recomendações e orientações técnicas publicadas pelos órgãos de saúde.

Além disso, muitas postagens contendo a desinformação de que homens estavam sendo enterrados vivos e dados como mortos pela COVID-19 foram veiculadas nas redes sociais (GLOBO, 2020b), levando à injustificada desconfiança da opinião pública sobre os números divulgados pelos órgãos oficiais, contendo o total de mortos e contaminados pela doença causada pelo novo coronavírus.

Ainda nesse mesmo sentido, houve forte divulgação de pseudo-informações no sentido de o Ministério da Saúde repassar dinheiro a hospitais por cada morte notificada pelo novo coronavírus (GLOBO, 2020e), levando à solidificação da imotivada desconfiança por parte da população sobre os médicos, hospitais e os órgãos da Administração Pública responsáveis pela notificação dos casos da COVID-19. Isso porque houve a manipulação da opinião pública, a fim de que se pensasse que os hospitais recebiam vantagens econômicas se notificassem mortos causadas pelo coronavírus, fortalecendo um discurso conspiratório e destacado da realidade.

As medidas preventivas contra a disseminação da doença causada pelo novo coronavírus também foram vítimas da desinformação deliberada, tendo sido veiculadas matérias afirmando que o uso de máscara poderia provocar hiperventilação e intoxicação por micropartículas (GLOBO, 2020c), bem como poderia levar à autocontaminação pelo novo coronavírus. A vacina contra a gripe também sofreu com a veiculação de notícias falsas, quando se afirmou que a aplicação de vacina contra a gripe poderia causar a COVID-19 (GLOBO, 2020d).

Perceba-se, portanto, as graves consequências sociais trazidas pela disseminação de notícias falsas envolvendo o quadro pandêmico causado pelo novo coronavírus, tendo em vista que as fake news fabricadas e disseminadas deliberadamente geram desconfiança sobre a ciência, os médicos, os hospitais e até mesmo sobre o Estado, visando à confirmação de pautas político-ideológicas e da visão de mundo dos criadores da desinformação.

Ao gerar desconfiança injustificada por meio de notícias falaciosas, o fenômeno das fake news põe em risco a saúde pública ao instigar os indivíduos a desconfiarem e deixarem de acatar as recomendações e orientações dos órgãos de saúde competentes, a fim de que a visão de mundo dos idealizadores da desinformação se sobressaia, mesmo que, para isso, milhares de pessoas tenham de morrer por conta da transmissão irrefreada do novo coronavírus, como consequência direta das notícias falsas deliberadamente fabricadas e veiculadas nas redes sociais.

Considerações finais

O presente trabalho buscou trazer reflexões acerca da necessidade de combate e repressão à fabricação e disseminação de notícias falsas a fim de se garantir uma maior eficácia à contenção pelo Estado brasileiro da epidemia que assola o território pátrio, como consequência da situação pandêmica causada pelo novo coronavírus. Defende-se aqui a elaboração de nova legislação que regulamente as relações jurídicas na internet, exigindo maior responsabilidade das redes sociais no que diz respeito à veiculação de notícias falaciosas, sem prejuízo da responsabilização pessoal dos criadores e disseminadores de desinformação.

Pelo raciocínio trazido pela presente pesquisa, pôde-se concluir que a disseminação de notícias falsas prejudica decisivamente o combate ao vírus que assola o território nacional, de modo que os métodos preventivos e os tratamentos médicos despendidos são imotivadamente contestados pelos indivíduos que acabam por acreditar nas pseudo-informações veiculadas por criadores de fake news, sem prejuízo do descrédito vivenciado pelos médicos, profissionais de saúde, hospitais e órgãos públicos que atuam na linha de frente da contenção à epidemia, uma vez que são os principais alvos da desinformação forjada por esses indivíduos que visam, acima de tudo, ao benefício político-ideológico.

Referências

ARAUJO, Felipe Molenda. **As Fake News e os Desafios da Liberdade de Expressão.** 94 f. Monografia (Graduação) – Centro de Ciências Jurídicas, Universidade Federal de Santa Catarina, Florianópolis, 2018.

BRAGA, Renê Morais da Costa. A Indústria das Fake News e o Dircurso de Ódio. In: PEREIRA, Rodolfo Viana (org.). **Direitos Políticos, Liberdade de Expressão e Discurso de ódio:** volume I. Belo Horizonte: IDDE, 2018. 268 p.

CARVALHO, Lucas Borges de. **A democracia frustrada:** fake news, política e liberdade de expressão nas redes sociais. Revista Internet & Sociedade, v. 1, n. 1, p. 172-199, 2020. Disponível em: https://revista.internetlab.org.br/a-democracia-frustrada-fake-news-politica-e-liberdade-de-expressao-nas-redes-sociais/ Acesso em: 1 jun. 2020.

GLOBO. **É #FAKE que fórmula caseira com maçã, inhame e água de coco proteja do coronavírus.** Fato ou Fake, Globo.com, 2020a. Disponível em: https://g1.globo.com/fato-ou-fake/coronavirus/noticia/2020/05/26/e-fake-que-formula-caseira-com-maca-inhame-e-agua-de-coco-proteja-do-coronavirus.ghtml Acesso em: 1 jun. 2020.

GLOBO. **É #FAKE que homem foi enterrado vivo e dado como morto pela Covid-19 na Bahia.** Fato ou Fake, Globo.com, 2020b. Disponível em: https://g1.globo.com/fato-ou-fake/coronavirus/noticia/2020/05/25/e-fake-que-homem-foi-enterrado-vivo-e-dado-como-morto-pela-covid-19-na-bahia.ghtml Acesso em: 1 jun. 2020.

GLOBO. **É #FAKE que máscara provoca hiperventilação e intoxicação por micropartículas do material.** Fato ou Fake, Globo.com, 2020c. Disponível em: https://g1.globo.com/fato-ou-fake/coronavirus/noticia/2020/05/29/e-fake-que-mascara-provoca-hiperventilacao-e-intoxicacao-por-microparticulas-domaterial.ghtml Acesso em: 1 jun. 2020.

GLOBO. **É #FAKE que máscaras de proteção podem levar à autocontaminação pelo coronavírus e que vacinas contra a gripe podem causar a Covid-19.** Fato ou Fake, Globo.com, 2020d. Disponível em: https://g1.globo.com/fato-ou-fake/coronavirus/noticia/2020/05/13/e-fake-que-mascaras-de-protecao-podem-levar-a-autocontaminacao-pelo-coronavirus-e-que-vacinas-contra-a-gripe-podem-causar-a-covid-19.ghtml Acesso em: 1 jun. 2020.

GLOBO. **É #FAKE que Ministério da Saúde repassa R$ 12 mil a hospitais por cada morte por Covid-19.** Fato ou Fake, Globo.com, 2020e. Disponível em: https://g1.globo.com/fato-ou-fake/coronavirus/noticia/2020/05/18/e-fake-que-ministerio-da-saude-repassa-r-12-mil-a-hospitais-por-cada-morte-por-covid-19.ghtml Acesso em: 1 jun. 2020.

MEDEIROS, Eduardo Alexandrino Servolo. **A luta dos profissionais de saúde no enfrentamento da COVID-19.** Revista Acta Paulista de Enfermagem, v. 33, 2020. Disponível em: https://acta-ape.org/article/a-luta-dos-profissionais-de-saude-no-enfrentamento-da-covid-19 Acesso em: 1 jun. 2020.

OLIVEIRA, André Soares; GOMES, Patrícia Oliveira. **Os limites da liberdade de expressão:** fake news como ameaça à democracia. Revista de Direitos e Garantias Fundamentais, v. 20, n. 2, p. 93-118, 2019.

O paradoxo dos aplicativos de *delivery*: da "falência" à sobrevivência de pequenos restaurantes durante a pandemia do coronavírus

LORENNA CANTANHEIDES DOS SANTOS

ALESSANDRA LIGNANI DE MIRANDA STARLING E ALBUQUERQUE

Introdução

Imãs na geladeira ou nomes na telelista. Esses eram os meios para encontrar um restaurante, bar ou lanchonete há alguns anos. Atualmente, com o advento da tecnologia, é possível comprar refeições com alguns cliques na tela de um *smartphone* por meio de aplicativos de *delivery*. A opção pelo meio virtual reduz filas e tempo de espera em estacionamento, além de prometer eficiência e segurança na realização de pagamentos. E o cardápio é extremamente variado: comidas brasileiras, mexicana, japonesa, chinesa; pizzas; *fast food*; doces; bolos; salgados; dentre outros.

Nesse contexto, empresas grandes, médias ou pequenas, todas podem disponibilizar seus serviços em tais plataformas. Assim, um pequeno negócio poderia sair do anonimato e ganhar uma grande clientela e concorrer diretamente com empresas renomadas.

Com base nessas premissas, o presente artigo pretende analisar o impacto dos aplicativos de *delivery* em pequenos negócios, bem como o papel de tais plataformas durante a pandemia do novo Coronavírus (Covid-19), além de previsões do mercado para os restaurantes após a crise sanitária.

1 Aplicativos de *delivery* e "falência" de pequenos restaurantes

Inicialmente, é de fácil constatação que a maioria dos pequenos bares, restaurantes e lanchonetes constituem empresas familiares, uma vez que o exercício de poder de gerência é comumente realizado por um ou mais membros de uma família. Aliás, no Brasil, é comum que pequenos restaurantes tenham uma receita especial chamado de "à moda da casa" que, na verdade, é um segredo da família, representando uma tradição entre as gerações.

De acordo com dados do SEBRAE[1], aproximadamente 1,2 milhões de novos empreendimentos formais são criados todo ano, no Brasil, sendo que cerca de 90% (noventa por cento) deles são comandados por grupos familiares.

O grande número de empresas familiares no Brasil possui um grande ponto positivo, qual seja:

> [...] na medida em que uma empresa se desenvolve, empregos serão gerados e consequentemente riquezas serão geradas para a economia nacional, benefícios, que, por óbvio, vão além do interesse privado. Deste modo, a estagnação destas organizações deve ser contida, como forma de se manterem operantes e em crescente evolução[2].

Ademais, segundo a Pesquisa de Orçamentos Familiares (POF) 2017-2018 do Instituto Brasileiro de Geografia e Estatística (IBGE), as famílias brasileiras reservam 32,8% de seu orçamento de alimentação para consumir refeições fora de seu domicílio[3]. Para tanto, logicamente, precisam usufruir de serviços ofertados por restaurantes e lanchonetes.

Nesse cenário, em 2013, 20% dos empresários do setor de serviços comandavam em bares ou restaurantes, conforme dados do SEBRAE[4]. Ressalta-se que a sobrevivência de bares, restaurantes e

---

[1] Apud VIEGAS, Cláudia Mara de Almeida Rabelo. BONFIM, Gabrielle Cristina Menezes Ferreira. **Governança corporativa nas empresas familiares: Profissionalização da administração e viabilidade na implantação de planos jurídico-sucessórios eficientes.** Disponível em <http://www.lexmagister.com.br/doutrina_27199695_governanca_corpo rativa_nas_empresas_familiares_profissionalizacao_da_administracao_e_v iabilidade_na_implantacao_de_planos_juridico_sucessorios_eficientes.asp x>. Acesso em 21 abr. 2020.

[2] *Ibidem.*

[3] IBGE. **Comer fora de casa consome um terço das despesas das famílias com alimentação**. 04 de outubro de 2019. Disponível em: <https://agenciadenoticias.ibge.gov.br/agencia-noticias/2012-agencia-de-noticias/noticias/25607-comer-fora-de-casa-consome-um-terco-das-despesas-das-familias-com-alimentacao>. Acesso em: 16 abr. 2020.

[4] SEBRAE. **Empresários da indústria, construção, comércio e serviços no Brasil (2003 - 2013).** Maio 2015. P. 24. Disponível em: <www.bis.sebrae.com.br/bis/download.zhtml?t=D&uid=69e563d410f23 0c0e5004f1d1998567a>. Acesso em: 21 abr. 2020.

lanchonetes está diretamente ligada com a existência de um plano de gestão de negócios, no qual deve haver planejamento sobre a identificação da oportunidade de negócio, quantificação da clientela, estimativa de faturamento, investimento necessário e custo operacional[5].

Diante dessa conjuntura, surgem os aplicativos de *delivery*, como uma ferramenta para divulgar um pequeno negócio na mesma plataforma utilizada por grandes empresas, aumentando a concorrência e a possibilidade de lucros, com pagamento seguro e entregas rápidas.

No Brasil atual, destacam-se três grandes empresas que operam como aplicativos de *delivery*[6]: a) iFood: chegou ao Brasil em 2011, com número de restaurantes parceiros passou de 52 mil para 131,3 mil entre novembro de 2018 e novembro de 2019; b) UberEats: começou a operar no Brasil no final de 2016, tendo triplicado o número de restaurantes entre 2018 e 2019; c) Rappi: chegou no país em julho de 2017 e além de produtos de restaurantes, oferece produtos de supermercados e farmácias.

No iFood, por exemplo, a empresa que quiser utilizar a plataforma para vender os seus produtos terá duas opções: a) o plano básico, em que o próprio restaurante ou lanchonete faz a entrega, mediante o pagamento de uma mensalidade de R$ 100,00 (cem reais) e uma taxa de 12% sobre o valor dos pedidos, acrescido de outra taxa de 3,5% no caso de pagamento pelo aplicativo; b) plano "iFood Entrega", no qual, como o próprio nome diz, a empresa de *delivery* efetua a entrega, mediante o pagamento de mensalidade de R$ 130,00 (cento e trinta reais) e taxa de 27% sobre o valor dos pedidos[7].

---

[5] *Idem.* **Bares e restaurantes:** um setor em expansão. 1 set. 2019. Disponível em: https://sebrae.com.br/sites/PortalSebrae/artigos/bares-e-restaurantes-um-setor-em-expansao,1038d53342603410VgnVCM100000b272010aRCRD. Acesso em: 21 abr. 2020.

[6] ASSOCIAÇÃO BRASILEIRA DE BARES E RESTAURANTES (ABRASEL). **Do celular à mesa: como os apps de delivery transformam o mercado de bares e restaurantes**. 30 jan. 2020. Disponível em: <https://abrasel.com.br/noticias/noticias/do-celular-a-mesa-como-os-apps-de-delivery-transformam-o-mercado-de-bares-e-restaurantes/>. Acesso em: 21 abr. 2020.

[7] IFOOD. Disponível em: <https://restaurante.ifood.com.br/>. Acesso em: 21 abr. 2020.

O que não se esperava, porém, era que a promessa de otimização de lucros acarretou diversos prejuízos para pequenas empresas do ramo de alimentos, levando algumas delas, inclusive, à "falência", por uma série de fatores.

Em primeiro lugar, destaca-se a política de ofertas adotada pelas plataformas de *delivery*, as quais são conhecidas como "promoções malucas"[8], em que os usuários dos aplicativos recebem cupons de desconto, usualmente no valor de R\$ 10,00 (dez reais) ou de entrega grátis. Ademais, dentre as promoções cita-se o "compre 1, leve 2", devendo o restaurante escolhido pelo usuário arcar uma refeição grátis.

Como consequência dessas promoções, o dono do pequeno restaurante sofre com a redução da margem de lucro, considerando que já tem o custo de uso da plataforma, que pode chegar até 27%, conforme dito anteriormente. Por esse motivo, não é raro verificar que o valor da refeição no aplicativo é maior do que na loja física, pois o aumento dos preços para venda nas plataformas de *delivery* tem sido uma "solução" para impedir a redução drástica do lucro dos pequenos restaurantes.

Importa salientar ainda que o iFood criou o "Loop", que é uma promoção voltada para restaurantes, por meio da qual a primeira refeição custa apenas R\$ 4,99 e a segunda R\$ 9,90, ambas com frete grátis, com a condição de que o usuário faça o agendamento na véspera ou até às 11 horas da manhã do mesmo dia[9].

Para que não fique apenas nas palavras dos donos dos restaurantes, o iFood esclarece que age dentro da legislação, sendo que "o modelo de negócio desse serviço tem como base a utilização da capacidade produtiva ociosa de restaurantes e o agendamento de pedidos combinado à logística de entrega eficiente, o que resulta em refeições a preços mais acessíveis"[10]. Todavia, tal promoção se mostrou extremamente onerosa para os restaurantes, uma vez que é difícil manter a qualidade da refeição por um valor tão baixo e ainda com entrega grátis.

---

[8] BBC NEWS BRASIL. **Como apps de entrega estão levando pequenos restaurantes à falência.** 8 fev. 2020. Disponível em: <https://www.bbc.com/portuguese/geral-51272233>. Acesso em: 21 abr. 2020.

[9] *Ibidem.*

[10] *Ibidem.*

Outro fator mencionado pela BBC[11] foi a aleatoriedade de apresentação dos restaurantes nos aplicativos. Ante a inexistência de critérios na exposição da empresa, os pequenos empresários acreditam que o restaurante, bar ou lanchonete que primeiro aparece na tela do celular do consumidor possui mais chance de ser escolhido, sustentando, ainda, que não há transparência sobre o critério de exposição escolhido pelo aplicativo[12].

Além disso, os restaurantes apontam que muitas vezes estão em funcionamento, mas o aplicativo informa que estão fechados ou com área de entrega reduzida[13]. Isso se deve porque, quando a empresa de *delivery* não possui número suficiente de entregadores para atender a todos os pedidos, em um determinado momento, opta por "fechar" alguns restaurantes ou reduzir o raio de entrega.

Indagado sobre o assunto, o iFood informou que:

> A logística iFood, quando verifica uma alta demanda na região, como prevenção para o próprio estabelecimento, reduz o raio de atendimento ou até mesmo pode indisponibilizá-lo momentaneamente ou por um curto período a fim de o restaurante não sofrer avaliações ou receber notas baixas decorrentes de possíveis atrasos. Esta operação logística é automática do sistema[14].

Vê-se, pois, que sob o argumento de evitar reclamações ou avaliações indesejáveis, algumas empresas de *delivery* diminuem a venda de refeições de restaurantes, beneficiando outras empresas, aleatoriamente.

Como se não bastasse, outro problema é relatado por donos de restaurantes e lanchonetes: entregas que não chegam. Isso ocorre quando o restaurante escolhe que as encomendas sejam entregues por funcionários da própria empresa de *delivery*. Nesse caso, alguns entregadores "sequestram" as encomendas para si ou condicionam a entrega ao recebimento de gorjeta pelo restaurante[15], o qual já remunera tal serviço diretamente à empresa de *delivery*.

Tal fato demonstra a fragilidade da confiança entre o restaurante e a empresa de *delivery*, de modo que um fato completamente fora do

---

[11] *Ibidem.*
[12] *Ibidem.*
[13] *Ibidem.*
[14] *Ibidem.*
[15] *Ibidem.*

controle do restaurante pode lhe causar sérios danos, como a perda da clientela, péssimas avaliações dos consumidores e redução do lucro. Ressalta-se que, para o cliente, a responsabilidade pelo não recebimento da encomenda é imputada ao restaurante e não ao aplicativo.

Donos de restaurantes dizem, ainda, que precisam cumprir uma série de exigências para entrega de encomendas. A principal delas é o tempo exigido entre o preparo da refeição e o da entrega, que é de 25 minutos[16]. Porém, pequenos negócios não conseguem cumprir com precisão tal exigência com pratos mais elaborados, mantendo o padrão de qualidade, já que não dispõem de tantos funcionários. Desse modo, é comum que os pedidos ostentem o *status* de "atrasados".

Por fim, a existência de cozinhas virtuais, também conhecidas com *dark kitchens* - que são aquelas que preparam alimentos apenas para entregas, sem atendimento em loja física -, apresentou-se como um problema para os pequenos negócios, haja vista que, segundo os donos de restaurantes, as cozinhas virtuais tinham preferência nas vendas[17].

Segundo a BBC[18], tal predileção ocorre porque existe uma parceria entre os donos de investidores virtuais e as empresas de *delivery*, o que funciona da seguinte forma: as empresas de *delivery* informam o local de grande demanda de determinado alimento e escolhem investidores para a abertura de um restaurante na região indicada, o qual irá vender exclusivamente no aplicativo da empresa de *delivery*, sendo que a cozinha não precisa ser exclusiva de um produto, o que dá lugar ao *"coworking* das cozinhas". Logo, o papel do aplicativo é a propaganda, enquanto o dono do restaurante faz todo investimento.

Todos os fatores acima apontados levaram muitos dos pequenos restaurantes brasileiros à "falência", porque não auferiram o lucro esperado, perderam clientela para cozinhas virtuais e outros negócios que primeiro apareceram na tela do consumidor, além de arcar com altas taxas de utilização dos serviços de *delivery*.

É essencial salientar que, aqui, o termo "falência" é utilizado no sentido coloquial, isto é, quando o pequeno negócio

---

[16] *Ibidem.*

[17] *Ibidem.*

[18] *Ibidem.*

simplesmente "fecha as portas", considerando, inclusive, que muitas dessas pequenas empresas sequer possuem registro empresarial. A razão de ser dessa escolha é que o sentido jurídico do termo "falência" pressupõe a existência de um processo judicial complexo, em que todo o patrimônio de um empresário (seja ele pessoa natural ou jurídica) é considerado falido e arrecadado para pagamento da universalidade de credores[19].

2 A sobrevivência de pequenos restaurantes durante a pandemia do coronavírus: um paradoxo

O cenário até aqui apresentado mudou completamente durante a pandemia do novo Coronavírus (*Covid-19*). O fechamento do comércio em todo o Brasil mostrou que os obstáculos enfrentados pelos pequenos restaurantes que optaram pela utilização dos aplicativos de *delivery* como meio de divulgação da empresa não eram maiores que o risco de sucumbir à crise econômica agravada pela pandemia.

Dito de outro modo, por mais que os pequenos restaurantes tivessem prejuízos econômicos com a exposição nos aplicativos, o mais importante era possuir uma renda no final do mês e evitar o endividamento e dispensa de funcionários durante a pandemia.

Nessa conjuntura, é de fácil constatação que a maioria dos restaurantes e lanchonetes no país passou a trabalhar apenas com *delivery*, especialmente por meio dos aplicativos de celular.

Ressalta-se que, com o isolamento social, a rotina dos brasileiros mudou, uma vez que começaram a utilizar os aplicativos de *delivery* com maior frequência, por se tratar de uma opção para evitar idas aos supermercados para compra de alimentos e, consequentemente, a aglomeração e o contato físico com outras pessoas. Eis, então, o cenário ideal para os pequenos restaurantes investirem no *delivery* por aplicativo.

Não à toa, no dia 25 de maio de 2020, o Senador Randolfe Rodrigues (REDE/AP) apresentou a Proposta de Lei n° 2875/2020 com o intuito de alterar a Lei n° 13.979/2020, esta que estabelece

---

[19] NOGUEIRA, Ricardo José Negrão. **Curso de direito comercial e de empresa - recuperação de empresas, falência e procedimentos concursais administrativos.** São Paulo: Saraiva, 2020.

medidas de enfrentamento da emergência de saúde pública decorrente do coronavírus, para criar incentivos aos pequenos restaurantes em serviços de *delivery* por aplicativo[20]. Para tanto, o Projeto prevê que:

> **"Art. 3º-A** Durante o período de que trata esta Lei, a empresa que atue nos serviços remunerados de entrega (delivery), inclusive por aplicativos ou outras plataformas de comunicação em rede, de comidas, alimentos ou congêneres, reduzirá sua porcentagem de cobrança de taxas de serviços, administração e assemelhados, independentemente de se tratar de custos fixos ou variáveis, em ao menos 15% (quinze por cento), quando se tratar de microempresa ou empresa de pequeno porte, assim entendidas aquelas definidas no art. 3º, I e II, da Lei Complementar nº 123, de 14 de dezembro de 2006.

> Parágrafo único. Fica vedado o aumento dos custos de entrega de comidas, alimentos ou congêneres ao consumidor, usuário do serviço, em razão do previsto no **caput**."

Vê-se, pois, que o referido Projeto de Lei pretende limitar a taxa dos aplicativos de delivery para 15% (quinze por cento), ressaltando que, conforme já visto, essa taxa chega a 27% no aplicativo iFood. Trata-se de verdadeiro incentivo à utilização das plataformas de entrega, facilitando aos pequenos restaurantes a manutenção de suas atividades por custos menores, o que demonstra a atual preocupação do legislador em proteger o comerciante.

Além disso, desde 30 de março de 2020 tramita no Senado o Projeto de Lei nº 1179/2020[21], de autoria do Senador Antônio Anastasia (PSD/MG), o qual prevê em seu artigo 8º que "Até 30 de outubro de 2020, fica suspensa a aplicação do art. 49 do Código de Defesa do Consumidor na hipótese de produto ou serviço adquirido por entrega domiciliar (delivery)". É evidente se tratar de uma medida de proteção ao pequeno negócio, uma vez que o artigo 49

---

[20] SENADO FEDERAL. **Projeto de Lei nº 2875, de 2020.** Disponível em: <https://www25.senado.leg.br/web/atividade/materias/-/materia/142110>. Acesso em: 01 jun. 2020.

[21] SENADO FEDERAL. **Projeto de Lei nº 1179, de 2020.** Disponível em: https://www25.senado.leg.br/web/atividade/materias/-/materia/141306. Acesso em: 01 jun. 2020.

do Código de Defesa do Consumidor[22] concede ao consumidor o prazo de 7 (sete) dias para pleitear o cancelamento da compra realizada por meio não presencial. Portanto, uma vez suspensa a aplicação do aludido artigo, o consumidor não poderá desistir de compra realizada por aplicativo de *delivery*, preservando-se, assim, o pequeno empresário de prejuízo.

Estatisticamente, até o mês de março de 2020, a empresa de *delivery* Rappi registrou aumento de 30% no número de pedidos em restaurantes, farmácias e supermercados, de acordo com a Huffpost Brasil[23].

Para atrair mais usuários e manter a segurança de consumidores, empresas e entregadores, os aplicativos de *delivery* precisaram se adaptar à nova realidade mundial. Assim, os aplicativos disponibilizaram a opção de o consumidor receber a encomenda sem ter contato físico com o entregador, este que deverá deixar o produto no local informado por aquele, normalmente na portaria da residência, devendo haver distância de, no mínimo, dois metros entre ambos[24]. Vale dizer que a opção de "entrega sem contato" também serve para os funcionários dos restaurantes em relação aos entregadores[25].

Ademais, os aplicativos investiram em informação, sugerindo os usuários preferirem pagar a encomenda pelo próprio aplicativo, isto

---

[22] Art. 49. O consumidor pode desistir do contrato, no prazo de 7 dias a contar de sua assinatura ou do ato de recebimento do produto ou serviço, sempre que a contratação de fornecimento de produtos e serviços ocorrer fora do estabelecimento comercial, especialmente por telefone ou a domicílio.

Parágrafo único. Se o consumidor exercitar o direito de arrependimento previsto neste artigo, os valores eventualmente pagos, a qualquer título, durante o prazo de reflexão, serão devolvidos, de imediato, monetariamente atualizados.

[23] HUFFPOST BRASIL. **Coronavírus impulsiona delivery no Brasil e muda rotina de restaurantes e consumidores:** Com salões vazios, restaurantes investem em delivery, enquanto apps lançam medidas para reduzir contato entre fornecedores, entregadores e consumidores. 21 mar. 2020. Disponível em: <https://www.huffpostbrasil.com/entry/delivery-comida-coronavirus_br_5e6fcd76c5b63c3b6482a20a>. Acesso em: 26 abr. 2020.

[24] *Ibidem.*

[25] *Ibidem.*

é, com o uso de cartões de crédito ou débito, evitando, assim, a troca de dinheiro com o entregador[26].

Outra consequência verificada no contexto da pandemia é o fortalecimento das *dark kitchens,* estas que, consoante já dito, são cozinhas virtuais, voltadas exclusivamente para *delivery*.

Segundo a Associação Brasileira de Bares e Restaurantes[27], as *dark kitchens* já eram uma tendência para o ano de 2020. A modalidade de negócio surgiu nos Estados Unidos e possui como vantagens: dispensa de fachada e de estrutura de salão, aluguéis mais baratos, economia com mão de obra[28]. Além disso, o lucro é expressivo, pois alguns empresários do ramo sustentam aumento da lucratividade em até 50% com o *delivery*[29].

Importa ressaltar a desvantagem do crescimento da *dark kitchen*: a facilidade de cadastro nos aplicativos de *delivery* propicia a proliferação de cozinhas que não seguem as normas da vigilância sanitária[30]. Contudo, tal problema pode ser evitado se as plataformas de *delivery* possuírem mais rigor no cadastro das *dark kitchens*.

O que se pretende mostrar é que o crescimento das *dark kitchens* já era previsto para o ano de 2020, ante a promessa de redução de custo e incremento de lucros. Muito embora, não é exagero afirmar que a tendência será verificada com maior facilidade durante e após a pandemia do novo Coronavírus, pois a crise econômica se aprofunda, de modo que a nova modalidade de negócio surge como uma solução para muitos restaurantes sobreviverem.

Por todo o exposto, é de conclusão cristalina que os aplicativos de *delivery* são ferramentas essenciais para a manutenção das atividades de pequenos restaurantes no Brasil durante a pandemia do Coronavírus, o que representa um verdadeiro paradoxo com o cenário anterior à crise sanitária.

---

[26] *Ibidem.*

[27] ASSOCIAÇÃO BRASILEIRA DE BARES E RESTAURANTES (ABRASEL). **Dark Kitchens:** a nova tendência de delivery chega com força em 2020. Disponível em: <https://abrasel.com.br/revista/mercado-e-tendencias/dark-kitchens-a-nova-tendencia-de-delivery-chega-com-forca-em-2020/>. Acesso em: 21 abr. 2020.

[28] *Ibidem.*

[29] *Ibidem.*

[30] *Ibidem.*

Considerações finais

Por todo o exposto, resta evidente que a utilização dos aplicativos de *delivery* pelas pequenas empresas familiares do ramo de alimentos (restaurantes e lanchonetes) prometia aumentar a concorrência, ampliar a divulgação de produtos, otimizar a eficiência e, consequentemente, os lucros.

Todavia, o cenário encontrado no Brasil foi completamente oposto: altas taxas para utilização das plataformas digitais, promoções extremamente atraentes aos consumidores (e demasiadamente onerosas para as empresas), restrição de entrega por mera liberalidade do aplicativo, encomendas que não chegam ao destino por desídia de entregadores, dentre outros. Assim, com prejuízos maiores que os lucros, a solução para muitos dos pequenos restaurantes foi fechar as portas.

As pequenas empresas que continuaram a funcionar diante de todas as adversidades apresentadas e em meio de uma grande crise econômica no país encontram outra conjuntura durante a pandemia do novo Coronavírus: os aplicativos de *delivery* se tornaram uma solução para manter o funcionamento das atividades, uma vez que o atendimento ao público no interior dos estabelecimentos comerciais foi proibido por tempo indeterminado.

O novo contexto apresentado pela crise sanitária é de mudanças não só no mercado (como a tendência das *dark kitchens* para os próximos anos no Brasil), mas também no comportamento dos brasileiros, os quais se adaptaram à realidade virtual, passando a utilizar dos aplicativos de *delivery* para comprar as refeições, sem contar a rede de solidariedade para ajudar os pequenos negócios locais.

Vê-se, pois, um grande paradoxo: os aplicativos de *delivery* que antes representavam risco de "falência" dos pequenos restaurantes passaram a ser o porto seguro destes, uma verdadeira fonte de sobrevivência.

Referências

ASSOCIAÇÃO BRASILEIRA DE BARES E RESTAURANTES (ABRASEL). **Do celular à mesa: como os apps de delivery transformam o mercado de bares e restaurantes**. 30 jan. 2020.

Disponível em: <https://abrasel.com.br/noticias/noticias/do-celular-a-mesa-como-os-apps-de-delivery-transformam-o-mercado-de-bares-e-restaurantes/>. Acesso em: 21 abr. 2020.

______. **Dark Kitchens:** a nova tendência de delivery chega com força em 2020. Disponível em: <https://abrasel.com.br/revista/mercado-e-tendencias/dark-kitchens-a-nova-tendencia-de-delivery-chega-com-forca-em-2020/>. Acesso em: 21 abr. 2020.

BBC NEWS BRASIL. **Como apps de entrega estão levando pequenos restaurantes à falência.** 8 fev. 2020. Disponível em: <https://www.bbc.com/portuguese/geral-51272233>. Acesso em: 21 abr. 2020.

BRASIL. **Lei nº 8.078, de 11 de setembro de 1990**. Dispõe sobre a proteção do consumidor e dá outras providências. Disponível em: http://www.planalto.gov.br/ccivil_03/Leis/L8078.htm.

IBGE. **Comer fora de casa consome um terço das despesas das famílias com alimentação**. 04 de outubro de 2019. Disponível em: <https://agenciadenoticias.ibge.gov.br/agencia-noticias/2012-agencia-de-noticias/noticias/25607-comer-fora-de-casa-consome-um-terco-das-despesas-das-familias-com-alimentacao>. Acesso em: 16 abr. 2020.

HUFFPOST BRASIL. **Coronavírus impulsiona delivery no Brasil e muda rotina de restaurantes e consumidores:** Com salões vazios, restaurantes investem em delivery, enquanto apps lançam medidas para reduzir contato entre fornecedores, entregadores e consumidores. 21 mar. 2020. Disponível em: <https://www.huffpostbrasil.com/entry/delivery-comida-coronavirus_br_5e6fcd76c5b63c3b6482a20a>. Acesso em: 26 abr. 2020.

IFOOD. Disponível em: <https://restaurante.ifood.com.br/>. Acesso em: 21 abr. 2020.

NOGUEIRA, Ricardo José Negrão. **Curso de direito comercial e de empresa - recuperação de empresas, falência e procedimentos concursais administrativos.** São Paulo: Saraiva, 2020.

SEBRAE. **Empresários da indústria, construção, comércio e serviços no Brasil** (2003 - 2013). Maio 2015. Disponível em: <www.bis.sebrae.com.br/bis/download.zhtml?t=D&uid=69e563d410f230c0e5004f1d1998567a>. Acesso em: 21 abr. 2020.

______. **Bares e restaurantes:** um setor em expansão. 1 set. 2019.

Disponível em: https://sebrae.com.br/sites/PortalSebrae/artigos/bares-e-restaurantes-um-setor-em-expansao,1038d53342603410VgnVCM100000b272010aRCRD. Acesso em: 21 abr. 2020.

SENADO FEDERAL. **Projeto de Lei nº 2875, de 2020.** Disponível em: <https://www25.senado.leg.br/web/atividade/materias/-/materia/142110>. Acesso em: 01 jun. 2020.

______. **Projeto de Lei nº 1179, de 2020.** Disponível em: https://www25.senado.leg.br/web/atividade/materias/-/materia/141306. Acesso em: 01 jun. 2020.

VIEGAS, Cláudia Mara de Almeida Rabelo. BONFIM, Gabrielle Cristina Menezes Ferreira. Governança corporativa nas empresas familiares: Profissionalização da administração e viabilidade na implantação de planos jurídico-sucessórios eficientes. Disponível em <http://www.lexmagister.com.br/doutrina_27199695_governanca_corporativa_nas_empresas_familiares_profissionalizacao_da_administracao_e_viabilidade_na_implantacao_de_planos_juridico_sucessorios_eficientes.aspx>. Acesso em 21 abr. 2020.

O direito de acesso à justiça em cenário pandêmico: o papel da Defensoria Pública na proteção de grupos vulneráveis

Lucas Miguel Medeiros de Oliveira Santos

1 A Covid – 19 e suas repercussões no direito de acesso à justiça

O surto pandêmico por Covid-19 mudou, talvez permanentemente, as relações sociais no Brasil e no mundo. Ainda é difícil definir todas as consequências políticas, econômicas, sociais e jurídicas do fenômeno.

No campo da economia, há estudos que apontam uma redução de 1,21% na taxa de crescimento do PIB nacional para 2020, já considerando as políticas governamentais para enfrentamento da crise em saúde pública (PORSSE; SOUZA; CARVALHO, 2020).

O isolamento social, método adequado para diminuir a rápida propagação do vírus, transforma o modo de se relacionar humano. Os abraços e cumprimentos precisam ser substituídos pelo "toque de cotovelo"; as visitas na casa de parentes são substituídas por chamadas de vídeo; as apresentações musicais e culturais passam a acontecer em *lives*.

Na atividade jurídica, os trabalhos remotos ganham espaço e escritórios de advocacia, instituições como a Defensoria Pública e unidades jurisdicionais adotam o teletrabalho.

Quanto ao processo, é nítido sua capacidade de adequação para continuar com sua utilidade de solucionar os conflitos intersubjetivos ou coletivos. Medidas podem ser vistas em quase todo o sistema judiciário brasileiro com o intuito de prestigiar um processo que seja capaz de apresentar resultados (MACEDO, 2020, p.2), mesmo em um cenário de isolamento social, com todo sua repercussão política e economia.

Assim, são adotados instrumentos para a continuidade dos processos. Alguns tribunais passam a utilizar o sistema de audiências virtuais por meio de aplicativos, os processos virtuais se encontram com prazos em curso após um breve período de suspensão e, na medida do possível, se tenta dar continuidade à atividade jurisdicional.

É o Direito tentando se adequar ao cenário imposto para continuar servindo ao seu fim. Almeida e Pinto (2020) analisa que, se por um lado o cenário pandêmico causa inúmeros efeitos negativos na prestação jurisdicional, a situação de necessidade de isolamento social impõe um estímulo aos negócios jurídicos processuais, métodos consensuais de solução de conflitos e utilização de uso de meios alternativos para impulsionamento dos atos processuais, como a videoconferência para realização de audiências em ambientes virtuais.

Não obstante, as formas alternativas que permitem dar continuidade a prestação jurisdicional se encontram distantes de grande parte da população, que em cenário de crise tende a ser o mais afetado.

Grupos vulneráveis são aqueles que mais precisam ser protegidos em cenários de fragilidade social como a que foi imposta pela Covid-19, no entanto, sua própria vulnerabilidade dificulta seu acesso ao sistema de justiça em tempos pandêmicos.

Em situações de crise, os indivíduos e grupos que mais sofrem tendem a ser aqueles que no cotidiano são caracterizados pela sua vulnerabilidade. Pobres, moradores de rua, mulheres em situações de violência doméstica, consumidores, idosos, crianças e adolescentes, todos esses grupos podem ter suas vulnerabilidades agravadas caso não haja uma atuação do poder estatal para os proteger.

A rede internacional de cooperação em volta do *Global acess to Justice Project*, conseguiu reunir dados que demonstram as respostas de países à proteção de grupos vulneráveis. Entre os dias 07 e 27 de abril de 2020, o projeto circulou um questionário especialmente idealizado para os pesquisadores do projeto localizados ao redor do mundo. Especialistas de cada país responderam ao questionário e forneceram dados quantitativos e qualitativos em relação a cinquenta e um países, inclusive o Brasil.

Os resultados podem ser divididos em quatro categorias: 1) visão geral dos impactos do Covid-19; 2) medidas especiais adotadas para reduzir os impactos negativos do Covid-19 em grupos vulneráveis; 3) medidas especiais adotadas pelos sistemas judiciais para mitigar o impacto negativo do Covid-19; 4) medidas especiais adotadas pelos sistemas de assistência jurídica para mitigar o impacto negativo do Covid-19 em relação ao acesso aos serviços jurídicos.

O resultado na segunda categoria demonstra que a maioria dos governos deixaram de estabelecer medidas para a proteção de grupos vulneráveis, que podem sofrer impactos desproporcionais por conta da Covid-19 e seus efeitos. A pesquisa demonstra que 86% dos Estados criaram políticas de garantir acesso a benefícios sociais, reduzindo os impactos econômicos da pandemia. Mas 63% não propuseram quaisquer soluções habitacionais para pessoas em situação de rua, 53% não adotou nenhuma medida específica para prevenir a violência de gênero e familiar durante a quarentena e 92% para reduzir a propagação no sistema prisional adotaram restrições à visitação, em vez de dar enfoque em medidas alternativas como soltura (47%) e transferência de presos para celas individuais (14%) (GLOBAL ACESS TO JUSTICE PROJECT, 2020).

Nesse cenário, temos a percepção que em momentos de crise, como a causada pela Covid-19, com repercussões sociais, econômicas e jurídicas, os grupos vulneráveis demandam atenção devido à um possível agravamento de sua situação.

Pelo exposto, pergunta-se: qual o papel da Defensoria Pública na proteção de grupos que tendem a ser os mais afetados pelos efeitos da Covid-19? A resposta pode advir de uma análise em seu papel na garantia do direito de acesso à justiça e sua função de *custos vulnerabilis*.

2 Acesso à Justiça, Defensoria Pública e proteção à grupos vulneráveis

Leonardo e Gardinal (2020, p.148) aponta que a concepção moderna de acesso à justiça não se confunde com o mero acesso ao Poder Judiciário. O que caracteriza esse direito é um conjunto de valores não restritos ao sistema processual que viabilize a possibilidade de se valer do sistema judicial de forma adequada ou que haja segurança de suas próprias soluções em vias extrajudiciais.

Conforme analisa Mauro Cappelletti e Bryan Garth (1988), os obstáculos são dos mais variados para a efetivação desse direito: o valor das custas judiciais; o tempo necessário para resolução do litígio; a possibilidade desigual entre as partes de acordo com seus recursos financeiros, suas aptidões para reconhecer um direito e propor ação ou defesa, suas habitualidades com o sistema judicial e o mais recente obstáculo que se volta a concretização de direitos difusos.

Nesse contexto, a Defensoria Pública surge e evolui no sentido de se tornar um instrumento que retire, ou pelo menos mitigue, as barreiras que impedem o gozo desse direito.

O art. 5º, inciso LXXIV, da Constituição, preconiza o dever do Estado em garantir assistência jurídica integral e gratuita àqueles que não possuírem suficiência de recurso. Dessa importância dada ao acesso à justiça, se cria uma instituição específica para assegurar a defesa de interesses dos necessitados.

Ao tratar no Capítulo IV das funções essenciais à justiça, a Constituição dispõe sobre uma instituição que seria fundamental para a concretização desse direito, a Defensoria Pública.

Por meio da Emenda Constitucional n. 80 de 2014, se altera o art. 134 da Constituição e eleva a Defensoria à instituição de caráter permanente e de função democrática, com o objetivo de promover os direitos humanos e a defesa, em todos os graus, judicial e extrajudicial, dos direitos individuais e coletivos, de forma integral e gratuita, aos necessitados.

A Instituição passa a ser, por designação constitucional, expressão e instrumento do regime democrático, que para Maia (2015) significa dizer ser agente plural e combatente na promoção do pluralismo, na institucionalização de demandas de grupos vulneráveis e na defesa da emancipação das vozes que ecoam na seara social, política e jurídica.

Dessa forma, a Defensoria Pública passa a ser o principal instrumento de concretização das ondas renovatórias como propostas por Mauro Cappelletti (1988) ao buscar remover os óbices econômicos de acesso à justiça (1º onda), promover a proteção de direitos difusos e coletivos (2º onda) e simplificar procedimentos de desjudicialização dos conflitos fomentando medidas alternativas de justiça (3º onda).

Percebe-se que o texto constitucional é taxativo ao estipular que a atividade defensorial se volta aos necessitados, o que impõe a primeira dificuldade hermenêutica: qual o alcance do termo "necessitados" e, portanto, quais os limites de atuação da Defensoria.

Definir os limites da atuação defensorial envolve diretamente discutir a amplitude do termo "necessitados" utilizado pela Constituição em seu art. 134.

Braslavsky e Seixas (2016, p. 21), chama atenção para o fato de que não se deve definir de forma taxativa quem são os indivíduos ou quais são os grupos que podem ser considerados como necessitados ou vulneráveis.

Em análise infraconstitucional, é evidente a existência de, pelo menos, duas categorias de necessitados, assim nomenclatura utilizada pela Constituição. A primeira categoria corresponderia aos necessitados econômicos, definidos pela lei n. 1.060 de 5 de fevereiro de 1950.

Por outro lado, temos a figura dos necessitados organizacionais, que abrange aqueles grupos socialmente vulneráveis como idosos, consumidores, portadores de deficiência ou outros grupos minoritários que mereçam proteção especial do Estado, nos termos do art. 4º, inc. XI da lei complementar n. 80/1994, alterada pela lei complementar n. 132/2009.

Assim, por atribuição legal e constitucional, a Defensoria Pública é responsável pela proteção de grupos vulneráveis e de seus direitos individuais e coletivos.

Fruto dessa evolução de seu papel institucional, houve uma alteração na lei da ação civil pública. A lei n. 11.448 de 2007 adicionou em seu rol de legitimados a Defensoria. Até então, consoante o art. 5º da mencionada lei, estavam legitimados para propor a ação apenas o Ministério Público, a União, Estados, Municípios. Além de autarquias, empresas públicas, fundações, associações e sociedades de economia mista desde que atingisse alguns requisitos que se seguiam nos incisos do artigo.

A Associação Nacional dos Membros do Ministério Público, através da Ação Direta de Inconstitucionalidade (ADI) n. 3.493, questionou a alteração promovida pela lei n. 11.448 de 2007, suscitando a inconstitucionalidade do inciso II que incluiu no rol de legitimados para propor a ação as Defensorias Públicas.

Em resumo, os argumentos levantados pelo autor se cingiam no seguinte ponto: a inclusão das Defensorias afrontaria os arts. 5º, inciso LXXIV, e o art. 134, ambos da Constituição brasileira, uma vez que esses artigos não dispõem sobre legitimidade para defesa dos interesses da coletividade, mas sim necessitados, ou seja, aqueles que possuem recursos insuficientes para se defender judicialmente ou que precisam de orientação jurídica e, portanto, identificáveis.

De fato, quando da propositura da ação, em 16 de agosto de 2007, os mencionados artigos não continham expressamente um dever institucional de proteção a direitos difusos ou de coletividades e, por isso, sujeitos que podem ser não identificáveis.

Não obstante, com as atribuições do papel democrático atribuído às defensorias e, no âmbito do direito positivo, com as transformações promovidas pela EC n. 80/2014, que somente veio a espelhar o que já era previsto pelo art. 4º, inc. XI da lei complementar n. 80/1994, os deveres da instituição se expandem para a proteção não somente de indivíduos economicamente vulneráveis, mas também àqueles que possuem outros tipos de vulnerabilidade.

A ADI foi julgada improcedente. Com a decisão, o Supremo Tribunal Federal (STF) acaba por ratificar a atribuição dada à instituição para a defesa dos direitos difusos e coletivos e permite a ampliação dos instrumentos de acesso à justiça, adotando um conceito amplo de necessitado.

Em conclusão, o papel institucional da Defensoria Pública, como delineado pela Constituição e pela legislação infraconstitucional, bem como vem sendo tratado pela doutrina e pelo STF, lhe impõe o dever de defesa de grupos vulneráveis e de seus interesses individuais e coletivos.

Em tempos de crises sociais e econômicas, como a causada pela Covid-19, a Defensoria possui responsabilidade institucional de se voltar aos grupos que tem sua vulnerabilidade acentuada. Como instrumento de acesso à justiça, é seu dever promover condutas judiciais e extrajudiciais, junto a instituições públicas e privadas, que contemplem os interesses de grupos vulneráveis, agindo como verdadeiro veículo de institucionalização dessas vozes.

3 Breve análise de caso concreto: atuação da defensoria pública de Pernambuco na proteção de grupos vulneráveis

A atuação da Defensoria Pública do Estado de Pernambuco (DPPE) se concentrou em duas ferramentas: a recomendação institucional e a ação civil pública.

As recomendações são utilizadas pela Defensoria Pública quando da constatação ou possibilidade de violações de direitos de vulneráveis. Tal instrumento se harmoniza com o artigo 4º, incisos II e X, da LC 80/94 que apontam que são funções institucionais da Defensoria Pública a promoção prioritária da solução extrajudicial de conflitos, bem como a realização da mais ampla defesa dos direitos fundamentais dos necessitados.

No cenário imposto pela pandemia se verificou o uso dessa ferramenta como forma de dialogar com instituições públicas e privadas no interesse de grupos vulneráveis. Entre 17 de março e 17 de abril de 2020 foram um total de treze recomendações que se voltaram à sujeitos diversos como as empresas aéreas LATAM, GOL e AZUL, empresas distribuidoras de água e energia, prefeituras e governos.

Nessas recomendações, a DPPE observou: 1) a presença de uma situação de vulnerabilidade de determinado grupo; 2) inércia do sujeito responsável por mitigar essa vulnerabilidade.

Os moradores de rua, por exemplo, foram responsáveis por diversos diálogos entre a Defensoria Pública, Estado e Municípios. As recomendações n. 03/2020 e 04/2020, além das recomendações administrativas conjuntas n. 03/2020 e 04/2020, buscaram junto aos Poderes Públicos uma série de medidas a serem tomadas para diminuir os riscos a essa população, como: a) manutenção do funcionamento dos equipamentos e serviços que atendam à população em situação de rua; b) continuidade de benefícios eventuais, tais como aluguel social e auxílio- moradia; c) pagamento de benefícios eventuais, tais como aluguel social ou auxílio moradia para toda a população em situação de rua enquanto perdurar a pandemia de Covid-19; d) ampliação do fornecimento de alimentação à população em situação de rua, durante a emergência de saúde, para 3 (três) refeições diárias a serem fornecidas a todas e todos que procurarem os equipamentos municipais, independente de cadastro prévio e f) fornecimento de álcool gel, máscaras faciais de proteção descartáveis e material informativo sobre a Covid-19 nos equipamentos e serviços que atendam à população em situação de rua.

As recomendações deixam evidente o papel de protagonismo que a Defensoria pode assumir em cenários de crise como a que ocorre em face da Covid-19. Mesmo que sem força coercitiva, elas demonstram um diálogo constante com diversos setores, públicos e privados, da sociedade. Demonstra um esforço da instituição em tutelar interesses de grupos vulneráveis sem que para isso necessite do medidas judiciais.

Por outro lado, quando o diálogo é incapaz de tutelar os interesses coletivos desses grupos vulneráveis, a DPPE se valia de um instrumento processual de defesa coletiva: a Ação Civil Pública.

No mesmo período das recomendações foram três ações voltadas a tutelar direitos de grupos vulneráveis. Duas delas voltadas a consumidores e uma a moradores de rua. Por meio dessas ações, a DPPE conseguiu por meio de tutela de urgência garantir a continuidade na prestação de serviços essenciais, como o fornecimento de energia e de água, mesmo em caso de inadimplência.

A utilização desses instrumentos demonstra a plena capacidade da Defensoria Pública em se tornar protagonista em situações de crise. Seja pelo uso das recomendações, seja com a propositura de ações civis públicas, a Defensoria quando atuante pode beneficiar milhares de pessoas pertencentes a grupos vulneráveis, que em crises costumam ser os mais atingidos.

Demonstra-se que diante do cenário causado pela Covid-19, a Defensoria, em Pernambuco, por meio de atuação institucional conseguiu manter diálogo com setores empresariais em benefício de grupos vulneráveis e, judicialmente, conseguiu medidas concretas garantindo a continuidade no serviço de fornecimento de água e energia, ainda que em caso de inadimplência, contemplando milhares de consumidores.

O estudo demonstra a importância da instituição cujo amadurecimento pode ser fundamental para dar voz a grupos que tem sua vulnerabilidade acentuada em cenários de crise, evitando, dessa forma, transgressão à direitos fundamentais e, em última instância, concretizando o direito de acesso à justiça.

Referências

ALMEIDA, Marcelo Pereira de; PINTO, Adriano Moura da Fonseca. Os impactos da pandemia de COVID 19 no Sistema de Justiça – algumas reflexões e hipóteses. **Juris Poiesis**, Rio de Janeiro, v. 23, n. 31, p. 1-15, abr. 2020. Disponível em: https://bit.ly/2AidRha. Acesso em: 03 maio 2020.

BAHIA, Saulo José Casali (Org.). Direitos e deveres fundamentais em tempos de coronavírus / organização de Saulo José Casali Bahia. São Paulo: Editora Iasp, 2020. - 297p.

BRASIL. [Constituição (1988)]. **Constituição da República Federativa do Brasil de 1988**. Brasília, DF: Presidência da República, [2016]. Disponível em: <https://bit.ly/2wYWgJO>.

Acesso em: 02 abr. 2020.

__________. Lei n. 1.060, de 05 de fevereiro de 1950. **Estabelece normas para a concessão de assistência judiciária aos necessitados**. Brasília, Disponível em: https://bit.ly/2Tipk6Q. Acesso em: 19 maio 2020.

__________. Lei n. 11.448, de 15 de janeiro de 2007. **Altera o art. 5o da Lei no 7.347, de 24 de julho de 1985, que disciplina a ação civil pública, legitimando para sua propositura a Defensoria Pública**. Brasília, Disponível em: https://bit.ly/3cI65eF. Acesso em: 19 de maio 2020.

__________. Supremo Tribunal Federal, ADI 3943, Relª Min. Cármen Lúcia, Tribunal Pleno, J. 07.05.2015, acórdão eletrônico, DJe-154, Divulg. 5.08.2015, Publ. 06.08.2015. Disponível em: https://bit.ly/3e0eHgN. Acesso em: 19 de mio 2020.

__________. Superior Tribunal de Justiça. Resp n. 1192577. Rel. Min. Laurita Vaz. Tribunal Pleno, J. 21.10.2015, acórdão eletrônico, DJe publ. 13.11.2015. Disponível em: https://bit.ly/2LKE0HI. Acesso em: 21 mai 2020.

BRASLAVSKY, Luiza Lofiego; SEIXAS, Bernardo Silva de. A Legitimidade Coletiva da Defensoria Pública enquanto Instrumento Fortalecedor da Tutela dos Múltiplos Vulneráveis Sociais e a Superação do Critério meramente Econômico. **Actio,** Paraná, v. 2, n. 26, p. 08-40, jul./dez. 2016. Semestral. Disponível em: https://bit.ly/2WLnFJ4. Acesso em: 20 maio 2020.

CAPPELLETTI, Mauro; GARTH, Bryant. **Acesso à Justiça.** Porto Alegre: Fabris, 1988.

__________. Recomendação administrativa n. 03/2020. **Diário Oficial do Estado de Pernambuco**. Recife, ano XCVII, n. 13, 21 de março de 2020. Disponível em: https://bit.ly/2Ze3vZN. Acesso em: 14 mai. 2020.

__________. Recomendação administrativa n. 04/2020. **Diário Oficial do Estado de Pernambuco**. Recife, ano XCVII, n. 13, 21 de março de 2020. Disponível em: https://bit.ly/2Ze3vZN. Acesso em: 14 mai. 2020.

__________. Recomendação administrativa conjunta n. 03/2020. **Diário Oficial do Estado de Pernambuco**. Recife, ano XCVII, n. 13, 21 de março de 2020. Disponível em: https://bit.ly/2Ze3vZN. Acesso em: 14 mai. 2020.

__________. Recomendação administrativa conjunta n. 04/2020. **Diário Oficial do Estado de Pernambuco**. Recife, ano XCVII,

n. 13, 21 de março de 2020. Disponível em: https://bit.ly/2Ze3vZN. Acesso em: 14 mai. 2020.

ESTEVES, Diogo; SILVA, Franklyn Roger Alves; AZEVEDO, Júlio. Uma análise global do acesso à Justiça em tempos de pandemia. **Conjur**, 06 maio 2020. Disponível em: https://bit.ly/2MewIMt. Acesso em: 20 maio 2020.

FENSTERSEIFER, Tiago. **Defensoria pública, direitos fundamentais e ação civil pública:** a tutela coletiva dos direitos fundamentais (liberais, sociais e ecológicos) dos indivíduos e grupos sociais necessitados. São Paulo: Saraiva, 2015, p. 169.

LUIZ LEONARDO, César Augusto; BUZETE GARDINAL, Aline. O Papel da Defensoria Pública como Instrumento de Efetivação do Acesso à Justiça aos Vulneráveis. **Direito Público**, [S.l.], v. 17, n. 91, mar. 2020. ISSN 2236-1766. Disponível em: <https://bit.ly/2wQMs4z>. Acesso em: 03 abr. 2020.

MACEDO, Elaine (org.). A Judicialização dos Conflitos e a Pandemia do Covid-19. Ajuris, Porto Alegre. P. 1-36. Disponível em: https://bit.ly/3eoZWVk. Acesso em: 20 maio 2020.

MAIA, Maurilio Casas. A legitimidade coletiva da Defensoria Pública para a tutela de segmentos sociais vulneráveis. **Revista de Direito do Consumidor**, v. 101, p. 351-383, set./out. 2015.

__________, Maurilio Casas. Expressão e Instrumento do Regime Democrático? 'communitas', 'vulnerabilis et plebis' - Algumas Dimensões da Missão do Estado Defensor. **Empório do Direito**. 29 de agosto de 2015. Disponível em: https://bit.ly/2zgYLbh. Acesso em: 20 maio 2020.

MARINONI, Luiz Guilherme; MITIDIERO, Daniel; ARENHART, Sérgio Cruz. Novo curso de processo civil: tutela dos direitos mediante procedimentos diferenciados. São Paulo, SP: **Revista dos Tribunais**, 2015. v. 3 ISBN 978-85203-6708-7.

MATIAS, Hugo Fernandes. O uso de recomendações na atuação institucional da Defensoria Pública. **Conjur**, 14 maio 2019. Disponível em: https://bit.ly/2A2LumE. Acesso em: 21 maio 2020.

PERNAMBUCO. 3ª Vara Cível da Capital (seção B). Decisão Com Força de Tutela processo n. 0015970-08.2020.8.17.2001. **Processo Judicial Eletrônico**. Recife, 2020.

__________. 4ª Vara da Fazenda Pública da Capital. Decisão Com Força de Tutela processo n. 0017821-82.2020.8.17.2001.

Processo Judicial Eletrônico. Recife, 2020.

__________. 33ª Vara Cível da Capital (seção A). Decisão Com Força de Tutela processo n. 0016251-61.2008.8.17.2001. **Processo Judicial Eletrônico**. Recife, 2020.

PORSSE, A. A.; Souza, K. B. de; Carvalho, T. S.; Vale, V. A. **Impactos Econômicos do COVID-19 no Brasil.** Nota Técnica NEDUR-UFPR N. 01-2020, Núcleo de Estudos em Desenvolvimento Urbano e Regional (NEDUR) da Universidade Federal do Paraná, Curitiba, abril/2020.

A Covid-19 e a suspensão dos prazos nos processos eletrônicos

LUCIANA GODOY DE MELLO MOTTA

Todas as pessoas viviam suas rotinas de forma organizada ou não, mas cada um de nós possuía seus hábitos diários, até surgir, de forma completamente imprevisível, uma pandemia mundial – doença infecciosa causada por um coronavírus (COVID-19). Visando conter a doença e não sobrecarregar o sistema de saúde, vários países adotaram como medidas o distanciamento e isolamento sociais, bem como a quarentena. Alguns exemplos dessas medidas se refletem na restrição de determinadas atividades como o fechamento de escolas; mercados públicos; escritórios; e todos os estabelecimentos considerados de natureza não essencial; cancelamento de eventos; estímulo ao teletrabalho; objetivando evitar aglomerações de pessoas e a propagação do vírus.

Dentro desse cenário surgiu uma verdadeira revolução tanto na forma como cada cidadão passou a enxergar a implementação de tais medidas, provocando discussões e polêmicas dentro dos relacionamentos interpessoais, como também as várias implicações relacionadas à paralisação das atividades profissionais com intervenção direta na economia.

Com o intuito de proteger a saúde dos cidadãos, medidas intempestivas foram tomadas muitas vezes sem prever consequências advindas da paralisação de tais atividades, resultando no aumento da inadimplência, no desemprego e na fome.

Foram adotados critérios delimitando à essencialidade de alguns serviços, desconsiderando muitas vezes as implicações que outros serviços considerados não essenciais poderiam advir na vida de milhares de cidadãos.

Não poderia ser diferente o impacto decorrente da paralisação das atividades no que se relaciona ao acesso à Justiça. Com o propósito de normatizar e fiscalizar às atividades do Poder Judiciário durante esse período de calamidade pública reconhecida pelo Decreto Legislativo nº 06 de 2020 foram editadas algumas Resoluções desde o início da pandemia por parte do Conselho

Nacional de Justiça (CNJ), iniciando com a Resolução 313/2020, posteriormente foram editadas as Resoluções 314 e 318 de 2020, e a última Resolução foi editada em 02 de junho do corrente ano de número 322 dispondo a respeito da retomada das atividades jurisdicionais.

Apesar da natureza essencial da atividade jurisdicional, assim denominada nas próprias resoluções do CNJ, operadores do direito foram surpreendidos com a suspensão dos prazos inclusive nos processos eletrônicos (Resolução 313/2020) durante determinado período da pandemia, mais especificamente de 19 de março de 2020 à 30 de abril do mesmo ano. Os processos eletrônicos utilizados por meio da plataforma digital – Pje, criados pela Lei número 11.419/2006 (Lei do Processo Eletrônico) e instituídos em todos os Tribunais do País bem antes do surgimento da COVID-19 é uma plataforma que possibilitou a celeridade processual com a prática de atos jurídicos e acompanhamento de processos de forma remota.

Além de disciplinado pela Lei nº 11.419 de 19 de dezembro de 2006, a Resolução nº 185 de 18 de dezembro de 2013 do CNJ também instituiu o Processo Judicial Eletrônico para informatizar a tramitação de processos no âmbito do Poder Judiciário. No Estado de Pernambuco em outubro de 2019 já existiam mais de 1,2 milhão de processos tramitando de forma eletrônica[1].

O Código de Processo Civil – Lei nº 13.105/15 também dispôs em vários artigos sobre a possibilidade dos operadores do direito exercerem o trabalho de modo telepresencial ao disciplinar a prática de atos processuais por meio de videoconferência ou outro meio tecnológico de transmissão de sons e imagens em tempo real no art. 236, § 3º, com a colheita de depoimento pessoal no art. 385, § 3º e inclusive a realização de sustentação oral por meio desses mesmos instrumentos no art. 937, § 4º.

Como bem lembrado por Haroldo Lourenço já existem em larga operação câmaras online de mediação, conciliação e arbitragem que contribuem com a solução de litígios, de grande utilidade inclusive para esse período de quarentena, munidas de

---

[1]BRASIL. PJe passa a funcionar nas seções cíveis e de direito público no TJPE. Disponível: https://www.cnj.jus.br/pje-passa-a-funcionar-nas-secoes-civeis-e-de-direito-publico-no-tjpe/#:~:text=185%2C%20 de%2018%20de%20dezembro,no%20%C3%A2mbito%20do%20Poder %20Judici%C3%A1rio. 23 de outubro de 2019. Acesso em: 03/06/2020.

aparelhamento tecnológico hábil suficiente para a efetividade dos procedimentos de modo tele presencial[2].

Diante desse motivo de força maior gerado pela propagação do Coronavírus, a solução encontrada foi a de suspender provisória e imediatamente o curso dos prazos de todos os processos judiciais, incluindo os processos eletrônicos em todo o país, permitindo-se a prática de atos considerados urgentes.

Para os autores Fernando da Fonseca Gajardoni, Luiz Dellore, André Vasconcelos Roque e Zulmar Duarte de Oliveira Junior a verdadeira definição de prazo é aquela que estabelece uma distância entre dois termos, inicial e final em que determinado fato jurídico pode ser realizado. O tempo é apreendido pelo direito, influindo e marcando definitivamente, principalmente nas regulações sobre procedimentos. Portanto, prazo, enquanto expressivo da secção do tempo, nada mais é do que a distância entre dois fatos, atos ou, melhor dizendo, dois termos. É a quantidade de tempo compreendida entre eles, no que empregamos as unidades de tempo.[3]

Por outro lado, levando-se em conta que a prática de atos processuais por meio do PJE já era realizada de forma remota e eletronicamente, e dentre as medidas relacionadas à contenção do vírus estava justamente o estímulo ao teletrabalho, a suspensão dos prazos especificamente no âmbito dos processos eletrônicos além de medida incongruente com a finalidade principal de evitar a transmissão da doença, contribuiu com prejuízos principalmente de ordem financeira não só para a classe dos advogados como para as partes do processo.

Como uma forma de reconhecer a incongruência da medida implementada pela Resolução 313/2020, foi editada posteriormente a Resolução 314/2020 retomando os prazos processuais dos autos eletrônicos com início no dia 04 de maio de 2020, e permanecendo suspensos os feitos que tramitam em meio físico enquanto perdurar

---

[2] LOURENÇO, HAROLDO. A quarentena, soluções processuais e o futuro. 31 de março de 2020. Disponível: http://genjuridico.com.br/2020/03/31/quarentena-solucoes-processuais-futuro/. Acesso em: 03 de junho de 2020.

[3] GAJARDONI, Fernando da Fonseca; Dellore, Luiz; ROQUE, André Vasconcelos; OLIVEIRA JUNIOR, Zulmar Duarte de. Teoria geral do processo: comentários ao CPC de 2015; parte geral. 3. ed, São Paulo: Forense, 2019. p. 601

o regime diferenciado de trabalho durante a pandemia.

Há doutrinadores como Leonardo Carneiro da Cunha que entendem que a Resolução de número 313 na verdade procurou resguardar a segurança jurídica dos jurisdicionados. Segundo o autor: *"A tutela da confiança garante tranquilidade ao jurisdicionado que observou, fiel e corretamente, a previsão de suspensão dos prazos processuais"*[4], fundamentando seu entendimento no caput e no parágrafo único do art. 30 da Lei de Introdução do Direito Brasileiro.

Contudo, a Resolução de número 314, editada posteriormente, finalmente considerou a necessidade de garantir condições que possibilitassem à continuidade do trabalho do Poder Judiciário durante as medidas de isolamento/distanciamento sociais com a interrupção da suspensão dos prazos especificamente no âmbito dos processos eletrônicos.

---

[4] CUNHA, Leonardo Carneiro da. Covid-19: Quais os reflexos do estado de calamidade pública para o processo? 06 de abril de 2020. Disponível: http://genjuridico.com.br/2020/04/06/reflexos-estado-de-calamidade-publica/. Acesso em: 03 de junho de 2020.

Experimentos de ritos jurídicos na pandemia: o que restará perpetuado?

Luciana Santos Silva
Jacson Santos Cupertino

1 Considerações iniciais

A pandemia da Covid-19 vem alterando de forma brusca *ethos* individuais e coletivos. O primeiro alerta à Organização Mundial de Saúde/OMS foi dado pela China em 31/12/2019, quando detectaram inúmeros casos de "pneumonia desconhecida" em Wuhan. Com o avanço da pandemia e a irradiação de suas consequências pelo mundo, em ritmo frenético, novas regras de socialização foram impostas nesse período no sentido de salvaguardar a saúde da população frente a esta crise, o que paralelamente ocasionou e ainda ocasionará uma série de impactos sobre as mais diferentes áreas além da saúde tais como: social, econômica e política.

Desta forma, seria impossível a ciência jurídica ficar distante de tudo isso já que trata diretamente do comportamento humano na sociedade. Neste momento os governos estaduais e municipais, seguindo orientações da OMS, passaram a praticar o distanciamento social em cada região, mesmo a contragosto do presidente da república, que colocou a economia em patamar superior à vida não se harmonizando com as determinações dos demais entes da federação.

No meio dessa batalha, corroborando a importância do campo jurídico no cenário de pandemia, o plenário virtual do STF decidiu que a competência, de temas que envolvessem o combate ao Coronavírus, seria concorrente entre a união, estados e municípios.

No combate a pandemia cientistas da área de infectologia no mundo afirmam que a forma de prevenção mais indicada para o momento seria o isolamento social, medida mais prudente vez que não há vacinas ou medicamentos para conter a disseminação rápida do vírus. Assim pessoas e instituições experimentam novos modelos de sociabilidade visando prevenir a contaminação. A diminuição forçada da proximidade física entre os indivíduos vem potencializado o uso da tecnologia como mediadora do contato social seguro. É nesse contexto de adaptação que nos propomos a analisar as estratégias utilizadas pelo Poder Judiciário para as atividades afetas ao sistema penal com recorte na videoconferência que voltou à tona com toda força após o anúncio da pandemia da Covid-19.

O Decreto 5.015 de 2004 que introduziu no Brasil a Convenção das Nações Unidas contra o Crime Organizado Transnacional, com o objetivo de promover a cooperação para prevenir e combater com maior eficácia a criminalidade organizada transnacional, trouxe a previsão de utilização da videoconferência (arts. 18, § 18 e 24, § 2, alínea b).

A Lei 11.819/2005 do estado de São Paulo sob o fundamento de evitar o deslocamento de presos a um custo estatal e risco social alegados como alto, autorizava juízes a interrogar os acusados, ou mesmo franqueá-los à participação das oitivas de testemunhas, sem suas presenças físicas nas salas de audiência, por meio da televisão. A referida lei foi declarada inconstitucional na Suprema Corte do país (Habeas Corpus 90900), sob o fundamento que estado-membro não possui competência para legislar em matéria processual penal.

No ano de 2009 o congresso nacional promulgou a Lei n° 11.900 a qual autoriza que o interrogatório e atos processuais pudessem ser realizados por meio de videoconferência, com a ressalva constante no §2° do artigo 1° que determina categoricamente que tais audiências seriam uma excepcionalidade sendo imprescindível decisão fundamentada. Essa lei alterou os artigos 185 e 222 do Código de Processo Penal e acrescentando, ainda, o art. 222-A ao referido Diploma estando os mesmos em plena vigência.

Instalada a pandemia no Brasil, houve a implementação das sessões virtuais nos colegiados de direito penal no STJ, após a aprovação pelo Pleno da Emenda Regimental 36/2020, com competência para julgamento dos chamados recursos internos (embargos de declaração e agravos regimentais). Antes da pandemia apenas os órgãos fracionários não criminais vinham realizando sessões virtuais para o julgamento de seus recursos internos no STJ.

Como medida para conter a disseminação do vírus o Conselho Nacional de Justiça/CNJ suspendeu, pela resolução 313/2020, todos os prazos processuais e as audiências, permanecendo o Poder Judiciário em atividade por meio do trabalho remoto. Em seguida foi editada a resolução 314/2020 determinando a retomada dos prazos dos processos digitais a partir de 04/05/2020, vedando qualquer ato presencial e permitindo a realização de todos os atos processuais de forma virtual por meio de videoconferência (art.6º). Assim, o CNJ deu aval de forma generalizada para que todos os atos processuais pudessem ser realizados de forma não presencial sem sequer levar em consideração as peculiaridades dos ramos do direito e dos bens jurídicos envolvidos.

Por meio de pesquisa bibliográfica, da labuta na pratica jurídica dos autores deste texto enquanto profissionais da advocacia[1] e da analise documental de Resoluções do CNJ e de notícias sobre o tema[2] que o campo de pesquisa foi analisado na construção do presente artigo que aborda os experimentos processuais no sistema penal diante da COVID-19.

Uma preocupação presente em todo o contexto que envolve as videoconferências, muito mais agora em tempos de pandemia, é saber como preservar as garantias constitucionais plasmadas em nosso pacto constitucional, a exemplo dos princípios do devido processo legal, ampla defesa, contraditório, legalidade e dignidade da pessoa humana.

O recorte dado ao sistema criminal decorre não apenas da inserção dos autores do artigo na advocacia criminal mas, sobretudo, pelo necessário e salutar aspecto garantista que norteia a atuação da

---

[1]Bourdieu (2007), Engelmann (2006) e Söhngen (2020) destacam que a prática a compõe o campo jurídico ao lado da legislação e da doutrina. Estar imerso no campo prático se constitui em uma forma de saber que engloba normas não escritase por vezes ocultas na dinâmica desse espaço. Na construção desse artigo a atuação prática dos autores foi determinante para a delimitação do tema e importante também na construção da análise do referencial bibliográfico e documental. Essas pontuações são relevantes tanto para marcar o lugar de fala/escrita dos autores do artigo como também para sinalizar, em contraponto com o viés puramente positivista, que a pesquisa é feita por sujeitos que não se esquivam em se fazerem presentes em seus textos a partir do modelo de Direito e de sociedade. Enfim, esse texto é escrito por mãos que militam na advocacia e que subscrevem os valores democráticos e de equidade social.

[2] As notícias sobre implantação de videoconferência compõem o campo de pesquisa e, por isso, não foram incluídas nas referências bibliográficas.

jurisdição penal dado que maneja sempre com um bem indisponível, qual seja: a liberdade e todos os direitos que dela decorrem de forma direta ou indireta. Assim, as linhas vindouras trarão as práticas jurídicas na seara penal em tempos de pandemia sob o crivo das garantias constitucionais.

2 Ritos e gritos do sistema penal durante a pandemia

A absorção dos avanços tecnológicos aos processos judiciais é inevitável. Contudo, o grande desafio é equalizar essa incorporação com o viés garantista do processo em especial daquele de natureza penal. A eclosão da pandemia serviu como um catalisador do uso meios digitais diante da necessidade de afastamento das pessoas. A crise da pandemia acentuou a crise de morosidade do Judiciário brasileiro. Se com o devir normal a demora[3] já era latente, com a suspensão inicial dos prazos e dos atos processuais a situação ficaria ainda mais crítica.

Ocorre que diante desse cenário e visando dar respostas ao isolamento social não podemos transformar nosso ordenamento jurídico em um Direito de exceção. Assim, a primeira crítica que pontuamos ao regramento dado pelo CNJ, na liberação da prática de atos virtuais, é a sua extensiva generalidade se consubstanciando em verdadeiro cheque em branco aos Tribunais que ficaram incumbidos de normatizar, ainda que sob o posterior crivo do referido Conselho. A resolução 314/2020 mede o sistema penal com a mesma régua usada para os outros ramos que possuem por objeto direito disponíveis.

O Tribunal de Justiça de Minas Gerais, dentre outros, já permite casar-se por videoconferência, em clara flexibilização do art. 1.533 e seguintes do CC. Possivelmente muitas regras jurídicas serão flexibilizadas durante a pandemia. O que é uma diferença abissal quando se compara ao direito penal, pois o bem jurídico tutelado pelo processo é a liberdade. A flexibilização de rito não pode suplantar direito fundamental. Seria necessário destacar regras

---

[3]Para receber uma sentença, o processo leva, em média, 1 ano e 6 meses, desde a data de ingresso. Esse tempo é o triplo de tempo na fase de execução (4 anos e 9 meses). Dados de 2019 in https://www.cnj.jus.br/julgamento-dos-processos-mais-antigos-reduz-tempo-medio-do-acervo/, acesso em 19/05/2020.

mínimas de compatibilização dos atos virtuais no processo penal com os princípios que dão feição garantista a esse sistema como forma de controle preventivo, inclusive.

A citada resolução 324/2020 subverte o quanto posto no Código de Processo Penal, que tem a videoconferência como exceção, sem qualquer ressalva de equalização dos atos virtuais com os pilares democráticos do sistema penal. Seria muito ingênuo ou mal-intencionado dizer que boa parte do nosso Judiciário[4] nunca teve a

---

[4]Neste sentido e na contramão do CPP: "O Tribunal de Justiça do Estado do Acre (TJAC) vem passando por uma grande modernização. A principal delas é a audiência por videoconferência. Mesmo em caráter experimental, a nova modalidade já é realidade nas Comarcas e presídios de Rio Branco e Cruzeiro do Sul.A virtualidade possibilita, durante uma audiência, de o preso ser ouvido em uma sala específica no próprio presídio, enquanto o juiz, promotor, advogado ou defensor conduzem a audiência diretamente do fórum. A ferramenta garante mais segurança e reduz custos. O vice-presidente do TJAC, desembargador Laudivon Nogueira, também na função de responsável pelo Comitê de Governança da Tecnologia da Informação, diz que as audiências por videoconferência é um projeto novo do Tribunal. Ele considera um avanço e destaca que a intenção da Administração é implantar o sistema em todas as unidades do estado em fevereiro, quando mais equipamentos serão recebidos. "É uma revolução que vai mudar completamente a forma como as audiências serão realizadas no futuro. Hoje é preciso que tenhamos todo um aparato policial para deslocar um preso do presídio até a sala de audiência em um fórum, às vezes, pondo em risco a vida das pessoas, pois há tentativa de resgate do preso ou busca que podem comprometer a segurança"**(site do CNJ, in https://www.cnj.jus.br/videoconferencia-muda-o-formato-de-audiencias/, acesso em 19/05/2020).**
O Tribunal de Justiça do Amazonas (TJAM) planeja pôr em prática a realização de audiências de custódia por videoconferências. Com tecnologias de comunicação a distância, a corte estabelecerá a interação, em tempo real, com unidades prisionais de Manaus para providenciar sessões judiciais com os presos e evitar, assim, o deslocamento dos apenados para as varas de Justiça. (...)De acordo com o analista de sistemas do SDS-TJAM, Rodrigo Choji, a meta é providenciar um sistema que reduza dispêndios para realização das audiências de custódia. "Hoje, a logística para a realização de audiências com o deslocamento de presos até os fóruns tem um custo alto, pois os procedimentos requerem também um cuidado maior com a segurança de modo a evitar possíveis resgates e fugas", disse Choji. "O projeto oferece um custo-benefício muito vantajoso", reforçou **(site do**

intenção disseminar os atos virtuais no processo penal, tanto que volta e meia traz essa proposta aliada a argumentos simplificados e descontextualizados como a diminuição de custos e celeridade processual.

Tais argumentos foram defendidos no pacote Anticrime apresentado pelo ex-juiz, ex-ministro da justiça, Sergio Moro, o qual afirmou que audiência por videoconferência reduziria custos e riscos à segurança de presos e agentes durante os deslocamentos. Vejamos o que disse o ex-ministro[5]:

> "Não faz sentido que, no ano de 2019, acusados sejam transportados centenas de quilômetros em situação de risco e gerando vultosos gastos públicos para atos cuja participação pessoal é absolutamente irrelevante".

Em que pese no direito processual penal ter instituído as audiências por vídeo conferência apenas em situações de eventualidade, essa pratica, desde então, vem sendo uma zona franca para ilegalidades[6].O argumento da diminuição de custos se transforma em sofisma quando se sobrepõem ou abafa discussões em torno das garantias do sistema penal. Aqui podemos observar a influência no campo jurídico dos argumentos da economia[7], mais precisamente do modo de produção capitalista, em que regras típicas do mercado, pautadas na retórica da eficiência[8], não levam em

---

CNJ, in https://www.cnj.jus.br/justica-amazonense-planeja-usar-videoconferencia-para-ouvir-presos/, acesso em 19/05/2020).

[5]Defendida no pacote Anticrime, audiência por videoconferência reduz custos e riscos à segurança de presos e agentes durante deslocamentos**(https://www.justica.gov.br/news/collective-nitf-content-1555510204.13)**

[6]No Procedimento de Controle Administrativo n° 0000930-47.2020.2.00.0000 a seccional da OAB/MA solicitou a suspensão dos efeitos do Provimento 01/2020 da CGJ/MA, que autorizava a realização de audiências de custódia por videoconferência.O PCA foi julgado procedente pelo CNJ, suspendendo a realização das audiências de custódia por meio de videoconferência.

[7] Sobre o tema ver Weber (2009).

[8] Acerca do discurso sobre eficiência podemos citar os estudos da análise econômica do Direito que surge no Direito privado com bases utilitaristas e passam a penetrar no campo penal. A guisa de exemplo Silva Sánchez (2004:04) afirma que: "Sabemos que a própria dogmática da teoria do delito,

consideração o processo penal enquanto meio de garantia e tutela do acusado/condenado supervalorizando o discurso de segurança social[9].

A partir da perspectiva garantista a introdução da audiência por vídeo conferência como regra no processo penal, feita de forma verticalizada pelo CNJ sem ouvir entidades representativas como a OAB, tem forte potencial de violar direitos fundamentais não apenas do acusado mas de toda a sociedade haja vista que princípios como contraditório e ampla defesa são ínsitos ao sistema democrático. Esses axiomas devem ser valorizados e preservados sobretudo em um país que teve em sua história recente uma sangrenta ditadura e que há vozes hodiernas clamando seu retorno.

Observemos na audiência por videoconferência a dificuldade do imputado se defender pessoalmente das acusações (direito constitucionalmente garantido) no sentido em que é permitido ao acusado participar da audiência e trazer informações ao seu advogado, contribuindo para a produção da prova no momento da instrução. O ato virtual rompe o diálogo direto entre o acusado e sua defesa fragilizando a defesa.

Quem milita da seara criminal sabe que é comum o réu sugerir durante a audiência perguntas a serem feitas para as testemunhas ou mesmo apontar contradição ou omissão nas oitivas dessas. Teremos ainda a dificuldade senão a impossibilidade de a defesa ter conversa reservada com seu patrocinado antes do interrogatório ou o direito de consultá-lo para esclarecimentos de pontos durante a audiência de instrução.

Além disso, o contraditório também pode restar comprometido na medida em que a falta de transparência na incomunicabilidade das testemunhas, pois não será possível garantir que uma testemunha não ouvirá o depoimento da outra. No mais, quem garantirá que as testemunhas restarão incomunicáveis com as demais na medida que saem de seus depoimentos? Não podemos sequer garantir que todas as testemunhas estarão isoladas em suas residências ou em batalhões e delegacias, ou seja, não há como assegurar a isenção de suas palavras ou uma coação, por exemplo.

---

em parte, tende a ser criada a partir de perspectivas teleológicas, muito propícias a acolher considerações de eficiência".

Caso haja necessidade de acareação das testemunhas para ilidir qualquer contradição, esta também seria impossível numa audiência por videoconferência restando fulminado de morte o contraditório e a ampla defesa.

Como seriam atestadas as identidades das testemunhas por meio virtual? É cediço que não raras vezes as imagens por vídeo conferência não são claras e a ausência da checagem presencial pode ser um caminho facilitado para fraudes. Outro aspecto importante é a impossibilidade de uma possível condução por flagrante no caso do crime defalso testemunho (art.342 do CP).

Na seara do princípio da legalidade temos ainda a ausência de previsão legal no âmbito penal das comunicações processuais via meio telemático, a exemplo de *e-mails, wattsapp*[10]*, mensenger*. Como aplicaremos possível revelia do réu que se recuse a participar desse tipo de audiência vez que não intimado na forma prevista no CPP? Destarte, dentre diversos aspectos plausíveis temos um de suma importância que seria a citação do acusado na forma telemática, o que também não teria qualquer respaldo legal para efetivação.

O Tribunal de Justiça de Alagoas divulgou a realização da primeira citação criminal por *Whatsapp*. O Tribunal de Justiça da Bahia, por exemplo, permitiu a realização de oitiva de testemunhas, réus e demais pessoas em suas residências pelo aplicativo Lifesize. Por outro lado, a Defensoria Pública da Bahia pediu ao Conselho Nacional de Justiça a suspensão de julgamentos e audiências de custódia realizadas por videoconferência durante a pandemia sob o argumento de que a medida é inconstitucional e viola, principalmente, os direitos das pessoas que estão sendo acusadas criminalmente.

OAB pediu que o Tribunal de Justiça de Rondônia revogue autorização para audiências criminais por videoconferência fundamentando que direitos constitucionais dos advogados e dos clientes podem não ser assegurados com a medida[11].

---

[10]   *in* https://www.tjal.jus.br/comunicacao2.php?pag=verNoticia ¬= 16853, acesso em 02/06/2020.

[11] in https://g1.globo.com/ro/rondonia/noticia/2020/04/28/oab-pede-que-tj-ro-revogue-autorizacao-para-audiencias-criminais-por-videoconferencia.ghtml.

3 Considerações finais

Devemos deixar bastante claro a tecnologia está cada vez mais inserida na sociedade e isso não pode ser interpretado como algo ruim, porém é importante destacar que este progresso não pode atropelar nossas garantias constitucionais construídas com muito esforço. Antes da incorporação de qualquer dessas tecnologias ao processo faz-se necessários que tomemos todas as precauções e observância, principalmente quando falarmos da esfera penal, haja vista que esse ramo do Direito é acentuadamente seletivo e excludente.

Os argumentos calcados na celeridade e economia processual não podem suplantar princípios norteadores do processo democrático como o contraditório, ampla defesa e devido processo leal. Quando o Estado distorce tais princípios a feição garantista do processo cai por terra. As medidas adotadas durante a pandemia para o funcionamento do Poder Judiciário não podem lançar sementes de um direito de exceção.

A defesa detida e protegida pelas garantias constitucionais durante as audiências é essencial para enfrentar e minorar uma possível injustiça de uma Justiça seletiva e excludente. Sem a premissa da defesa nada mais restará ao direito penal, consolidando-o mundo do faz de contas onde o processo é uma cena vazia de significados civilizatórios.

A instituição da audiência por videoconferência no sistema penal precisa ter amplo debate e não ser instituída em momento de extrema fragilidade e desespero da sociedade que teme por sua saúde. Além disso, o momento político atual pode ser interpretado como um teste de fogo para Constituição Federal e suas instituições, quando vemos inúmeros protestos e alusões a um golpe militar. A audiência de videoconferência nesse momento é como um teste que pode se perdurar acentuado as mazelas do processo penal.

Referências

BOURDIEU, Pierre. **O Poder Simbólico.** 10ª ed. Rio de Janeiro: Bertrand Brasil, 2007.

CARNELUTTI, Francesco. **As Misérias do Processo Penal**. Campinas:Bookseller, 2001.

CARVALHO, Djalma Eutímio de. **Curso de Processo Penal**. Rio de Janeiro: Forense, 2009.

ENGELMANN, Fabiano. **Sociologia do Campo Jurídico**: Juristas e Usos do Direito.Porto Alegre:Sérgio Antônio Fabris, 2006

GROSNER, Marina Quezado. **A Seletividade do Sistema Penal na Jurisprudência do Superior Tribunal de Justiça**: o trancamento da criminalização secundária por decisões em *habeas corpus*. 1ª ed. São Paulo: IBCCRIM: 2008.

LASSALE, Ferdinand. **A essência da Constituição.** Rio de Janeiro: Lumen Juris, 2005.

RANGEL, Paulo. **Direito Processual Penal**. Editora Lumen Juris: Rio de Janeiro, 2019..

SILVA SÁNCHEZ, Jesús-Maria. **A Expansão do Direito Penal**. Aspectos da Política Criminal nas Sociedades Pós-Industriais. Trad. Luiz Otavio de Oliveira Rocha. São Paulo: Revista dos Tribunais, 2018.

______. **Eficiência e Direito Penal.** Baureri, SP: Manole, 2004.

SÖHNGEN, Clarice Costa. **Nova Retórica e Argumentação**: a razão prática para uma racionalidade argumentativa de Perelman. Disponível em: <http://www.stj.gov.br/bibiotecavirtual/texto>, Acesso em 01MAIO 2020.

WEBER, Max. **A Ética Protestante e O Espírito Capitalista**. São Paulo: Pioneira, 1999.

Ação médico-humanitária em estados colapsados: a necessidade de uma abordagem transjurídica em tempos de Covid-19

Maria Aurora Medeiros de Lucena Costa

1 Introdução

Estados, organizações e relações de cooperação no plano internacional estão conectados e se revelam como vetores na promoção de valores humanísticos e de proteção. Os interesses individuais, nesse sentido, cedem espaço para a persecução de estratégias na promoção do bem comum, havendo assim, uma contrapartida empírica, na qual a busca por novas formas de integração e pela resolução de problemáticas hostis se faz imprescindível. As ações médico-humanitárias compõem essas estratégias em cenários onde há um colapso das funções estatais. Desta feita, a constatação da dispersão do poder evoca o protagonismo e a cooperação de atores que se fazem fundamentais na efetivação de direitos.

Assim sendo, o presente trabalho objetivou analisar a necessidade de uma convergência transjurídica em ações médico-humanitárias de agendas de Estados e Organizações através da Cooperação Multilateral para o fortalecimento de ordens estatais fragilizadas por cenários de catástrofe sanitária causada por manifestação epidêmica, tendo no escopo deste estudo, a Sars-Cov-2 (Covid-19). Neste contexto, faz-se necessário compreender como agentes externos em cooperação para elaboração e execução de políticas sociais, destacadamente as de ações médico-humanitária, atuam não apenas em ajuda ao fortalecimento dos serviços que o Estado não pode assegurar, mas também fornecem soluções inovadoras com suas estratégias e logísticas de atuação que auxiliam a organização e promoção social. Fortalecem, assim, estruturas enfraquecidas.

Este trabalho, nessa senda, vem enunciar o seguinte problema: Em que medida ações de caráter médico-humanitárias – em Estados colapsados que estão lidando com cenários pandêmicos/epidêmicos

– em contextos de cooperação se tornam agentes de transformação e ajudam o Estado na garantia da paz social?

Múltiplas respostas se insinuam. A abordagem através da transjuridicidade se denota pela necessidade de uma interculturalidade que resulte em possibilidades da expansão da capacidade de proteger direitos e garantias fundamentais. Neste estudo, se opta pela análise preliminar da necessidade da admissibilidade e reconhecimento dessas ações em cooperação, como instrumentos de politização de acesso ao uso de recursos e de assistência no auxílio a Estados em crise em seus projetos.

2 Estados colapsados: multiplicidade de crises e ingerência social

Globalmente, há crises de natureza gerencial e institucional que acabam por enfraquecer o conceito de Estado. A modificação de estruturas, territórios e agentes pelas crises advindas com a modernidade – e com a mudança das relações humanas – realinharam funções e jurisdições, assim como redefiniram o sentido atual e atuante do Estado de Direito. (NOVAIS, 2006) Nesse cenário, observa-se uma corrosão do conceito de soberania estatal, a qual faz surgir a transferência das estruturas assistenciais que passam a adequar a ideia de que apenas o poder soberano assiste e beneficia a sociedade. Nisto, a Cooperação Multilateral, como será tratado ao final deste trabalho, destaca-se como instrumento de promoção social envolvendo ações imprescindíveis para que certos Estados tenham acesso a programas internacionais de ajuda e proteção.

A ideia de um Estado que precisa estar aberto a emergência e consolidação de novas relações sociais, que cede o protagonismo a sujeitos que não são indivíduos isolados e que passam a assumir funções públicas, onde o caráter solidário do Estado passaria a substituir a sua característica soberana com vistas à superação das desigualdades e promoção do bem-estar social, nem sempre foi ideal.

Surge assim, a necessidade medeia análise de situações paradoxais em que se tem o Estado como um poder que assumia características indelegáveis na proteção da coletividade e a necessidade da transformação da ordem de compromissos do Estado – com a delegação do direito de proteger e assistir a outros entes. Essa construção da ordem de compromissos que modificaria um dos elementos centrais do poder estatal, levou o surgimento de interrogações sobre a capacidade da ordem jurídica e institucional de alguns Estados.

Para Robert Rotberg (2007), em perspectiva internacionalista, os Estados são projetados para fornecer uma série de benefícios políticos aos seus cidadãos, dentre os quais apontam um sistema financeiro e fiscal fortes; segurança; um sistema jurídico e judicial que conceda liberdades políticas; direitos econômicos, sociais e culturais. Assim, quando um Estado deixa de prover requisitos básicos e bens adquiridos em um texto normativo hierarquicamente escrito, que reúne as disposições essenciais relativas a essa natureza do Estado, à soberania, à formação da vontade política, à cidadania, ao direito ao voto de forma democrática, às organizações e estrutura do governo e dos poderes atuantes dentro dele, tem-se, enfim, Estado falido, colapsado.

Dessa forma, em que se diz respeito à manutenção da segurança interna, da qual os Direitos Humanos, a boa governança, o acesso à educação e à previdência, garantem que cada indivíduo tenha oportunidades e escolhas para atingir seu potencial dentro da circunscrição do Estado, surge a necessidade rearranjo das funções jurídicas e institucionais. Isto posto, observa-se a necessidade de transformação dos contextos, nos quais os índices de pobreza devem ser reduzidos, bem como alcançados satisfatórios patamares de crescimento e desenvolvimento econômico, além da prevenção de conflitos; e transformação do conceito de liberdade das futuras gerações para receberem um ambiente natural saudável – sendo estas os alicerces fundamentais inter-relacionados à segurança humana. (KING; MURRAY, 2002)

Nesse esteio, concebe-se que quando ocorre a perda desses caracteres há a configuração de um Estado incapaz de prover a ordem pública básica sobre o seu território. Em outros termos, a ordem pública em partes substanciais do território estatal colapsou de tal forma que se verifica o comprometimento de parte expressiva – ou, até mesmo, total – das atividades construtivas, comunitárias ou corporativas que são obstadas por violência, insegurança e fatalidades.

Em síntese, a ingerência social abre três lacunas nesse Estado: uma lacuna de legitimidade, uma de capacidade e outra de soberania; ou seja, há uma carência de institucionalidade e por esse motivo, o Estado fica incapaz de responder às demandas dos cidadãos. (TOKATLIAN, 2008)

3 A imprescindibilidade das ações médico-humanitárias no contexto da pandemia do SARS-COV-2 (Covid-19)

As mudanças que ocorrem na sociedade contemporânea – mudanças de produção normativa, postura internacional e aplicação de políticas públicas –, cada vez mais em contextos disruptivos, demonstram a necessidade de uma conversão de agendas multilaterais para que a ajuda chegue em países colapsados. Surge, nesse contexto, a urgência de discutir a relevância de políticas desenvolvimentistas de origem não apenas estatal, mas que enfatizem o *self-reliance*[1] e o bem-estar humano em qualquer território.

Assim ao vincular os Estados com a obrigatoriedade, inclusive de natureza normativa, para garantir que todos os indivíduos tenham os seus direitos reconhecidos, e, ao prever a adoção de medidas, tanto por esforço próprio como pela cooperação e assistência, que visem assegurar, progressivamente, por todos os meios apropriados, o pleno exercício dos direitos reconhecidos, instrumentos normativos com autonomia para aplicação de regras internacionais como o Pacto Internacional dos Direitos Econômicos, Sociais e Culturais de 1976 estaria direcionando as visões teórico-políticas do dever de assistência.

Adverte-se, nesse contexto, a emergência de um discurso de *empowerment* e cooperação, advinda dos setores sociais vulneráveis pelas demandas da sociedade *hipercomplexa* na modernidade, o que ensejou a formulação de alternativas que envolvem proposição de políticas públicas e sociais de caráter humanitário. (KORTEN, 1987) Dentre essas alternativas, surgem organizações de caráter médico-humanitário que possuem como papel primordial na promoção social por meio da assistência médica-sanitária e de ações que promovam a garantia dos Direitos Humanos através de cuidados em Saúde Pública.

Ademais, surge neste contexto, conjuntamente com as políticas

---

[1] *Sefl-reliance* é o termo utilizado para designar um perfil de regulação democrática dos aspectos sociais, culturais, econômicos, políticos e ambientais do processo de desenvolvimento. A capacidade de identificar seus próprios problemas e de propor soluções de forma soberana, é vista, portanto como via para assegurar uma elevação nos padrões de assistência.

de enfrentamentos de crises, uma concepção multicultural, de abrangência global e legitimidade local (SANTOS, 1997), que revela um afastamento ao discurso hegemônico e cosmopolita sobre direitos humanos. Nesta feita, passa a vigorar dentro do cenário jurídico internacional esforços para integrar o princípio comunitário[2] trazido pelas ONGs e ultrapassar o principal desafio do direito ao desenvolvimento - assimetrias do poder mundial, e a hegemonia que delas decorre, gerando obstáculos à cooperação em prol do desenvolvimento econômico, mas principalmente humano e sustentável.

Com efeito, a ligação entre o direito à saúde e outros direitos é particularmente complexa, um fato que evidencia forte interdependência dos direitos humanos. A percepção social do que é saúde – principalmente no contexto de epidemias amplamente disseminadas que enfraquecem ainda mais a sociedade como a Covid-19 – tem tamanha amplitude que é preferível analisar suas possíveis representações no ambiente social e interação com outros direitos do que formalizar um conceito pronto. A complexidade dos fatores que exercem uma influência na saúde impede que os aspectos desse direito estejam claros e precisos nas normativas que o preconizam e, por conseguinte, que as exigências na aplicabilidade de políticas públicas sejam plenamente satisfeitas.

Nesta senda, em que crises sanitárias enfraquecem ainda mais

---

[2] Segundo Santos (1999), *'Muito em geral poderá dizer-se que a emergência do terceiro sector significa que finalmente o terceiro pilar da regulação social na modernidade ocidental, o princípio da comunidade, consegue destronar a hegemonia que os outros dois pilares, o princípio do Estado e o princípio do mercado, partilharam até agora com diferentes pesos relativos em diferentes períodos. O grande teorizador do princípio da comunidade foi Rousseau que o concebeu como contraponto indispensável do princípio do Estado. Enquanto este último estabelecia a obrigação política vertical entre cidadãos e o Estado, o princípio da comunidade afirmava a obrigação política horizontal e solidária de cidadão a cidadão. Segundo ele, é esta a obrigação política originária, a que estabelece a inalienabilidade da soberania do povo de que deriva a obrigação política com o Estado. A comunidade é assim concebida como um todo e é isso que explica as reservas de Rousseau às associações e corporações, podendo, aliás, por isso, parecer estranho que o invoque como patrono do princípio da comunidade. A verdade é que para Rousseau a comunidade é um todo e é como todo que deve ser salvaguardada."* SANTOS, B. de S. **Para uma reinvenção solidária e participativa do Estado:** Sociedade e Estado em Transformação. In: BRESSER PEREIRA, L. C.; WILHEIM, J. & SOLA, L. (orgs). São Paulo: Unesp/Brasília: Enap, 1999, p. 243 e ss.

esses Estados, os cuidados primários à saúde devem constituir meta do desenvolvimento e, baseados num espírito de justiça social, eles acabam por confirmar a intrínseca ligação entre atendimento especializado e fortalecimento da saúde como direito humano e direito de cidadania. Em verdade, a cobertura de todas as necessidades de saúde dos indivíduos passa a ser um debate sobre o que cada país e cada organização têm capacidade de oferecer, sem excluir, entretanto, a interligação entre cooperação internacional e busca interna pelo desenvolvimento de políticas públicas como responsabilidade de cada povo e de cada Estado. (COMPARATO, 2001)

Assim, emergem novas formas de fortalecimento ao atendimento cidadão a cidadão, visto que os entes estatais não detêm mais o papel central de auxiliador, o que levanta a questão de como os atores emergentes passam a se agregarem e interagirem nas questões humanitárias internacionais, e, no escopo da problemática deste estudo, em relação a questões sanitárias, como a proveniente da pandemia do novo Sars-Cov-2.

As organizações de caráter médico-humanitário possuem destacado protagonismo no que diz respeito à assistência humanitária necessária em situações críticas que exigem resposta imediata, como no caso dos Estados falidos/colapsados. Estas, desempenham papel de grande importância no contexto das necessidades advindas da sociedade e do papel desempenhado diante de crises sanitárias e institucionais, e sua lógica mostra-se condizente com o Direito Internacional e os Direitos Humanos, ao qual são imprescindíveis esforços de cooperação dos seus diferentes componentes, bem como integração de instrumentos, processos, estruturas e agentes para a sua efetividade.

A essa logística humanitária, pontua-se a dupla referência: sua credibilidade, em relação da aproximação aos grupos onde se originam as demandas sociais, e sua competência técnica para propor soluções efetivas e eficazes no enfrentamento de problemas que são originados por conflitos ou desastres – ambientais ou antrópicos. Desta feita, a falibilidade de um Estado e sua incapacidade de assegurar proteção de direitos e provisão de assistência, levou à admissibilidade de ações em cooperação para viabilizar o que estes governos não conseguiam fazer institucionalmente em meio às crises. (LYRA, 2005)

Diante do cenário delineado, a assistência humanitária com foco em ações sanitárias constitui importante ferramenta na busca por respostas efetivas para a diminuição do sofrimento humano, levando a refletir sobre as possibilidades de entender a assistência sanitária de caráter humanitário como protótipo de um modelo que auxilie na preservação humana e no fortalecimento da saúde enquanto direito de subsistência, dentre outros possíveis desdobramentos.

Sendo assim, as abordagens construídas no campo Direitos Humanos, do Direito Internacional e da Saúde devem ter como base uma perspectiva sociopolítica em que a saúde da população é pensada como direito social e humano, difuso e coletivo, cuja garantia e aprimoramento repousa no aprofundamento de bases epistemológicas diversas e nas interpelações estáticas e dinâmicas na pesquisa. A perspectiva dos direitos humanos oferece não só uma nova maneira de pensar sobre os desafios globais de saúde, como também a confluência entre saúde pública e direitos humanos, ampliando, por sua vez, o escopo de reflexão e prática.

Em que pese à problemática deste trabalho, a relação da necessidade de cooperação entre organizações com ações médico-humanitárias, principalmente em estados colapsados – e autorizadas pelas novas transformações na questão da soberania estatal – que não possuem condições econômicas, jurídicas e institucionais para oferecer apoio e assistência, que de forma notória empiricamente comprovada, pontua a necessidade da emergência de uma abordagem transjurídica em que a integração de ordens, processos e agentes forneça proteção e assistência às vítimas dos contextos de fragilidade dos Estados e no fomento à cooperação para resguardar direitos fundamentais.

4 A necessidade da integração do diálogo entre atores: a cooperação multilateral a partir de uma abordagem da transjuridicidade

Em contextos socioculturais de conflito faz-se necessário fomentar a luta pela construção da paz e da garantia de direitos fundamentais, para que se tenha a integração de esforços nas mais diversas esferas para a efetiva aplicação de políticas públicas em prol da educação, lazer, seguridade social e, em especial, da saúde de todos os povos. Tal procedimento pode ser definido como *peacekeeping*, como esclarece Faganello (2013), consiste no procedimento holístico de ausência de violência física e psicológica, assim como da satisfação das necessidades humanas básicas, estas, garantias fundamentais as quais são salvaguardas protetivas dos Direitos Humanos.

Dentro desse contexto, em que há o surgimento de formas multifacetadas de produzir políticas públicas a níveis locais, regionais e internacionais para se perscrutar a paz mundial e o bem-estar social, a Agenda para Paz de Boutros-Ghali traz a defesa de uma maior participação das Nações Unidas em prevenção e resolução de conflitos, salientando também a cooperação internacional no que se diz respeito a paz, segurança, saúde e justiça, fomentando e incentivando maior participação da comunidade internacional em criar melhores circunstâncias para que pobres, necessitados e os que sofrem tenham uma vida melhor. (BOUTROS-GHALI, 1992)

Partindo de uma perspectiva da transjuridicidade, percebe-se o tratamento diferenciado do tema, entre o local e global, que ultrapassa a capacidade estatal, promovendo formas mais cooperativa e solidária e a mais ampla defesa do princípio da dignidade humana. Nesse esteio, esclarece Lima Sobrinho e Maia (2016, p.195),

> Por conseguinte, temas comuns à transjuridicidade, manifestação legítima da interculturalidade jurídica, surgem como estratégia de consolidação do direito convencional, na medida em que possibilitam a ampliação de seu espectro de atuação e a influência recíproca entre os sistemas de direito interno e internacional. Essa associação permite uma melhor compreensão dos fundamentos teórico-práticos que pautam as decisões em sede de direitos humanos e, sob a perspectiva da mundialização dos processos cognitivos, ganhos operacionais tornam-se visíveis nos respectivos sistemas de proteção global e regionais.

Para Keohane e Nye (1989), a interdependência complexa implica em uma dependência mútua entre os diversos atores na arena internacional, incluindo aí Estados e os demais atores internacionais, como ONGs, OIs, as corporações e movimentos nacionais transnacionais. Esta dependência, por sua vez, estimula os intercâmbios entre os atores e demandam a criação de normas e instituições comuns que auxiliem na regulação e controle das atividades entre os Estados e transnacionais.

Nessa convergência de atores, processos e estruturas, próprios de uma agenda de cooperação multilateral, enquanto cooperação para o desenvolvimento, as múltiplas possibilidades de operacionalidade que a transjuridicidade traz, se faz essencial na inserção do debate e da análise de novas formas de garantir direitos fundamentais, como, abordado neste trabalho, a ação médico-humanitária em ordens estatais colapsadas. Assim, a contribuição deste estudo é o de indicar uma premente necessidade: as relações de cooperação, que já reconhecem o papel de organizações com ações médico-humanitárias, precisam agora estabelecer formas de interrelação que fomentem ainda mais os processos de integração cooperativa entre ordens, organizações e agentes.

À guisa de conclusão

A superação de problemáticas hostis, através da discussão do que ocorre em cenários de crise e do reconhecimento dos novos significados de processos de interculturalidade e cooperação, se destaca como imperativo humanitário da sociedade globalizada que lida atualmente com contextos pandêmicos que agravam suas dificuldades em garantir direitos. Os Estados colapsados, como apontado nesta pesquisa, são exemplos de que uma multiplicidade de fatores causa uma total ruptura na capacidade soberana em fornecer assistência e segurança. Percebeu-se, assim, que a participação de atores que forneçam ações médico-humanitárias, numa perspectiva de transjuridicidade e integrativa, representam um panorama de mudança onde ultrapassar desafios e garantir a ordem deve ser o principal objetivo.

Dessa forma, longe de esgotar o debate que permeia a matéria, a presente análise evidencia que é necessário a admissibilidade de um debate com múltiplas possibilidades de análise e busca por respostas, na sinergia entre garantir assistência a países em crise e uma representação de uma cooperação aberta entre os atores, pois ajudar no fortalecimento dos serviços que o Estado oferece aos cidadãos e fortalecer direitos, requer esforços. Esta relação ilustra a complementaridade entre a crise no poder atuante do Estado e a indispensabilidade de uma condução e de uma orientação transjurídica para a persecução de políticas de públicas na busca pelo retorno ao *statu quo*.

Referências

BOUTROS-GHALI, Boutros. **Um programa de paz: diplomacia preventiva, estabelecimento e manutenção da paz.** Documento da Assembleia Geral da ONU (A/47/277-S/24111), 17 de junho de 1992. Disponível em: htttp://www.un.org/ES/comum/docs/symbol=A/47/277. Acesso em: 10 jan 2019.

FAGANELLO, Priscila Liane Fett. **Operações de Manutenção de Paz da ONU:** de que forma os direitos humanos revolucionaram a principal ferramenta internacional da paz. Brasília: FUNAG. 2013. Disponível em: http://funag.gov.br/loja/download/1078-operacoes-de-manutencao-de-paz.pdf Acesso em 26 dez. 2020.

KEOHANE, Robert O.; NYE, Joseph. **Power and Interdependence**. 2nd. Ed. Harper-Collins Publishers, 1989.

KING, Gary; MURRAY, Christopher. Rethinking Human Security. **Political Science Quarterly**, Vol. 116, No. 4. (Winter, 2001-2002). cit. p. 585-610. Disponível em https://gking.harvard.edu/files/abs/hs-abs.shtml Acesso em 13 jan. 2020.

KORTEN, David C. Third Generation NGO Strategies: A Key to People-Centered Development. In: DREABEK, Anne (Ed.). **World Development**, Pergamon Press, 1987.

LIMA SOBRINHO, Luis Carlos; MAIA, Luciano. Direito Convencional e Transjuridicidade do Corpus Juris Interamericano de Proteção dos Direitos Humanos. In: **Direito internacional dos direitos humanos IV.** Coordenadores: Edna Raquel Rodrigues Santos Hogemann, Mariana Blengio Valdés – Florianópolis: CONPEDI, 2016. Disponível em: http://conpedi.danilolr.info/publicacoes/9105o6b2/vw9172hi/Oxf2uivAUe04DJOs.pdf Acesso em 05 abr. 2020.

LYRA, Carla. **Ação Política e Autonomia**: a cooperação não-governamental para o desenvolvimento. São Paulo: Annablume; Terre des Hommes Suisse, 2005.

NOVAIS, Jorge Reis. **Contributo para uma Teoria do Estado de Direito**. Coimbra: Editora Almeidina. 2006.

ROTBERG, Robert; CLAPHAM, Chistopher; HERBST, Jeffrey. **Los Estados Fallidos o Fracasados**: Un debate inconcluso y sospechoso. Estudio preliminar, Patricia Moncada. Bogotá, D.C.:

Siglo del Hombre editores, 2007.

SANTOS, B. de S. **Para uma reinvenção solidária e participativa do Estado:** Sociedade e Estado em Transformação. In: BRESSER PEREIRA, L. C.; WILHEIM, J. & SOLA, L. (orgs). São Paulo: Unesp/Brasília: Enap, 1999.

TOKATLIAN, Gabriel. La construcción de un Estado Fallidos en la política mundial: el caso de las relaciones entre Estados Unidos y Colombia. **Análisis político**, Volumen 21, Número 64, p. 67-104, 2008. ISSN impreso 0121-4705. 2008. Disponível em: https://revistas.unal.edu.co/index.php/anpol/article/view/460 26/47578 Acesso em 23 jan. 2019.

UNITED NATIONS. **Reference Guide**: Normative developments on the coordination of humanitarian assistance in the General Assembly and the Economic and Social Council since the adoption of General Assembly resolution 46/182. United Nations: 2011. Disponível em https://www.refworld.org/docid/4a8e660d2.html Acesso em 15 jan. 2020.

O ativismo judicial e sua incidência no direito brasileiro em período do Covid-19: breve análise da ADPF 672

MARIA RUTHYELE FERREIRA DO NASCIMENTO GONZAGA

1 Introdução

É notável, que ao ser promulgada nossa Carta Maior sobre a égide de fundados princípios e garantias constitucionais, cresce para os juízes brasileiros um gama de processos que buscam a efetividade dessas garantias expressas no texto da Constituição. Nesta seara, surge também um aumento na interpretação das normas constitucionais, o que permite que o interprete ao analisar o caso concreto aplique o texto em abstrato de forma mais adequada a questão, ocorre que, em muitas dessas decisões a máquina judiciária vai além e cria novas normas que caberiam ao Poder Legislativo conforme o Pacto Federativo, previsto no art. 2º da CF/88.

Apesar de expressa previsão na Carta Magna sobre a harmonia e independência dos Poderes, instrumento muito importante na luta contra os desenfreados abusos de poder que assolava o Brasil antes da promulgação da Constituição Federal e o Estado Democrático de Direito, percebe-se uma mudança de paradigmas, muitos doutrinadores entendem que o judiciário estaria legislando de maneira indireta, ou seja, interferindo de maneira regular e proativa ao fazer a interpretação e aplicando da norma de forma diferente do que está previsto na Constituição, mas claro, sem fazer qualquer modificação do seu texto, o que chamamos de "ativismo judicial".

O que seria papel intrínseco do Poder Legislativo vem causando muitas discussões aos juristas brasileiros. Para Luís Roberto Barroso, (2006, p. 486), as normas constitucionais são dotadas de imperatividade, que é atributo de todas as normas jurídicas, e sua inobservância há de deflagrar os mecanismos próprios de coação, de cumprimento forçado.

Para Max Müller (2011, p. 15), há uma mudança substancial, no sistema de adoção de parâmetros neoconstitucionalistas. Segundo o autor, pode-se destacar o protagonismo judicial, acarretando a perda da atualização da lei como fonte de direito e a aplicação direta da constituição, bem como a presença de enunciados normativos abertos ou sem consequências jurídicas preestabelecidas, a influência de conteúdos e discussões morais na aplicação das normas jurídicas, a violação da separação de poderes.

Destarte, por meio da uma abordagem dialética, o presente texto pretende trazer algumas reflexões sobre o ativismo judicial no Brasil em período da pandemia do COVID-19. A partir da análise da ADPF 672, doutrina e legislação, objetiva-se analisar os limites do Poder Judiciário nas decisões proferidas nesse período onde o Estado Brasileiro está sofrendo com a pandemia do COVID-19, trazendo os argumento e críticas de alguns dos principais juristas sobre esse importante tema, bem como, compreender da situação atual do Pacto Federativo e o princípio da proibição da proteção deficiente.

2 O papel do Judiciário como legislador: reflexos positivos ou negativos?

Para entendermos o papel em que se encontra o judiciário e o debate sobre as bases teóricas do constitucionalismo contemporâneo devemos analisar a ideia federativa, a qual advém de *foedus*, significando "pacto ou aliança", surgindo no século XVIII, mais precisamente com a experiência norte-americana que transformou pela primeira vez a Confederação em Federação em 1787 e difundindo uma nova perspectiva de Estado.

A Federação trouxe uma ruptura com o Estado Unitário, implicando uma repartição rígida de competências acarretando sensíveis alterações na esfera das relações entre os Poderes Do Estado, criando um sistema de freios e contrapesos (*checks and balances*) na tentativa de estabelecer um mecanismo de controle recíproco, a fim de evitar que a concentração compactue com a absolutização do mesmo e objetivando resguardar à liberdade, conforme previsto na Constituição Federal de 1988:

> **Art. 2º**- São Poderes da União, independentes e harmônicos entre si, o Legislativo, o Executivo e o Judiciário.

Por outro lado, devemos perceber que na conjectura do atual

cenário jurídico brasileiro, há uma profunda ineficiência frente às exigências técnicas do Estado Contemporâneo. Nesta seara, destaca-se as decisões proferidas pelos juízes que estão diretamente vinculadas à atividade jurisdicional conhecida como ativismo judicial, método utilizado para interpretar a Constituição indo além do sentido e alcance do texto normativo. Nesse sentido, Dalmo de Abreu Dalari, preleciona:

> (...) a separação de poderes foi concebida num momento histórico em que se pretendia limitar o poder do Estado e reduzir ao mínimo sua atuação. Mas a evolução da sociedade criou exigências novas, que atingiram profundamente o Estado. Este passou a ser cada vez mais solicitado a agir, ampliando sua esfera de ação e intensificando sua participação nas áreas tradicionais. Tudo isso impôs a necessidade de uma legislação muito mais numerosa e mais técnica, incompatível com os modelos da separação de poderes. O legislativo não tem condições para fixar regras gerais sem ter conhecimento do que já foi ou está sendo feito pelo executivo e sem saber de que meios este dispõe para atuar. O executivo, por seu lado, não pode ficar à mercê de um lento processo de elaboração legislativa, nem sempre adequadamente concluído, para só então responder às exigências sociais, muitas vezes graves e urgentes. (DALLARI, 1995, p. 186)

Nesta seara, para BARROSO, ativismo judicial nada mais é do que "uma participação mais ampla e intensa do Judiciário na concretização dos valores e fins constitucionais, com maior interferência no espaço de atuação dos outros poderes". Todavia, é inegável e evidente que por ser um juiz sempre irá defender o posicionamento de que aos juízes sempre caberá a aplicação da norma constitucional de forma mais eficaz e politicamente correta, entendimento este inerente a todo juiz no exercício de suas atribuições.

Em tese, é inevitável a politização da justiça e a cada dia que passa é mais evidente a preocupação em proteger valores e direitos fundamentais, mesmo que isso acarrete decisões judiciais contra-majoritárias. Em suma, conforme constata-se, de acordo com Paula (2014, p. 40):

> A atividade jurisdicional não se resume uma operação técnica de declaração da lei ao caso concreto, como tradicionalmente proclamava um segmento doutrinário montesquiano. Os tempos mudaram e a atividade jurisdicional também se permitiu criar o direito, não apenas nos casos de complementação de lacunas da lei,

mas, num primeiro momento em criar conceitos e estendê-los aos princípios jurídicos, e num segundo momento em definir fatos, exprimir valores sociais e estabelecer a verdade sociológica dentro de um processo para aplicar tecnicamente a norma jurídica e imputar sanções jurídicas. (PAULA, 2014, p. 40).

Enfim, o papel do judiciário apresenta-se em uma face nova, em que juízes reinterpretam as normas, fazendo críticas e definindo valores, a fim de estabelecer a verdade justa e aproximando o direito da moral e do objetivo fundamental e essencial de garantir a força normativa da Carta Magna e efetivação no mundo dos fatos os direitos e garantias fundamentais.

3 Os reflexos do ativismo judicial no Brasil em período do Covid-19: "análise da ADPF 672"

Nesse período da pandemia do COVID-19, o Poder Judiciário, tem se deparado cada vez mais com situações que demandam decisões céleres fulcradas no amplo conhecimento e na ampla proteção à direitos e garantias fundamentais, buscando sempre exercer suas atribuições e garantir a ordem democrática do Estado de Direito.

No grande impasse que grande parte da população brasileira se encontra e na insegurança administrativa, bem como de um Presidente que defende a volta parcial das atividades essências deixando de observar as recomendações do Organização Mundial da Saúde (OMS) e de estados que defendem a todo custo o isolamento total a fim de garantir a preservação da saúde da população regional, foi protocolado pela Ordem dos Advogados do Brasil (OAB), junto ao Supremo Tribunal Federal uma Arguição de Descumprimento de Preceito Fundamental (ADPF) 672.

> Vários governos estaduais efetivaram medidas de contenção do avanço da contaminação – suspensão de aulas, recomendação de adoção de trabalho remoto, fechamento de shoppings, comércios e parques, interrupção de atividades culturais e recreativas, entre outras – com fundamento na própria Lei 13.979/2020, além da competência conferida pela Constituição Federal (art. 23, II e art. 24, XII) para atuar em prol da saúde pública. O Requerente sustenta que, em vista da situação atualmente vivida, "a atuação de Estados e Municípios torna-se ainda mais crucial porque são as autoridades locais e regionais que têm condições de fazer um diagnóstico em

torno do avanço da doença e da capacidade de operação do sistema de saúde em cada localidade". **(STF – ADPF 672 – 0089306-90.2020.1.00.0000 – Relator: Alexandre de Morais – Publicação: 08/04/2020)**

Nessa ADPF, pedia-se liminarmente contra atos omissivos e comissivos do Poder Executivo, praticados no contexto da crise de saúde pública decorrente da pandemia do COVID-19 e adoção de medidas públicas consistente para o combate à pandemia respeitando os direitos constitucionais como o direito à vida, à saúde, dignidade humana, bem como ao princípio federativo, previsto no art. 1º da CF/88. Tendo como relator o Ministro Alexandre de Morais, o qual determinou parcialmente:

> "(...) A MEDIDA CAUTELAR na arguição de descumprimento de preceito fundamental, ad referendum do Plenário desta SUPREMA CORTE, com base no art. 21, V, do RISTF, para DETERMINAR a efetiva observância dos artigos 23, II e IX; 24, XII; 30, II e 198, todos da Constituição Federal na aplicação da Lei 13.979/20 e dispositivos conexos, RECONHENDO E ASSEGURANDO O EXERCÍCIO DA COMPETÊNCIA CONCORRENTE DOS GOVERNOS ESTADUAIS E DISTRITAL E SUPLEMENTAR DOS GOVERNOS MUNICIPAIS, cada qual no exercício de suas atribuições e no âmbito de seus respectivos territórios, para a adoção ou manutenção de medidas restritivas legalmente permitidas durante a pandemia, tais como, a imposição de distanciamento/isolamento social, quarentena, suspensão de atividades de ensino, restrições de comércio, atividades culturais e à circulação de pessoas, entre outras; INDEPENDENTEMENTE DE SUPERVENIENCIA DE ATO FEDERAL EM SENTIDO CONTRÁRIO, sem prejuízo da COMPETÊNCIA GERAL DA UNIÃO para estabelecer medidas restritivas em todo o território nacional, caso entenda necessário." **(STF – ADPF 672 – 0089306-90.2020.1.00.0000 – Relator: Alexandre de Morais – Publicação: 08/04/2020)**

Outrora, à luz da Constituição Federal de 1988, o STF tem a faculdade de se abster de intervir nessa situação devido o princípio fundamental da separação dos poderes, pois compete ao Poder Executivo o juízo de conveniência e oportunidade no exercício de suas competências constitucionais, todavia, com a grande disseminação do ativismo judicial no atual cenário jurídico e muito intrínseco no supremo e, verificando a exatidão do exercício da discricionariedade executiva perante a constitucionalidade das medidas tomadas, percebemos uma interferência incisiva nesta demanda judicial, interligado ao pacto da proibição da proteção deficiente, que gera grandes discussões acerca de construções decisivas de forma mais pragmática e menos teórica.

Elival da Silva ramos, quanto ao ativismo, bem destaca que:

> "Ao se fazer menção ao ativismo judicial, o que se está a referir é a ultrapassagem das linhas demarcatórias da função jurisdicional, em detrimento principalmente da função legislativa, mas, também da função administrativa e, até mesmo, da função de governo. Não se trata do exercício desabrido da legiferação (ou de outra função não jurisdicional), que, aliás, em circunstâncias bem delimitadas, pode vir a ser deferido pela própria Constituição aos órgãos superiores do aparelho judiciário e sim da descaracterização da função típica do Poder Judiciário, com incursão insidiosa sobre o núcleo essencial de funções constitucionalmente atribuídas a outros Poderes."

O Ministro Luiz Fux, no mesmo sentido, em recente artigo:

> "(...) Está na ordem do dia a virtude passiva dos juízes e a humildade judicial de reconhecer, em muitos casos, a ausência de expertise em relação à Covid-19.
>
> É tudo novo para a Ciência, quiçá para o Judiciário. Nesse contexto, impõe-se aos juízes atenção para as consequências das suas decisões, recomendando-se prudência redobrada em cenários nos quais os impactos da intervenção judicial são complexos, incalculáveis ou imprevisíveis.
>
> Antes de decidirem, devem os juízes ouvir os técnicos, porque uma postura judicial diversa gera decisões passionais que desorganizam o sistema de saúde, gerando decisões trágicas e caridade injusta.
>
> A novel figura do amigo da Corte (amicus curiae), que pode ser um cientista, um economista, um médico, foi incorporada ao novo Código de Processo Civil para coadjuvar os juízes e tribunais nas decisões que exigem conhecimentos que escapam à formação dos profissionais do Direito.
>
> A participação desses experts é fundamental, na medida em que aqui e ali vislumbram-se decisões que apreendem máscaras e remédios, internam-se pessoas cujo tratamento deve ser caseiro, fadigando a disponibilidade de leitos hospitalares, impede-se a criação de postos próximos aos cidadãos para receberem o auxílio econômico governamental, entre outras.
>
> Positivamente, não é hora do impulso imoderado, mas do raciocínio

prudente, racional e consequencialista, sob pena de a Justiça, cujo o desígnio é dar a cada um o que é seu, transformar-se num paciente infectado por uma Covid que adoece a alma e a razão, ferindo de morte, a um só tempo, a vida dos que sofrem e a esperança dos que intentam viver."

Assim, a decisão trazida pela ADPF 672 pelo Ministro Alexandre de Morais, evidentemente, na pauta de debates, traz uma importante discussão relativa ao arranjo institucional brasileiro e democracia. Conforme aduz Teoldina Vitório:

> Portanto, críticos indicam aspectos positivos, bem como imperfeições tanto no judicial activism quanto no self restraint. Receiam, ainda, a exemplo de Carvalho (2009), que tribunais ativistas se tornem excessivamente paternalistas e sepultem, assim, a cidadania, ocupando os espaços dos processos políticos democráticos. Temem, também, que pela legitimidade democrática conferida pela força esmagadora da maioria ao Legislativo e ao Executivo, estes passem a governar impondo obrigações desproporcionais a grupos socialmente minoritários. (VITÓRIO, 2011, p. 59)

Com efeito, embora exista uma visão diametralmente oposta pela doutrina, quanto à postura ativista dos juízes e o respeito à Constituição, mas também a busca inegável de garantir uma decisão justa inerente ao princípio da proibição da proteção deficiente, há que se tomar muito cuidado para que o ativismo judicial não seja ligado a uma supremacia jurisdicional, assim como também a um Poder que não esteja em harmonia com os outros. Ademais, faz-se mister destacar que, ao longo da história do direito, a separação dos poderes sempre esteve associada como imperativo meramente formal, pois diferentes momentos históricos mostram que um Poder prevalecia sobre o outro.

Dessa forma, na atual realidade constitucional brasileira, deve-se analisar a preponderância e a razão pelo qual juízes figuram como protagonistas de competências que caberiam a outros poderes, afim de demostrar se há um desrespeito ao princípio da separação dos poderes, ou, se este demonstra melhor e mais adequada capacidade para efetivar direitos e garantias fundamentais, respeitando à democracia.

4 Considerações finais

O presente artigo consistiu em buscar analisar a atual conjectura do ativismo judicial em meio a pandemia do COVID-19, a partir da análise da ADPF 672, demonstrando o posicionamento da doutrina sobre a temática. Ora, a Constituição ao defender a posição de cada um dos Poderes, todavia, gera uma repartição formalmente construída em uma base democrática, porém, valorando os aspectos materiais vemos uma sociedade civil em que a todo dia presa por uma decisão evidentemente justa concretizando os direitos fundamentais, que não seria possível sem a interferência do Judiciário.

Chega-se à conclusão de que, muito embora o ativismo judicial seja visto como vilão, por apresentar riscos à democracia pelo fato das decisões mostrarem alto grau de discricionariedade, notadamente em período de crises como a pandemia do COVID-19, em questões relativas a políticas públicas, devemos de forma racional, entender que, é a saída mais viável apesar de não ser a ideal, pelo fato que a legislação não acompanha perpasso a velocidade das transformações em momento real dos percalços em que estamos vivendo.

Diante dessa temática, o que devemo-nos ater é que entre os reflexos positivos ou negativos do ativismo, notadamente, em entendimentos que possam gerar reflexos antidemocráticos, é fundamental e imprescindível buscar-se entender o real motivo para a grande desenfreada interferência Jurisdicional em uma competência que caberia ao Legislativo, o problema maior talvez seria o próprio Poder Legislativo que ainda não conseguiu resolver essa problemática, pois, em um país com democracia recente como o Brasil seria necessário uma maior maturidade da democracia para aplicação e concretização das normas constitucionais e, por isso, ainda a interferência do Poder Judiciário apresenta-se como uma alternativa de interpretar e aplicar a constituição.

Referências bibliográficas

DALLARI, D. de A. **Elementos de Teoria geral do Estado**. 19. ed. 1995. Saraiva, São Paulo.

MÜLLER, Max. **Teoria geral do neoconstitucionalismo**. Porto Alegre: Livraria do Advogado Editora, 2011.

PAULA, J. L. M. de. **Democracia e jurisdição**. 1. ed. Curitiba: JM

Editora e Livraria Jurídica, 2014.

RAMOS, Elival da Silva. **Ativismo judicial:** parâmetros dogmáticos. 2 ed. São Paulo: Saraiva, 2015.

VITÓRIO, T. B. da S. C. O ativismo judicial como instrumento de concreção dos direitos fundamentais no Estado democrático de direito: uma leitura à luz do pensamento Ronald Dworkin. Tese de Doutorado. Direito Público. Pontifícia Universidade Católica de Minas Gerais, 2011.

A responsabilização dos entes públicos por violações à proteção de dados pessoais no combate ao coronavírus: uma análise à luz do entendimento do STF acerca da expressão "erro grosseiro" da MP 966/2020

MATHEUS BARBOSA RODRIGUES

1 Introdução

No dia 13/05/2020, foi editada a Medida Provisória n° 966/2020[1], que trata sobre a responsabilização dos agentes públicos por ação e omissão em atos relacionados com o enfrentamento da pandemia do Covid-19.

Entre outros pontos, a MP n° 966/2020 estabelece que os agentes públicos somente poderão ser responsabilizados, nas esferas civil e administrativa, se agirem ou se omitirem com dolo ou erro grosseiro pela prática de atos relacionados com as medidas de enfrentamento à pandemia e aos efeitos econômicos e sociais dela decorrentes (art. 1°, *caput* e I e II, MP n° 966/2020).

Em sucessivo à sua entrada em vigor, foram ajuizadas no Supremo Tribunal Federal as ADI's n° 6.421, 6.422, 6.424, 6.425, 6.427, 6.248 e 6.431, questionando, sob diversos argumentos, a constitucionalidade da medida provisória. Um dos fundamentos aventados pelas partes era a excessiva carga de generalidade da expressão "erro grosseiro".

Ao final do julgamento, o STF, então, seguindo o entendimento do Ministro Roberto Barroso, decidiu por conceder interpretação conforme à Constituição Federal de 1988 (CF/88)[2] no sentido de

---

[1] BRASIL. **Medida provisória n° 966**, de 13 de maio de 2020. Disponível em: <http://www.planalto.gov.br/ccivil_03/_Ato2019-2022/2020/Mpv/mpv966.htm>. Acesso em: 30 maio 2020.

[2] BRASIL. **Constituição da República Federativa do Brasil de 1988**, de 05 de outubro de 1988. Disponível em:

fixar o seguinte entendimento quanto ao sentido da expressão "erro grosseiro":

1. Configura erro grosseiro o ato administrativo que ensejar violação ao direito à vida, à saúde ou ao meio ambiente equilibrado por inobservância:

(i) de normas e critérios científicos e técnicos;
(ii) dos princípios constitucionais da precaução e da prevenção.

2. A autoridade a quem compete decidir deve exigir que as opiniões técnicas em que baseará sua decisão tratem expressamente:

(i) das normas e critérios científicos e técnicos aplicáveis à matéria, tal como estabelecidos por organizações internacional e nacionalmente   reconhecidas;   e
(ii) da observância dos princípios constitucionais da precaução e da prevenção, sob pena de se tornarem corresponsáveis por eventuais violações a direitos.

Vale ressaltar, porém, que a edição da Medida Provisória nº 966/2020 ainda levanta preocupações acerca de seus impactos jurídicos na responsabilização dos agentes públicos. Isso porque, no atual contexto pandêmico, em que são adotadas medidas de enfrentamento ao coronavírus, a preservação de determinados bens jurídicos tem sido ameaçada. Um desses bens jurídicos, de seu turno, é a privacidade.

Isso porque uma das políticas utilizadas por governos locais com vistas ao combate ao coronavírus é o *social tracking* (rastreamento social), sistema que se baseia nas informações coletadas a partir dos celulares dos cidadãos com vistas à verificação da adesão ao distanciamento social ou quarentena.

A título meramente exemplificativo de uso da política de rastreamento social no contexto da pandemia de Covid-19, por sua vez, pode-se citar o Estado de São Paulo. Embora o governo local garanta que os dados são anonimizados, ainda há preocupações acerca da preservação do núcleo do direito à privacidade dos dados coletados. Isso porque a privacidade e a proteção de dados são temas recentes no ordenamento nacional, de sorte que ainda não há sólida doutrina ou jurisprudência acerca do assunto. Mais que isso, a

---

<http://www.planalto.gov.br/ccivil_03/constituicao/constituicaocompil ado.htm>. Acesso em: 26 maio 2020.

normativa brasileira de maior expressão, a Lei Geral de Proteção de Dados (LGPD ou Lei n° 13.709/2020)[3] ainda se encontra em *vacatio legis* até agosto de 2020, com as sanções administrativas nela previstas entrando em vigor apenas em 2021[4].

Entretanto, compulsando-se as normativas brasileiras vigentes, por tudo a Constituição Federal de 1988, percebe-se ser possível, além de imperioso, a responsabilização dos agentes públicos brasileiros por atos que eventualmente violem a privacidade de dados dos cidadãos. Merecem destaque, na tutela do direito à privacidade, o enunciado do art. 5°, X da Magna Carta de 1988, que assegura a inviolabilidade da intimidade e da vida privada; o princípio da autodeterminação informativa, implicitamente contido no inciso X do artigo 5° acima referenciado; e, por fim, as boas práticas de privacidade e proteção de dados praticadas pelas agências internacionais de proteção de dados, passíveis de aplicação à luz do entendimento firmado pelo STF no julgamento das ADI's n° 6.421, 6.422, 6.424, 6.425, 6.427, 6.248 e 6.431.

2 Do direito à privacidade na Constituição Federal de 1988

Primeiro, vale expor brevemente acerca do sentido de alguns termos utilizados no presente artigo, quais sejam: dados pessoais, titular de dados e tratamento de dados. Para explicitar o significado desses vocábulos, serão utilizadas as definições expostas na Lei Geral de Proteção de Dados, que, muito embora ainda não esteja em vigor, serve aos propósitos de aclarar o sentido dos termos necessários à compreensão do presente texto.

Dado pessoal, nos termos do art. 5°, I da LGPD[5] é toda e qualquer informação relacionada à pessoa natural identificada ou

---

[3] BRASIL. **Lei n° 13.709**, de 14 de agosto de 2018. Disponível em: <http://www.planalto.gov.br/ccivil_03/_ato2015-2018/2018/lei/L13709.htm>. Acesso em: 30 maio 2020.

[4] Até o fechamento desse texto (31/06/2020), pendia de sanção presidencial o Projeto de Lei n° 1.179/2020 que, em sua versão final, estabeleceu a entrada em vigor da Lei Geral de Proteção de Dados em 14 de agosto de 2020, com os artigos referentes às sanções administrativas entrando em vigor em 14 de agosto de 2021.

[5] *Idem* nota 4.

identificável. Já titular dos dados é a pessoa natural a quem se referem os dados pessoais objeto do tratamento (art. 5º, V, Lei nº 13.709/2018)[6]. Por fim, tratamento de dados é toda e qualquer operação realizada com dados pessoais (art. 5º, X, Lei nº 13.709/2018)[7]. De posse dessa conceituação fundamental, passe-se a análise da temática proposta.

Um dos dispositivos que tratam da privacidade é o enunciado do artigo 5º, X da Constituição Federal de 1988, que positiva serem "invioláveis a intimidade, a vida privada, a honra e a imagem das pessoas, assegurado o direito à indenização pelo dano material ou moral decorrente de sua violação". No presente artigo, apenas serão analisados os dois primeiros direitos, à intimidade e à vida privada.

O direito geral à vida privada baseia-se, segundo Sampaio[8], na autonomia individual e em assegurar o livre desenvolvimento da personalidade humana, a qual, por sua vez, expressa-se em algumas esferas existenciais, uma das quais, a intimidade.

De seu turno, ainda consoante Sampaio[9], a intimidade está primordialmente relacionada ao controle exercido pelo titular do fluxo de dados coletados por terceiros, o qual deve possuir prazo determinado e que ter a forma como esses dados serão utilizados exposta ao titular dos dados.

Por fim, cabe destacar que, ao elencar a defesa da intimidade como direito fundamental, o constituinte instituiu-a, conforme Sarlet[10], como fim diretivo de ação para os poderes públicos, passando a ser compromisso estatal promovê-la através, por exemplo, de políticas públicas.

Ao poder acima referenciado do indivíduo ter autoridade sobre a forma com que seus dados serão coletados e analisados, dá-se o

---

[6] *Idem ibidem.*

[7] *Idem ibidem.*

[8] SAMPAIO. José Adércio Leite. **Comentários aos artigo 5º, X**. *In*: CANOTILHO, José Joaquim Gomes; MENDES, Gilmar Ferreira; SARLET, Ingo Wolfgang; STRECK, Lenio Luiz. **Comentários à Constituição do Brasil**. São Paulo: Saraiva/Almedina, 2013, p. 277.

[9] *Idem ibidem*, p. 282.

[10] SARLET, Ingo Wolfgang. **Notas introdutórias ao sistema constitucional de direitos e deveres fundamentais**. *In*: CANOTILHO, José Joaquim Gomes; MENDES, Gilmar Ferreira; ______; STRECK, Lenio Luiz. **Comentários à Constituição do Brasil**. São Paulo: Saraiva/Almedina, 2013, p.186.

nome de autodeterminação informativa. Muito embora esteja citado na Lei Geral de Proteção de Dados, referido princípio começou a ser desenvolvido pelo Tribunal Constitucional Federal (TCF) alemão (ALEMANHA, 1983)[11], tendo sido mantido no art. 6º, *c*, Diretiva nº 95/46/EC (EUROPA, 1995)[12], bem assim no art. 5.1, *b*, GDPR (EUROPA, 2018)[13].

Vale salientar, lado outro, que o conceito desenvolvido na Europa pressupõe o dever de transparência, que requer a constante comunicação entre titular do dado e o responsável pelo tratamento, em linguagem de fácil entendimento pelo cidadão.

Todavia, impõe-se destacar que o direito à intimidade não é absoluto, podendo ceder em benefício da saúde pública, por exemplo, o que parece ser ainda mais necessário no atual contexto pandêmico. Nesse caso, teríamos dois direitos fundamentais em conflito: o direito à intimidade (art. 5º, X, CF/88) e o direito à saúde (art. 6º, *caput*, CF/88).

Referido conflito entre direitos fundamentais, por sua vez, deve ser resolvido considerando a técnica da ponderação, a qual se operacionaliza, segundo Barroso[14], em três etapas: identificação das normas relevantes ao caso (os arts. 5º, X e 6º, *caput*, CF/88); do contexto fático que circunda o problema em análise (*in casu*, a pandemia do Covid-19, que já possui, em 01/06/2020, 30.058

---

[11] ALEMANHA. *Bundesverfassungsgericht (Erste Senat)*. **Julgamento conjunto nº 65 das Reclamações Constitucionais nº 209/83, 269/83, 362/83, 420/83, 440/83, 484/83**. Data de julgamento: 15 dez. 1983. Disponível em: <https://www.bundesverfassungsgericht.de/SharedDocs/Entscheidungen/DE/1983/12/rs19831215_1bvr020983.html>. Acesso em: 01 mar. 2020.

[12] EUROPA. **Diretiva 95/46/EC**, de 24 de outubro de 1995. Disponível em: <https://eur-lex.europa.eu/legal-content/en/TXT/?uri=CELEX%3A31995L0046> Acesso em: 01 mar. 2020.

[13] UNIÃO EUROPEIA. **General Data Protection Regulation**, de 25 de maio de 2018. Disponível em: < https://gdpr-info.eu/>. Acesso em: 06 mar. 2020.

[14] BARROSO, Luis Roberto. **Curso de direito constitucional contemporâneo**: os conceitos fundamentais e a construção do novo modelo. São Paulo: Saraiva, 2015, p 374.

vítimas fatais)[15]; e a análise conjunta das normas em conflito, ponderando sua influência na decisão a ser tomada e graduando a intervenção a ser feita.

Aplicando-se a ponderação ao caso em concreto, tem-se que o direito à saúde deve prevalecer sobre o direito à intimidade. Primeiro, em razão do quadro calamitoso em que o Brasil se encontra. Segundo, porquanto o direito à privacidade, se violado, pode ser reparado, na forma, por exemplo, de indenização monetária, e aqueles que o violaram, responsabilizados. O direito à vida, por sua vez, não é passível de valoração econômica alguma, sendo qualquer responsabilização ulterior de pouca importância, haja vista o bem maior, a vida, já haver sido prejudicado. Terceiro, porquanto o monitoramento dos celulares com vistas a verificar a efetividade das políticas de isolamento social focam em uma população específica, porém, beneficiam toda a coletividade, impedindo a disseminação do coronavírus.

3 Do modelo constitucional de responsabilização dos agentes públicos e sua necessária releitura

Conforme visto anteriormente, em um juízo de ponderação, o direito à saúde deve prevalecer sobre o direito à intimidade. Todavia, isso não representa um permissivo para a violação dos direitos à privacidade dos cidadãos. Dessa forma, faz-se necessário analisar as formas pelas quais um agente público, no exercício de suas funções, pode ser responsabilizado por ações que infrinjam o direito à privacidade contido no art. 5º, X, CF/88.

De partida, cabe destacar que a responsabilização dos agentes públicos em decorrência de políticas governamentais que violem direitos fundamentais de terceiros, tal como o direito à privacidade, tem sido pautada, tradicionalmente, pelo enunciado do art. 37, § 6º, CF/88, que dispõe, *in verbis*:

> § 6º As pessoas jurídicas de direito público e as de direito privado prestadoras de serviços públicos responderão pelos danos que seus agentes, nessa qualidade, causarem a terceiros, assegurado o direito

---

[15] Dados coletados do **Painel Coronavírus do Ministério da Saúde**. Atualizado em 01 de junho de 2020, às 20:15. Disponível em: <https://covid.saude.gov.br/>. Acesso em: 01 jun. 2020.

de regresso contra o responsável nos casos de dolo ou culpa.

De referido dispositivo, pode-se extrair que a responsabilidade civil dos entes públicos é, em regra, objetiva. Entretanto, tal modelo de responsabilização civil tornou-se insuficiente na atual sociedade, marcada, conforme Zuboff[16], pelo capitalismo de vigilância, em que as empresas têm como principal insumo o próprio indivíduo e as informações que dele podem ser extraídas.

Mais ainda, tendo em vista a adoção de medidas de rastreamento social para combater a pandemia e após o Supremo Tribunal Federal fixar a definição de "erro grosseiro"[17], tornou-se necessário cotejar esse entendimento do STF com o conceito constitucional de responsabilidade civil dos entes públicos para demonstrar um padrão adicional de conformidade técnica que, por sua vez, deve pautar o exame de legalidade das políticas públicas tais como o rastreamento social.

Referido padrão técnico, por sua vez, consiste em um conjunto de normativas referenciadas como ISO 27.000[18], as quais fixam diversas obrigações com vistas à garantia da segurança da informação. Entre esses deveres, estão a elaboração de um Sistema de Gestão de Segurança da Informação, de uma Política de Segurança da Informação além de diretivas acerca da segurança física do ambiente em que armazenados os dados, a segurança dos recursos humanos que lidam com os dados e das operações de tratamento dos dados.

Por derradeiro, insta salientar que a adoção dessas normativas como padrão de avaliação da conformidade legal das políticas públicas de enfrentamento do coronavírus tornou-se possível a partir da interpretação dada pelo STF à expressão "erro grosseiro", pela qual passou comete erro grosseiro a autoridade que não se

---

[16] ZUBOFF, Shoshana. ***The age of surveilance capitalism***: *the fight for a human future at the new frontier of power*. Nova York: PublicAffairs, 2019, p. 8.

[17] Ato administrativo que enseje violação ao direito à vida, à saúde ou ao meio ambiente equilibrado por inobservância dos princípios de prevenção, precaução e de normas técnico-científicas fixadas por organizações internacional e nacionalmente reconhecidas.

[18] **ISO/IEC 27001 Information security management**. Disponível a partir de: <https://www.iso.org/isoiec-27001-information-security.html>. Acesso em: 01 jun. 2020.

pautar por critérios técnicos para o tratamento de dados, a exemplo dos apresentados pela ISO (*International Organization for Standardization*, na sigla em inglês).

4 Conclusão

Ao longo do presente artigo, foi apresentada a problemática da preservação da privacidade em função das medidas de rastreamento social que estão sendo usadas para acompanhar a efetividade das políticas de isolamento.

Igualmente, viu-se que o direito à privacidade e à autodeterminação informativa estão contidos na Constituição Federal de 1988 na condição de direitos fundamentais e, assim, consistindo em compromisso estatal sua maximização à luz de sua essencialidade para a personalidade humana.

Ainda, viu-se que o vigente modelo de responsabilidade civil de agentes públicos é insuficiente para adequadamente tutelar os direitos fundamentais na atual sociedade tecnológica, tendo em vista o modelo econômico baseado na constante coleta de informações dos cidadãos e que se repete nas políticas de enfrentamento ao coronavírus.

Ao final, tendo em vista a interpretação do STF acerca da expressão "erro grosseiro" contida no art. 1°, *caput* da MP 966/2020, viu-se que se tornou uma obrigação do governante seguir os padrões internacionais de qualidade em relação ao tratamento dos dados pessoais, por tudo os fixados pela Organização Internacional de Normalização. Do contrário, os gestores públicos incorrerão na prática de erro grosseiro e, assim, serão responsabilizados pelas decisões tomadas no tratamento de dados pessoais no contexto de combate à pandemia de coronavírus e nos quais haja violação ao direito fundamental à intimidade.

O impacto fiscal da pandemia do Covid-19 e o papel dos poderes constituídos no cenário pandêmico

PÂMELLA GIUSEPPINA PARISI COSTA

Introdução

O atual contexto de combate à disseminação do novo coronavírus impacta o mundo em múltiplas dimensões, quais sejam, sanitária (indeterminação de remédios e vacina), econômica (recessão mundial), social (quebra sequencial de empresas e milhões de desempregados), fiscal (com forte pressão dos cofres públicos e uma quantidade inevitável de gastos pela Administração Pública), além de ocasionar uma maior tensão entre os Poderes.

Mostra-se importante a compreensão e registro dessas extensões, sobretudo, porque impactam a maneira como se enxerga o direito, que não deve ser interpretado fora do contexto em que está situado.

Nessa crise multidimensional, põe-se em relevo o Poder Judiciário, as Cortes Constitucionais, seu papel contramajoritário, o qual possibilita a invalidação de atos dos outros poderes mesmo no contexto da pandemia, e o papel representativo quando atende certas demandas sociais em casos de desatenção do processo legislativo.[1]

Historicamente, a afirmação do Judiciário com o *judicial review* e o reforço de sua legitimidade institucional possibilitam decisões ativistas em temas caros à sociedade, aumentando-se o grau de interferência deste Poder em atos de políticas públicas. No entanto, a elevada complexidade da emergência da Covid-19 torna indispensável a cautela de tais intervenções.

Nesse momento de extrema gravidade, grupos econômicos têm

---

[1] BARROSO, Luís Roberto. Contramajoritário, representativo e iluminista: os papéis das supremas cortes e tribunais constitucionais nas democracias contemporâneas. **Revista Interdisciplinar de Direito**, [S.l.], v. 16, n. 1, p. 217-266, jun. 2018. ISSN 2447-4290. Disponível em: http://revistas.faa.edu.br/index.php/FDV/article/view/494>. Acesso em: 02 jun. 2020.

submetido à apreciação judicial demandas para a afastar a exigência de obrigações tributárias, objetivando possibilitar à empresa fôlego financeiro para enfrentar o porvir, salvaguardar sua existência, evitando-se o desemprego e demais prejuízos de difícil reparação. A relevância desta ponderação é de suma importância, posto que, nessa mesma conjuntura, o Poder Público enfrenta o desafio de equacionar os efeitos imprevisíveis na arrecadação e as medidas tributárias que resguardem a iniciativa privada.

Em tal contexto, o presente trabalho busca analisar a postura e atuação da Corte Constitucional a partir da decisão proferida na Suspensão de Segurança (SS) n° 5374 no início de maio de 2020, tendo-se em conta as crises social e fiscal.

O enfretamento da pandemia pelos Poderes constituídos

O atual contexto da sociedade global atingida pela pandemia do coronavírus (Covid-19) apresenta inúmeros impactos, tendo-se como destaque o declínio da atividade econômica no país, ocasionando uma retração significativa nas fontes de receitas tributárias.

Ao mesmo tempo em que afeta o faturamento de grandes empresas, a crise ameaça, sobretudo, o futuro de pequenos e médios negócios, os quais são obrigados a interromper a prestação de serviços e o fornecimento de produtos, em um cenário de enorme incerteza mesmo após a esperada superação da pandemia. Essas circunstâncias acarretam consequências tributárias para as empresas, bem como impactos na arrecadação fiscal de todas as esferas do Poder Executivo.

Um estudo do Instituto Brasileiro de Planejamento e Tributação (IBPT)[2] aponta que a arrecadação de impostos no Brasil pode sofrer uma queda de até 39,3% em virtude dos impactos do isolamento social recomendado pela própria Organização Mundial de Saúde (OMS) como a forma mais eficaz de combate ao Covid-19.

Diante do atual cenário econômico do país, o empresariado tem buscado alternativas para a minimizar os impactos financeiros provocados pela pandemia da Covid-19, notadamente, por meio da adoção de medidas que proporcionem um alívio imediato no fluxo de caixa das empresas.

No início do mês de maio de 2020, o Supremo Tribunal Federal

---

[2] AMARAL, Gilberto Luiz et al. Queda da arrecadação tributária em decorrência dos efeitos da pandemia do Coronavírus. Curitiba: IBPT, 2020.

(STF) - em apreciação de Suspensão de Segurança (SS) n° 5374 - acolheu pedido formulado pela Procuradoria-Geral do Município de São Paulo para sustar os efeitos de decisão monocrática do Tribunal de Justiça de São Paulo (TJSP) que retirava de determinado grupo econômico o dever de pagar tributos durante a pandemia causada pelo novo coronavírus.

Antes de adentrar na ponderação da Corte Constitucional, importante pontuar que a decisão judicial que concede suspensão de pagamento de tributos pode gerar potencial risco à ordem administrativa, gerando maior tensão entre os Poderes, além de comprometer a equação da arrecadação e problemas econômico-sociais decorrentes da pandemia. Válido destacar as seguintes considerações da relatora Des. Mônica Serrano quando da citada concessão de suspensão:

> "Em juízo ainda precoce próprio da cognição sumária, vislumbro presentes os elementos aptos à concessão de efeito ativo ao recurso, considerando-se o momento de extrema gravidade enfrentado em razão da pandemia do Covid-19, a fim de possibilitar à empresa fôlego financeiro para enfrentar o porvir, com o fito de salvaguardar sua existência, evitando-se o desemprego de seus colaboradores e demais prejuízos de difícil reparação, com consequências adversas à toda comunidade. O princípio da preservação da empresa dentro do contexto de uma crise mundial de extrema gravidade impõe a conservação da atividade empresarial, em razão dos inúmeros interesses que transcendem a mesma e de sua função social.".[3]

A decisão conclui que a interrupção do pagamento dos tributos é necessária para atender o princípio da função social da empresa, sendo socialmente mais adequada do que a perda da arrecadação temporária que seria sofrida pelo Poder Executivo. Tais ponderações provocam reflexão sobre o papel dos poderes constituídos dentro do processo de enfrentamento dos diversos problemas gerados no inédito panorama.

O reconhecimento da força normativa dos princípios e o entendimento de que cabe ao Judiciário viabilizar materialmente o pacto constitucional têm guiado nos últimos tempos a base dogmática para o protagonismo do Poder Judiciário nas frentes de

---

[3] Agravo de Instrumento n° 2067266-72.2020.8.26.0000, 14ª Câmara de Direito Público do Tribunal de Justiça de São Paulo, Relatora Des. Mônica Serrano.

políticas públicas. Cumpre, porém, mencionar que, na democracia, os poderes constituídos se controlam mutuamente, não sendo acolhida a ideia de que haja um Poder mais hegemônico, não obstante ter-se em mente que o ativismo judicial é uma atuação proativa e expansiva do Judiciário com vistas à salvaguarda da Constituição e efetivação dos direitos fundamentais.

O controle da Administração fundamentado em princípios implica em variados desafios, notadamente, quando se coloca em risco o equilíbrio fiscal. O Judiciário deve agir dentro dos parâmetros da razoabilidade, observando-se a função legítima conferida pela Carta Magna ao Legislativo e muitas vezes influindo em competências próprias do Executivo, de organização econômico-financeira e políticas públicas.[4]

Nesse sentido, mostra-se bastante harmonizada com os princípios democráticos a postura do Supremo Tribunal Federal (STF) de rechaçar a concessão de benefícios fiscais *exlege*, na medida em que a moratória concedida independentemente de previsão legislativa coloca em risco a capacidade do Estado de apresentar as respostas necessárias para o enfrentamento concreto da pandemia do Covid-19.

Em suas razões, o Ministro Dias Toffoli demonstrou cautela na intervenção do Judiciário em tempos de crise:

> "não cabe ao Poder Judiciário decidir quem deve ou não pagar impostos, ou mesmo quais políticas públicas devem ser adotadas, substituindo-se aos gestores responsáveis pela condução dos destinos do Estado, neste momento.
>
> [...]
>
> Não se mostra admissível que uma decisão judicial, por melhor que seja a intenção de seu prolator ao editá-la, venha a substituir o critério de conveniência e oportunidade que rege a edição dos atos da Administração Pública, notadamente em tempos de calamidade como o presente, porque ao Poder Judiciário não é dado dispor sobre os fundamentos técnicos que levam à tomada de uma decisão administrativa.
>
> Ademais, a subversão, como aqui se deu, da ordem administrativa vigente no município de São Paulo, em matéria tributária, não pode ser feita de forma isolada, sem análise de suas consequências para o

---

[4] PAULA, Alexandre Sturion de. Ativismo judicial no processo civil: limites e possibilidades constitucionais. Campinas: Servanda, p. 147-155.

orçamento estatal, que está sendo chamado a fazer frente a despesas imprevistas e que certamente têm demandado esforço criativo, para a manutenção das despesas correntes básicas do município."[5]

Dessa maneira, reforçou que o Poder Judiciário não detém capacidade institucional para avaliar o efeito sistêmico da medida. Com efeito, diante da grave adversidade social e econômica, impõe-se ao Poder Público o desafio de enfrentar a dificuldade das receitas tributárias e a necessidade de recursos para sustentar a sobrecarga da rede de proteção social exigida pelos direitos fundamentais. O tributo pode e deve ser usado como um instrumento para alavancar a saída da crise, mas é preciso que os governos federal, estadual e municipal adotem ações macroeconômicas que sejam capazes de auxiliar o empreendedor na retomada de sua atividade.

As providências que vêm sendo adotadas pela Administração Tributária são norteadas, sempre que possível, pelo equilíbrio do dever de proteção do crédito público e a observância de que o devedor continue exercendo as suas atividades, gerando riqueza e auferindo os recursos necessários para manter os seus empregados, pagar tributos e fornecedores.

A exemplo das medidas implementadas pela Procuradoria-Geral da Fazenda Nacional (PGFN)[6], tem-se a edição da Portaria nº 7.821/2020, que suspendeu por 90 dias a apresentação de protestos de certidões de dívidas e a instauração de novos procedimentos de reconhecimento de responsabilidade. Porém, no tocante ao mecanismo de cobrança através das execuções fiscais, vislumbra-se que resta ausente na referida Portaria a suspensão do ingresso dessas ações, permanecendo ser possível o ajuizamento para fins de cumprimento de suas metas de colaboração com as contas públicas, além de afastar a perda do crédito público pela prescrição. No mesmo sentido, têm sido as atuações dos Estados e Municípios.

A necessidade de financiar atividades estatais, especialmente para o combate à pandemia, pressionará a arrecadação e exigirá mais

---

5 STF - SS: 5214 PR - PARANÁ 0016073-65.2017.1.00.0000, Relator: Min. Presidente, Data de Julgamento: 23/04/2018, Data de Publicação: DJe-085 03/05/2018

6 Disponível em: http://www.pgfn.fazenda.gov.br/noticias/ 2020/ parcelamentos-da-pgfn-o-que-mudou-devido-a-pandemia. Acessado em 02/06/2020

competência na alocação de recursos. Paradoxalmente, os contribuintes enfrentarão desafios para sobrevivência e demandarão afrouxamento de obrigações acessórias e alívio tributário. E as alternativas podem e devem ser discutidas na arena pública e reavaliadas com frequência, devendo-se, para tanto, ampliar as comunicações, primando-se pela segurança jurídica tributária.

Portanto, mostra-se de suma importância a preservação da capacidade institucional do Poder Executivo para atuar de modo organizado, promover a articulação dos mais variados interesses, estruturando a manutenção da capacidade de arrecadação mínima do Estado, bem como atender às demandas que lhe são apresentadas a cada instante.

No julgamento da SS n° 5374, a Corte salienta a competência primordialmente atribuída ao Poder Executivo, além de ponderar a necessidade de se evitar embaraços e dificuldades ao adequado exercício das funções típicas da Administração pelas autoridades legalmente constituídas, e não comprometer a condução coordenada e sistematizada das ações necessárias à mitigação dos danos provocados pela Covid-19. A cautela segue, assim, na direção da harmonização dos Poderes na medida em que afasta a possibilidade de decisão isolada ter ingerência na arrecadação do Estado, evitando uma desorganização administrativa.

A decisão atenta ao princípio da separação dos poderes, além apontar para prudência do equilíbrio orçamentário, tendo em conta, sobretudo, o efeito multiplicador de demandas judiciais semelhante para benesses de ordem fiscal por diversos contribuinte no país.

A Corte Constitucional, na avaliação da dimensão fiscal das consequências do cenário pandêmico, impulsiona a contenção no tocante à judicialização de temas afetos à pandemia, privilegiando uma postura dialógica, evitando que intervenções pontuais excessivas prejudiquem a arrumação do sistema atinente à arrecadação.

Conclusão

Desse modo, a decisão do Ministro Dias Toffoli na SS n° 5374, no que concerne às matérias afetadas pela dimensão fiscal do impacto do cenário pandêmico, demonstra cautela na intervenção do Judiciário, primando-se trabalho coordenado entre as instituições, além de assegurar à Administração Pública o exercício sua competência sobre decisões públicas em vista de critérios técnicos, preservando-se a segurança para implementação das políticas públicas.

A ponderação leva em conta a gravidade da situação, reconhecendo-se a necessidade de tomada de medidas coordenadas e voltadas ao bem comum, afastando-se o privilégio de determinado segmento da atividade econômica, em detrimento do próprio Estado, a quem incumbe, precipuamente, combater os nefastos efeitos decorrentes dessa pandemia

Os desafios apresentados pela pandemia do Covid-19, portanto, têm levado à reflexão sobre o papel funcional de cada um dos poderes, dos custos envolvidos na tomada de decisões baseadas exclusivamente em princípios e valores jurídicos abstratos e dos seus impactos sobre o cotidiano dos cidadãos.

Referências

AMARAL, Gilberto Luiz et al. Queda da arrecadação tributária em decorrência dos efeitos da pandemia do Coronavírus. Curitiba: IBPT, 2020;

AGRAVO DE INSTRUMENTO nº 2067266-72.2020.8.26.0000, 14ª Câmara de Direito Público do Tribunal de Justiça de São Paulo, Relatora Des. Mônica Serrano; Disponível em: http://www.pgfn.fazenda.gov.br/noticias/2020/parcelamentos -da-pgfn-o-que-mudou-devido-a-pandemia. Acessado em 02/06/2020;

BARROSO, Luís Roberto. Contramajoritário, representativo e iluminista: os papéis das supremas cortes e tribunais constitucionais nas democracias contemporâneas. Revista Interdisciplinar de Direito, [S.l.], v. 16, n. 1, p. 217-266, jun. 2018. ISSN 2447-4290. Disponível em: http://revistas.faa.edu.br/index.php/FDV/article/view/494>. Acesso em: 02/06/2020;

BRASIL. **Constituição da República Federativa do Brasil de 1988**. Brasília: Presidência da República. Disponível em: <http://www.planalto.gov.br/ccivil_03/Constituicao/Constitu icao.h tm> Acesso em: 29.jan.2020;

PAULA, Alexandre Sturion de. Ativismo judicial no processo civil: limites e possibilidades constitucionais. Campinas: Servanda, p. 147-155;

STF - SS: 5374 SP – São Paulo, Relator: Min. Presidente, Data de Julgamento: 21/04/2020, Data de Publicação: DJE n° 129, divulgado em 25/05/2020;

STF - SS: 185 MA - Maranhão 0803581- 39.2020.8.10.0000, Relator: Min. Presidente, Data de Julgamento: 27/04/2020, Data de Publicação: 05/05/2020.

O papel da escola e das famílias no processo de ensino-aprendizagem durante a pandemia: análise dos contratos educacionais à luz do direito privado

RACHEL PEREIRA DIAS CALEGARIO

1 As transformações no contexto escola e família: qual o papel dos pais na educação dos filhos em tempos de pandemia

A pandemia do Covid-19, vem exigindo de todos, transformações drásticas. Assim, ao mesmo tempo em que se tornou possível ficar em casa ao lado dos filhos e da família, foi necessário reinventar este espaço. Agora, a casa também é sinônimo de trabalho, escola, entretenimento, angústias, solidão.

Tudo passou a girar em torno do viés: vida real em casa, e vida virtual no trabalho, com amigos nas redes sociais...e assim passamos a lidar com novas terminologias, tais como home office, fake news, internet banking, lives, ensino à distância (este agora mais forte do que nunca!).

Nesse contexto, o futuro passou de um momento a outro a começar agora, tanto a pandemia quanto a quarentena nos mostraram que são possíveis alternativas, que a sociedade se adapta a novos modos de viver, quando isso é necessário e sentido como correspondendo ao bem comum.[1]

Assim, passando pelo âmbito da educação, como as famílias vem administrando tamanha alteração em seu contexto estrutural? E como o direito, no seu contexto contratual e consumerista pode servir de garantidor, a fim de possibilitar um equilíbrio entre escola X família.

O vocábulo educação, pode assumir uma série de significados, desde hábitos e valores determinados pela sociedade, até o desenvolvimento intelectual, moral e cognitivo do indivíduo. E, portanto, o que seria educar? Nesse sentido, o termo tanto pode

---

[1] SANTOS, Boaventura de Sousa. A Cruel Pedagogia do Vírus. São Paulo: Editora Boitempo. 2020.

compreender o processo de transmissão de conhecimento, tais como hábitos e valores, quanto a possibilidade de criar condições para que o sujeito experiencie o mundo.

Educar seria, portanto, acompanhar e influenciar, de alguma forma, o desenvolvimento da aprendizagem, das capacidades físicas e intelectuais. Logo, a atuação familiar é educativa, os pais influenciam na educação dos filhos, uma vez que são responsáveis por legitimar ou desviar conhecimentos e valores adquiridos pelas crianças em seu desenvolvimento psicossocial.[2]

O mesmo ocorre em relação à educação formal, a participação dos pais no processo de ensino-aprendizagem é fundamental, e depende em grande medida da relação que eles têm com o conhecimento, daí a necessidade da interferência de um segundo personagem fundamental neste contexto, o professor.

Essa atuação dos pais e da família é ainda mais pungente quando se trata de sujeitos que estão nas séries iniciais da Educação Básica, nessa faixa etária a dependência e a necessidade de ver na figura dos pais um modelo, é o que garante o seu desenvolvimento psicomotor e intelectual de forma plena.

Logo, o papel dos pais na educação dos filhos é emocional, garantindo uma aproximação dos conteúdos abordados na escola com o cotidiano de seus filhos, ao professor cabe a tarefa de transmitir conhecimentos técnicos e científicos de modo a garantir o pleno desenvolvimento intelectual ao aluno, partindo de técnicas pedagógicas que garantam uma aprendizagem prazerosa.

Porém, em tempos de pandemia, esses papéis se encontram deturpados, afinal, para uma aprendizagem significativa, é necessário também o contexto do ambiente escolar, que se encontra totalmente desvinculado da realidade de quarentena, lockdown e pandemia.

Hoje o fazer escolar está disponibilizado dentro do ambiente virtual. Nossas crianças já nasceram dentro deste ambiente, lidando com todo o tipo de tecnologia e se saindo muito bem, porém a escola e a família, ainda não estavam preparadas para repentinamente serem conduzidas em sua totalidade por todo esse aparato tecnológico, principalmente no âmbito das séries iniciais da Educação Básica.

---

2   https://brasilescola.uol.com.br/psicologia/papel-dos-pais-na-educacao.htm

2 O ensino fundamental e a perspectiva da educação a distância: o amparo legal e o entendimento pedagógico do que é aprendizagem

No que tange a Educação Fundamental, não obstante que seja trabalhada de forma presencial, é permitida sua complementação à distância, ou seja, remotamente, em situações emergenciais, o que se enquadra no contexto da atual pandemia de Covid-19, conforme art. 32, §4° da Lei 9394/96.

Porém, necessário se faz tecer seguintes considerações: as atividades à distância, remotas, ou por EAD, como preferir utilizar o termo, servem para "complementar" a aprendizagem presencial, portanto, mesmo dentro do quadro peculiar que toda a sociedade se encontra, o correto seria um trabalho pedagógico desenvolvido como atividades complementares, de revisão de conteúdo, uma vez se trata de séries iniciais do ensino fundamental, onde a criança possui necessidade de trabalhar com situações-problemas e casos concretos, ocorre que em razão da gravidade da pandemia, a escola precisou alterar essa realidade, passando a trabalhar novos conteúdos.

Segundo Rangel[3] (1992), a vivência de jogos, músicas, brincadeiras envolvendo corpo, poemas, narração de histórias da literatura infantil, situações que surgem em classe, que possui como foco de observação a enumeração, as relações estabelecidas entre os números, relação entre quantidades, símbolos e as ideias das operações, são situações de aprendizagem que favorecem o conhecimento de maneira significativa, assim é necessário que a escola enquadre essa perspectiva ao ambiente virtual de aprendizagem.

Ainda, para Piaget (2008) a aprendizagem provém do "equilíbrio progressivo, uma passagem contínua de um estado de menor equilíbrio para um estado de equilíbrio superior"[4]. Diante dessa afirmação, nota-se que a aprendizagem parte do equilíbrio e a sequência da evolução da mente, isto posto, trata-se de um processo

---

[3] RANGEL, Ana Cristina S. **Educação Matemática e a Construção do Número Pela Criança**. Porto Alegre: Artmed, 1992

[4] PIAGET, J. **Problema de psicologia genética**. Rio de Janeiro: Forense Universitária, 2008.

que não ocorre isoladamente, ou seja, tanto pode partir de experiências que o indivíduo acumulou no decorrer da sua vida, como também por pela interação social.

Na esteira, Piaget (2004)[5] diz que "a aprendizagem ocorre pela ação da experiência do sujeito e do processo de equilibração". Essa afirmação demonstra que aprendizagem não parte do zero, mas sim, de experiências anteriores e vividas, onde o indivíduo desenvolve sua capacidade de assimilação por intermédio e organização do esquema cognitivo, surge então a necessidade de família e escola trabalharem de forma conjunta, no sentido de que, na falta do ambiente escolar concreto, a casa possa transformar-se neste espaço, através da interação família-escola.

> A educação recebida, na escola, e na sociedade de um modo geral cumpre um papel primordial na constituição dos sujeitos, a atitude dos pais e suas práticas de criação e educação são aspectos que interferem no desenvolvimento individual e consequentemente o comportamento da criança na escola. Vygotsky (2014, p.87).

Na perspectiva de Vygotsky[6] (2014), "a aprendizagem é o resultado da interação dinâmica entre a criança com o meio social", sendo que pensamento e linguagem recebem influências do meio que convivem. O funcionamento cognitivo da mente está relacionado à reflexão, planejamento e à organização das estruturas lógicas, adequado à mediação simbólica e social. Ele, vai ainda mais além, firmando que, "a aprendizagem acontece por meio de uma zona de desenvolvimento proximal, que pode ser definida da seguinte forma:

> "A zona de desenvolvimento proximal é a distância entre o nível de desenvolvimento real e o nível de desenvolvimento potencial. O nível real exprime o desempenho da criança ao realizar suas tarefas sem ajuda de ninguém, e o nível potencial representa aquelas tarefas que a criança só consegue realizar com ajuda de alguém" (VYGOTSKY, 1991, p. 97).

---

[5] PIAGET, J. **Aprendizagem e conhecimento**. Rio de Janeiro: Livraria Freitas Bastos S/A, 2004.
[6] VYGOTSKY, L.S.A. **A formação social da mente: o desenvolvimento dos processos psicológicos superiores**. São Paulo: Martins Fontes, 2014.

Por sua vez, aprendizagem para Fonseca[7] (2005) é interligada por quatro componentes cognitivos fundamentais: o <u>input</u> (responsável pelas informações recebidas pelos sentidos visual e auditivo), a <u>cognição</u> (responsável pelos processos de memorização, consistência e processamento simultâneo e sequencial de informações), o <u>output</u> (responsável pelos processos motores como desenhar, ler, escrever, ou resolver problemas) e a <u>retroalimentação</u> (responsável pela repetição, organização, controle e realização das atividades).

Dessa forma, compreende-se que apesar de todos os esforços das instituições de ensino, resta comprovado que o processo cognitivo de ensino-aprendizagem para não ser tolhido, precisa ser absorvido tantos pelos pais quanto pelos professores de forma inovadora e dinâmica, pois caso isso não ocorra de forma eficiente no contexto de uma base técnico-pedagógica condizente, o novo espaço escolar e a nova forma de pensar a educação sentirão impactos profundos, sendo o aluno a figura mais vitimizada. Assim, a parceira escola-família mais do que nunca precisa ser fortificada.

É neste ponto da discussão que surge mais um personagem fundamental para o discorrer dos questionamentos: o direito, acompanhado de leis e medidas provisórias. Assim, o elemento inicial da história é praticamente o mesmo e vivenciado pela maioria das famílias em âmbito nacional: desde a assinatura do contrato de prestação de serviços educacionais relativo ao ano de 2020, decorreu algum tempo sem quaisquer problemas, até que a partir da 2ª quinzena do mês de março do ano vigente com a pandemia do novo coronavírus (Covid-19), chegado ao Brasil, a vida financeira de inúmeras famílias foram transformadas e sofreram terrível reversão.

Muitos pais ficaram impossibilitados de exercer suas atividades laborais em seus locais de trabalho, de modo, que por força da pandemia e por ordem dos governos municipal, estadual, federal ficaram impedidos de trabalhar, passando a ter inúmeras dificuldades para adimplir com suas obrigações financeiras mensais, e dentre elas, o pagamento dos contratos de prestação de serviços educacionais.

No contexto jurídico, o ensino educacional prestado pela iniciativa privada claramente estabelece uma relação de consumo (presentes na figura do consumidor e fornecedor, na forma dos

---

[7] FONSECA, V. **Dificuldades de Aprendizagem: Na busca de alguns axiomas**. Revista Portuguesa de Pedagogia. Ano 39. N°3. 13-38, 2005.

artigos <u>2º</u> e <u>3º</u> da Lei 8.078/90), sendo, para tanto aplicáveis as normas do **<u>Código de Defesa do Consumidor</u>**, especialmente aquela extraída do enunciado do artigo 6º, inciso V, que admite a modificação das cláusulas contratuais que estabeleçam prestações desproporcionais ou sua revisão, em razão de fatos supervenientes (independentemente de sua imprevisibilidade) que as tornem excessivamente onerosas (modificação/revisão contratual calcada na teoria de base objetiva, bastando simplesmente o desequilíbrio das prestações/onerosidade excessiva).

Essa situação é notadamente percebida quando analisadas a quantidade e a qualidade do ensino que vem sendo disponibilizada por várias instituições de ensino em todo o país, lembrando que, as aulas e materiais disponibilizados de forma não presencial, apenas servirão de cômputo quando a instituição cumprir com o mínimo de sua carga horária anual - Súmula do parecer CNE/CP 5/2020.

Demais disso, é muito importante que as mídias digitais disponibilizadas tenham a participação e interação da turma, sendo assim dispostos em lives e de maneira síncrona, de forma a evitar o formato na qual as atividades acabam sendo realizadas de forma individualizada, quebrando o paradigma sócio interacionista que deve estar presente no processo de ensino-aprendizagem, de forma condizente.

Neste contexto, a escola, o corpo técnico-pedagógico e seus docentes precisam ser coerentes na sua prática diária, partindo de técnicas, sejam elas pedagógicas ou de conhecimento simples para o complexo, pois somente assim irão descobrir-se preparadores do saber, especialmente para essa nova modalidade de ensino, que com a pandemia, passou a uma nova roupagem também, de modo a permitir que o crescimento pessoal dos alunos possibilite a formação de cidadãos autônomos para atuarem de maneira responsável em diferentes contextos, a partir deste novo normal.

Entretanto, para que os alunos possam alcançar a autonomia será necessário que todas unidades didáticas, professores, alunos e família, assumam responsabilidades distintas, mesmo que emergenciais, mas essenciais, e exerçam controles diferentes, conforme conteúdos abordados, com o objetivo de que os alunos possam utilizar os conhecimentos disponibilizados e de maneira autônoma, sem que na verdade um adulto, seja este seus pais ou professores façam por eles as atividades disponibilizadas.

Nessa mesma direção, Queiroz[8] (2006, p.5-27) destaca que:

> "Numa perspectiva educacional podemos estabelecer três relações disciplinares, a **multidisciplinaridade** em que os conteúdos são apresentados por disciplinas independentes uma das outras, simultaneamente, sem que apareçam explicitamente as relações que podem existir entre elas, é uma organização somativa; a **interdisciplinaridade** em que há interação entre duas ou mais disciplinas, que pode ir desde a simples comunicação de ideias até a integração recíproca dos conceitos fundamentais e da teoria do conhecimento, da metodologia e dos dados da pesquisa e a **transdisciplinaridade** em que a relação entre disciplinas se dá na interação global dentro de um sistema totalizador, favorece uma unidade interpretativa, com o objetivo de construir uma ciência que explique a realidade sem parcelamento, constitui mais um desejo do que realidade."

Também para Lener[9] (2002, p.34) o maior desafio da escola é:

> Formar praticantes de leitura e não apenas de homens que possam decifrar o sistema da escrita; formar leitores capazes de escolher o material escrito adequado para buscar a solução dos problemas e não leitores capazes de localizar textos selecionados por outros; formar seres humanos críticos, capazes de ler entrelinhas e de assumir ou implicitamente, pelos autores dos textos com os quais interagem.

Posto isto, compreende-se que professor é um agente, que tem por missão perpetuar as características de uma sociedade pelo conhecimento, bem como tem o poder de dar uma nova cara e roupagem a este novo paradigma educacional, provocando em seus educandos novos comportamentos. Afinal, o conhecimento é adquirido quando ocorrem mudanças no comportamento, e, este é que deve ser o grande objetivo do professor, "provocar transformações" por meio de novas formas de pensar e agir.

---

[8] QUEIROZ, T. **Pedagogia de projetos interdisciplinares: uma proposta de construção do conhecimento a partir de projetos: 1ª a 4ª série**. Recife: Distribuidor Boa Vista,2006

[9] LENER, D. **Ler e escrever na escola: o real, o possível e o necessário.** Trad. Emani Rosa. Porto Alegre: Artmed, 2002.

3 O contrato de prestação de serviços educacionais e as disposições do Código de Defesa do Consumidor e da cartilha civilista em tempos de pandemia

No segmento do Ensino Fundamental (séries iniciais), não é obrigação dos pais ministrarem as aulas e geralmente, no contrato de prestação de serviços educacionais, resta evidente que toda e qualquer instituição escolar disponibilizará profissionais com formação específica e técnica para atuação destes serviços.

Outrossim, a cobrança das mensalidades (em realidade anuidades, semestralidades, divididas em prestações mensais continuadas) pelas instituições de ensino, encontram regulamentação legal, específica e restritiva na Lei nº **9.870**/99, em relação a acréscimos/reajustes para período subsequente, sendo esta necessariamente proporcional à variação dos custos, a título de pessoal e custeio (mesmo que redundem de aprimoramento no processo didático-pedagógico), o que merece comprovação mediante planilha de custo, visto que, inúmeras instituições privadas, que geram emprego foram viabilizadas a fazer uso da Medida Provisória **936**/2020 durante o período de pandemia do Covid-19.

Importa ressalvar que, em 01/04/2020, entrou em vigor a Medida Provisória nº **936**/2020, que instituiu Programa Emergencial de Manutenção do Emprego e da Renda com medidas trabalhistas complementares para o enfrentamento da pandemia de Covid-19.

A mesma MP, viabilizou aos empregadores em acordo com seus empregados, a redução proporcional de jornada de trabalho e de salário (não se aplicando a contratos de aprendizagem e de jornada parcial) em percentuais de 25%, 50% e 70% (ou percentuais diversos estabelecidos em convenção ou acordo coletivo de trabalho) por até 90 dias, e/ou suspensão temporária do contrato de trabalho não superior a 60 dias, podendo ser fracionada em até dois períodos de 30 dias, sendo que se eventualmente somadas tais medidas de redução (uma seguida da outra) não pode exceder o tempo máximo de 90 dias.

Logo, comprovadamente reduzidos os custos da instituição de ensino, uma vez adotadas tais medidas, a proporcionalidade de tais custos deve ser refletida nos valores das mensalidades pagas e vincendas a serem disponibilizadas aos pais.

O Código Civilista Brasileiro em seu art. 421 reza que, "a

liberdade de contratar será exercida em razão e nos limites da função social do contrato", isso significa, sobretudo que o contrato deixa de ser apenas instrumento de realização da autonomia privada, para desempenhar uma verdadeira função social, conforme predispõem a novel doutrina civilista que trata do Direito Civil Constitucionalizado (pensado na base do acordo de vontade, e nos princípios fundamentais que regem nossa Carta Magna).

Partindo por esta vertente, convém ressaltar que o princípio da função social determina que interesses individuais das partes do contrato sejam exercidos em conformidade com os interesses sociais, e sempre que estes se apresentem, não deve haver conflitos entre si.

Assim, os impactos econômicos já são imensos em razão da pandemia do covid-19, e cristalinamente refletem em parte das relações civis, comerciais, econômicas e sociais da maior parcela populacional brasileira, por isso, é essencial entender que grande parte da população, necessita de utilizar a possibilidade do instituto da revisão contratual.

Ainda, tomando de base a Cartilha Civil, havendo indícios de onerosidade excessiva a uma das partes, persevera a possibilidade de encerramento ou revisão no valor das prestações contratuais e multas (art.478 e 479, CC), face aos acontecimentos extraordinários e imprevisíveis, como hodiernamente é experimentado.

É de notório conhecimento que os efeitos nefastos da pandemia, provocados pela "quarentena" na economia brasileira impedem a normal continuidade das atividades comerciais, bem como contratuais, o que deve ser considerado, afinal, grande parte das famílias vem sofrendo com tais efeitos, especialmente, aquele causado em razão da onerosidade excessiva na continuidade do contrato pactuado.

No tocante ao reequilíbrio contratual em conjunto ao princípio da boa-fé objetiva, medidas podem ser verificadas e tomadas pelas partes contratantes frente ao novo cenário – uma avaliação pormenorizada deverá ser considerada em prol dos alunos e de suas famílias junto as instituições de ensino, visto que em tempos de pandemia, os contratos de prestação de serviços educacionais podem e devem ser rediscutidos e reajustados conforme realidade vigente experimentada por cada família, no intuito de reestabelecer o equilíbrio econômico-financeiro junto as instituições de ensino, em contrapartida, a contraprestação oferecida.

Ao analisar os impactos da pandemia, no mesmo sentido, a doutrina reforça a aplicabilidade, conforme dispõe NERY JUNIOR (2017):

> "Onerosidade excessiva. Resolução ou revisão do contrato por onerosidade excessiva que pode tornar a prestação desproporcional relativamente ao momento de sua execução, podendo dar ensejo tanto a resolução do contrato (478, CC), quanto ao pedido de revisão de cláusula (s) contratual (317, CC), mantendo-se o contrato. Esta solução é autorizada pela aplicação, pelo juiz, da cláusula geral da função social do contrato (421, CC) e também da clausula geral da boa-fé objetiva (422, CC). O contrato é sempre, e em qualquer circunstância, operação jurídico-econômica que visa a garantir a ambas as partes o sucesso de suas lídimas pretensões. Não se identifica, em nenhuma hipótese, como mecanismo estratégico de que se poderia valer uma das partes para oprimir ou tirar proveito excessivo de outra. Essa ideia de desocialidade do contrato está impregnada na consciência da população, que afirma constantemente que o contrato só é bom para ambos os contratantes. " (NERY JUNIOR, Nelson; Rosa Maria Andrade. Código Civil Comentado. 12ª Ed. Editora R, 2017. Versão e-book: Art.478)

Posto isto, revisão dos valores anteriormente pactuados e multas pré-ajustadas no contrato podem e devem ser revistas como medidas razoáveis, adidas de boa-fé pela Instituição de ensino no intuito de reestabelecer atual reequilíbrio econômico-social, a muito prejudicado pela pandemia.

Demais disso, a proposta encontra amparo legal no art. <u>607</u> e <u>625</u> do <u>CC/02</u>, respectivamente, vez que "a força maior" é causa de suspensão de contratos de prestação de serviço pela impossibilidade de sua continuidade. Interpretando estes artigos, conclui-se que a força maior, que resulte na momentânea impossibilidade do cumprimento de uma obrigação, de trato continuado implica na automática suspensão do contrato.

No que concerne a suspensão contratual, enquanto esta perdurar, ficam também suspensas as obrigações de ambas as partes. Pois, se durante esse período, a Instituição desobriga-se de prestar o ensino presencial (sendo este prestado de forma remota ou EAD como preferir pronunciar), logo, desobriga-se os consumidores ao pagamento das mensalidades nos valores conforme fora pactuado, e, tão logo, retomada a prestação do serviço de maneira adequada e correta, torna-se devido o pagamento das mensalidades subsequentes. Também, no que tange à eventualidade das aulas perdidas, acaso essas venham a ser consensualmente repostas em sua totalidade, volta a ser devido o pagamento das mensalidades a elas relativas.

Ainda, cumpre registrar que o Ministério da Educação dispensou o cumprimento obrigatório de um mínimo de dias de efetivo trabalho escolar para instituições de ensino de educação básica, desde que respeitada carga horária mínima anual, na forma do art. 1º da MP 934/2020 e também da Sumula CNE/CP Nº 5/2020 (fato que, implementado como fixo para o ano vigente, torna clara a desproporcionalidade da mensalidade, como do próprio contrato de prestação de serviço educacional, tal qual ajustado, tornará imprescindível sua revisão, o que desde já requer).

Noutro norte, sob ótica Consumerista, a pandemia é fato superveniente que impõe revisão do contrato de ensino e regrado pelo Direito do Consumidor – Lei 8.078/90, por onerosidade excessiva (dispõe ser desnecessária a imprevisibilidade neste âmbito[10], por aplicação de teoria de base objetiva, mesmo que a situação que vivenciamos, de inegável excepcionalidade, seja efetivamente imprevisível, assim como os seus efeitos), caracterizada no caso notadamente pela natureza e pelo conteúdo do contrato (pagamento por serviço não prestado, qual seja, ensino fundamental presencial).

Cumpre destacar, nesse ponto, que a Lei de Diretrizes e Bases da Educação Nacional admite, somente em casos de emergência que o ensino fundamental seja prestado à distância (Lei 9.394/96, art. 32, § 4º). Demais disso, rememoremos que, nos termos do Código Civil de 2002, não pode o credor, na hipótese, consumidor – ser obrigado a aceitar prestação diversa (daquela avençada), ainda que mais valiosa, na forma do art. 313, CC/02.

No Ensino Fundamental I, para as séries iniciais foi admitido um afastamento da necessariedade do ensino ser presencial, art. 32, § 4º da LDB, nesse sentido, é viável que o valor das mensalidades devam e possam ser reduzidos conforme admissão e também com base na MP 936/2020, desde que sejam verificados os seguintes fatores: (1) prestação do serviço inferior ao mínimo originalmente

---

[10] NUNES, Luiz Antonio Rizzato. **Comentários ao Código de Defesa do Consumidor**. São Paulo: Saraiva, 2000, p. 118

contratado; (2) redução dos custos da instituição de ensino, visto que a Instituição pode ser contemplada com a redução de custos propiciada pela MP acima referenciada, dentro outros. Assim, mesmo que prestados remotamente (à distância) na sua integralidade, os serviços educacionais, no que tange ao valor das mensalidades deve ser reduzido na proporção da economia de custos experimentada pela instituição e até mesmo pelos próprios pais.

Ainda que não adotadas as medidas trabalhistas viabilizadas pela MP n° 936/2020, pode e deve a escola fornecer uma significativa redução no valor das mensalidades, sendo proporcional ao número de dias faltantes de efetivo trabalho acadêmico. Essa desproporcionalidade de serviços experimentada pelo consumidor é auferida conjuntamente a Instituição que, por vez também experimenta redução de custos em razão da migração temporária do ensino presencial para o ensino a distância (remoto), posto que, gastos coletivos foram reduzidos ou até suprimidos a depender do setor (exemplificativamente, limpeza, água, energia, custos de manutenção de móveis e do próprio imóvel), e não há dispêndios constituídos ou que se comprovem para justificar a manutenção dos valores quais estão.

Portanto, resta claro que no contexto escolar, o processo de ensino aprendizagem passou e passará ainda por inúmeras transformações devido a grave pandemia do covid-19. Assim, surge para escola e família uma nova realidade, um novo normal, que precisa ser vivido e trabalhado em parceria. O prejuízo é de todos, e ao mesmo tempo de ninguém, vivemos uma nova realidade, o mundo não será mais o mesmo, e a readaptação é necessária. O direito neste momento tem papel fundamental: conduzir de forma imparcial a reestruturação da vertente contratual deste processo, garantindo com que todos relativamente protegidos e amparados deste quadro irreversível ao qual a humanidade vem passando, logo, nos preparemos para o novo normal.

Desafios, limites e possibilidades da realidade brasileira em tempos de pandemia de COVID-19

RENATO DURO DIAS

Desde o seu surgimento, na cidade chinesa de Wuhan, até sua propagação em vários países, o novo coronavírus (COVID-19) tem deixado um rastro de mortes e de infecções numa escala jamais vista, quando se trata de se referir a pandemias em esfera global. Aproximadamente um milhão e oitocentas mil pessoas infectadas, cento e onze mil mortas, em mais de duzentos países.

Quadro atualizado (12 abr. 2020)

Coronavirus disease (COVID-19) outbreak situation

1 773 086	**111 652**	**213**
Confirmed cases	Confirmed deaths	Countries, areas or territories with cases
Last update: 12 April 2020, 21:00 GMT-3	Last update: 12 April 2020, 21:00 GMT-3	Last update: 12 April 2020, 21:00 GMT-3

Fonte: Organização Mundial de Saúde, 2020.

O primeiro alerta foi recebido pela Organização Mundial da Saúde (OMS)[1] em 31 de dezembro de 2019. As autoridades chinesas atentaram para o surgimento na cidade de Wuhan (11 milhões de habitantes), de uma série de casos de pneumonia de origem desconhecida.

Trata-se de uma pandemia em que a novidade é um coronavírus.

Os coronavírus são uma extensa família de vírus que podem causar doenças em animais e humanos. Em humanos, sabe-se que vários coronavírus causam infecções respiratórias que podem variar do

---

[1] Fonte World Health Organization. Disponível em: https://www.who.int/emergencies/diseases/novel-coronavirus-2019 . Acesso em 10.04.2020.

resfriado comum a doenças mais graves, como a síndrome respiratória do Oriente Médio (MERS) e a síndrome respiratória aguda grave (SARS). O coronavírus descoberto mais recentemente causa a doença de coronavírus (COVID-19). (OMS, 2020)[2]

Diariamente a Organização Mundial da Saúde atualiza os números de mortos e infectados pela COVID–19 por meio de relatórios[3]. Estes dados são fundamentais para acompanhamento do avanço da pandemia, bem como para monitorar as ações sanitárias desenvolvidas em várias partes do planeta.

A Organização Mundial da Saúde (OMS) tem expressado sua preocupação com a ampliação da força de contágio do vírus nas cidades que são marcadas pelos seus altos índices de desigualdade social e, consequentemente, precário acesso ao saneamento básico local. No Brasil, em que os índices de desigualdade são alarmantes, a COVID-19 pode precarizar ainda mais milhares de vidas que não possuem nenhuma espécie de proteção do Estado. Neste sentido, corre-se o risco de termos um cenário explícito de ampliação das desigualdades sociais, regionais, econômicas, de gênero e raciais.

> De fato, a valorização e a qualificação, do corpo ao qualitativo da condição humana baseado em algumas características como a raça, as identidades de gêneros e/ou sexual performatizadas e as sexualidades vivenciadas e experimentadas pelos sujeitos, ainda, é fortemente arraigada no imaginário social e vem sustentando desigualdades, discriminações, abjeções e não-reconhecimentos de direitos. (DIAS e BRUM, 2017, p. 2400).

É possível afirmar que a COVID – 19 será um marco para a história recente na jovem democracia brasileira. Mesmo depois de um processo de esgaçamento democrático, tomando como pano de fundo o impedimento de uma Presidenta, prisão de um ex-presidente e um tumultuado processo eleitoral em 2018, a COVID – 19 não passará sem deixar marcas profundas na memória historiográfica de nosso país. Os dados mesmo em uma situação de razoável isolamento social são alarmantes, principalmente de confrontados com estudos epidemiológicos sobre o avanço da curva

---

[2] Id. Tradução livre. Disponível em: https://www.who.int/es/emergencies/diseases/novel-coronavirus-2019/advice-for-public/q-a-coronaviruses. Acesso em: 10 abr. 2020.

[3] Id. Disponível em: https://www.who.int/emergencies/diseases/ novel-coronavirus-2019/situation-reports/. Acesso em 12 abr. 2020.

no Brasil. De acordo com o último boletim divulgado pelo Ministério da Saúde, o país conta com mais de vinte e três mil casos notificados, soma aproximadamente mil e trezentas mortes e uma taxa de letalidade próxima dos seis por cento.

Dados COVID – 19, Brasil, 13 abr. 2020

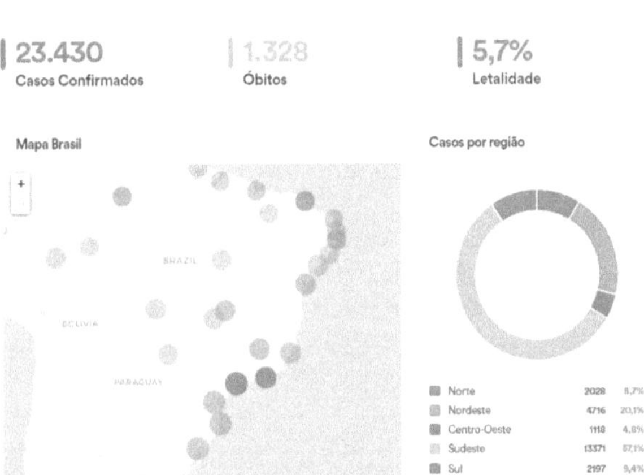

Fonte: Ministério da Saúde, 2020[4].

Devido às orientações sanitárias, falta de recursos e certo atraso em disseminar informações confiáveis, o Ministério da Saúde optou por se adaptar a um baixo número de testes realizados no Brasil, o que dificulta a estimativa real da pandemia, vale dizer, o número de casos confirmados não opera dentro das cifras previstas, conferindo o problema da subnotificação.

O elevado grau de subnotificação pode sugerir uma falsa ideia de controle da doença e, consequentemente, poderia levar ao declínio na implementação de ações de contenção, como o isolamento horizontal. Diferentes graus de notificação também são observados em outros países do mundo e abrem espaço para a discussão sobre qual é a situação Brasil e de seus estados. Portanto, o objetivo desta nota técnica é analisar o nível de subnotificação de casos da COVID-19 no Brasil e em cada um dos seus estados para fornecer

---

[4] Ministério da Saúde. Disponível em: https://covid.saude.gov.br/ . Acesso em 13 abr. 2020.

> subsídios para a estimação da real dimensão do número de casos, alertando para a importância da testagem e do fornecimento de dados consistentes. (NOIS, Nota Técnica 7, 11/04/2020)

Recente estudo divulgado dimensiona que cerca de oito (08) por cento dos casos são notificados, indicando que o número de casos poderia ser 12 vezes maior.

> Os resultados, ainda que preliminares, indicam que no Brasil as notificações são de apenas 8,0% (7,8% - 8,1%) dos casos de COVID-19 (Tabela 1), de acordo com a metodologia proposta (utilizando como base os números apresentados até 10/04/2020). Tradicionalmente é reportada a taxa de letalidade bruta (5,4%), isto é, a razão entre óbitos e casos. Contudo dos 19.638 casos confirmados do Brasil em 10/04/2002, estima-se que apenas 6.482 tiveram desfecho, os demais ainda se encontravam internados. Assim a taxa de letalidade observada (CFR observada) mede a razão entre óbitos e casos com desfecho. Pelo fato de o Brasil ter uma população mais jovem do que Itália ou Espanha e pelo país ter reportados os primeiros casos mais tardiamente, a CFR base deveria ser 1,3%, contra 16,3% da CFR observada. Isso indicaria que o número real de casos no Brasil é cerca de 12 vezes maior que o oficialmente reportado. (NOIS, Nota Técnica 7, 11/04/2020) [5].

Estes dados refletem parte dos efeitos da pandemia no governo das vidas (FOUCAULT, 2014b).

> Governam–se coisas. Mas o que significa esta expressão? Não creio que se trate de opor coisas a homens, mas de mostrar que aquilo a que o governo se refere é não um território e sim um conjunto de homens e coisas. Estas coisas, de que o governo deve se encarregar, são os homens, mas em suas relações com coisas que são as riquezas, os recursos, os meios de subsistência, o território em suas fronteiras, com suas qualidades, clima, seca, fertilidade, etc.; os homens em suas relações com outras coisas que são os costumes, os hábitos, as formas de agir ou de pensar, etc.; finalmente, os homens em suas relações com outras coisas ainda que podem ser os acidentes ou as desgraças como a fome, a epidemia, a morte, etc. (FOUCAULT, 2014b, p. 282)

---

[5] Fonte: Núcleo de Operações e Inteligência em Saúde (NOIS). Inteligência computacional aplicada à predição da evolução da COVID-19 e ao dimensionamento de recursos hospitalares. Disponível em: https://drive.google.com/file/d/1_whlqZnGgvqHuWCG4-JyiL2X9WXpZAe3/view. Acesso em: 13 abr. 2020.

Somados a este conjunto de dados, que por vezes se digladiam entre declarações públicas dos nossos governantes[6][7] *versus* estudos[8][9] científicos, existe uma gama de elementos que ronda nosso cotidiano discursivo e que em um momento de tensão pela pandemia do COVID – 19 podem vir a ser mais combustível no já tão incendiário contexto nacional. Assim figuram, de um lado, os discursos veiculados em favor do isolamento social, em defesa do Sistema Único de Saúde (SUS), na aposta na ciência (e com isso a relevância das pesquisas e os investimentos em educação pública de qualidade, especialmente referente às investigações realizadas nas universidades públicas e federais) como mecanismo balizador de políticas públicas e no apoio a medidas de mitigação das pessoas mais vulneráveis (vidas precárias) e de outro lado, o desmonte dos sistemas de seguridade pública e suas consequentes políticas públicas de mitigação, a veiculação de notícias falsas, o descrédito na ciência (e um aceno ao histerismo profético e satânico), a defesa intransigente de um modelo neoliberal colonizador e a retórica econômica que dele deriva.

Essa complexidade de discursos (FOUCAULT, 2007, p. 137)

Um bem – finito, limitado, desejável, útil – que tem suas regras de

---

[6] No Twitter, Bolsonaro compartilha vídeo criticando isolamento social. Estadão Conteúdo. 11 abr. 2020. Disponível em: https://exame.abril.com.br/brasil/no-twitter-bolsonaro-compartilha-video-criticando-isolamento-social/ Acesso em: 12 abr. 2020.

[7] OHARA, Victor. MPF processa governo por campanha de Bolsonaro pelo fim do isolamento. Carta Capital {On-lin}. Saúde.)6 abr. 2020. Disponível em: https://www.cartacapital.com.br/saude/mpf-processa-governo-por-campanha-de-bolsonaro-pelo-fim-do-isolamento/ . Acesso: 12 abr .2020.

[8] FREITAS, André Ricardo Ribas Freitas, NAPIMOGA, Marcelo e DONALISIO, Maria Rita. A análise da gravidade da pandeia de COVID-19. Disponível em: http://www.scielo.br/scielo.php?script=sci_arttext&pid=S2237-96222020000200900 . Acesso em: 12 abr. 2020.

[9] TESINI, Brenda T. Coronavírus e síndromes respiratórias agudas (COVID-19, MERS e SARS). Disponível em: https://www.msdmanuals.com/pt-pt/profissional/doen%C3%A7as-infecciosas/v%C3%ADrus-respirat%C3%B3rios/coronav%C3%ADrus-e-s%C3%ADndromes-respirat%C3%B3rias-agudas-covid-19,-mers-e-sars#v47572272_pt Acesso em: 12 abr. 2020.

aparecimento e também suas condições de apropriação e de utilização: um bem que coloca, por conseguinte, desde sua existência (e não simplesmente em suas "aplicações práticas"), a questão do poder; um bem que é, por natureza, o objeto de uma luta, e de uma luta política.

A maioria destes discursos está ligada a um sistema jurídico-institucional, que produz "verdades" e que sobre todas as formas nos rodeia, determina e articula a produção de novos discursos. É importante que se diga, especialmente em tempos de Instagram, Whatsaspp, Facebook, Twitter, que os discursos são objetos de apropriação e de manipulação. Dentro da perspectiva foucaultiana, é a apropriação de um discurso pelo autor que o permite poder falar e ser ouvido e isso é concretizado de um não-lugar (FOUCAULT, 2007). Por isso, é possível dizer que a classificação e o controle atuam sobre sujeito na medida em que os discursos dão voz e autoria.

Feitas estas considerações sobre os dilemas contemporâneos vividos pelas crises que nos afetam, para finalizar, gostaria de retomar duas questões que parecem fundamentais, a partir das inquietações aqui lançadas e que tanto nos estudos de Foucault, como de Butler, Han e Rose reverberam sobre nossas emergências.

A biopolítica assume um papel relevantíssimo em num modelo de desenvolvimento neoliberal como o aplicado no Brasil. Ela é capaz de produzir significados no sentido de configurar a implementação de uma estrutura bioeconômica, cuja matriz principal seria criar uma governança econômica de vidas. A biopolítica exercida na contemporaneidade a partir da produção do *homo oeconomicus*[10], potencializaria, assim, a governamentalidade das vidas sob a égide de um Estado ausente e incapaz de distribuir riquezas e minimizar as desigualdades. Num contexto como o brasileiro, a precarização das vidas seria maximizada (BUTLER, 2009)

Conforme nos alerta Han (2018), no capitalismo imaterial, a comunicação, a informação, a criatividade e a performatividade atribuem valor ao sujeito, ao ponto de se falar numa "virada linguística econômica". Nestes termos, produzir, comunicar e ser criativo, e a partir daí estabelecer relações, podem ser considerados

---

[10] Para o concito ver: FOUCAULT, Michel. Nascimento da Biopolítica: curso dado no Collège de France (1978-1979). São Paulo: Martins Fontes, 2008.

os verbos da subserviência ao processo de valorização capitalista. Num estado como o nosso, no qual relações entre empregador e empregado são tão díspares, com legislação laboral altamente flexível e um elevado grau de informalidade, a pandemia de COVID-19[11] colocaria nas ruas um conjunto de vidas sem perspectiva alguma.

Conforme Rose (1999), as gestões do corpo e da psique (governo da alma) são potentes ferramentas para acelerar os processos de subjetivação, que tornam os sujeitos cada vez mais produtivos criativos, "senhores de si". Esse caminho, traçado pela massificação e terceirização das relações (denominado por alguns de fenômeno da uberização) gera um sujeito que ao mesmo tempo é servo e senhor (HAN, 2018). A palavra de ordem "gerenciar" a vida, traduz o código de troca econômico. Neste cenário, morrer e adoecer são termos que carregam consigo a marginalização e a consequente exclusão. No entanto, é essa a mesma sociedade que produz cansaço (HAN, 2015), esgotamento e morte. Eis o dilema, "governar" a vida ou "deixar" morrer.

Como assevera Han (2018), a sociedade neoliberal não está mais preocupada com o sujeito, agora o centro é o projeto. Vive-se pensando em (novos) projetos individuais, a espera que em fracassando, venham outros tantos em seu lugar. A pandemia de COVID-19, nestes termos, escancarou (mundialmente) a quantidade de "projetos" frustrados e a precariedade de quem não pode se isolar socialmente, pois no outro dia não terá o que comer. No Brasil, em todas as regiões, em grandes ou pequenas cidades visualizam-se infindáveis filas de pessoas jogadas à sorte de um benefício ou auxílio emergencial. "Evidencia-se, assim, a persistência de um governo pastoral da própria bioeconomia" (BAZZICALUPO, 2006).

As novas subjetivações, segundo Rose (1999), almejam um corpo melhor (perfeito), saúde e, sobretudo, uma obrigação de estar saudável, veja-se a moda fitness (HAN, 2018). Assim, acrescidas às preocupações individuais por "estar bem" (saudável), as governanças tem como razão de Estado produzir (financiar) instrumentos e sistemas que cuidem da saúde coletiva. No entanto, nas economias de mercado em que o neoliberalismo predatório atua (HAN, 2015,

---

[11] MARTINS, Antônio Vicente e LEMONJE, Julise Carolina.Covid-19 e os impactos nas relações de trabalho. Carta Capital [On-line] 09 mar 2020. Disponível em: https://www.cartacapital.com.br/blogs/lado/covid-19-e-os-impactos-ns-relacoes-de-trabalho/ Acesso: 14 abr. 2020.

2018), como é o caso Brasil, o investimento em saúde pública, a criação de estratégias de saúde e a organização de um sistema de saúde público robusto se transforma em "gasto", "peso para o estado" ou entrave para a mercantilização da saúde (das vidas). Aqui reside outro grande desafio.

As ações do Ministério da Saúde em regime de compartilhamento como estabelece o Sistema Único e a Constituição Federal, apontam que o modelo institucional proposto para o SUS foi ousado no que concerne a tentativa de concretizar um arranjo federativo na área da saúde pública. O desafio dado é o de fortalecer o controle social sobre as políticas, de forma coerente com os princípios e diretrizes do Sistema único de Saúde.

> O SUS é o eixo da resposta brasileira, é nossa única e grande esperança. Trata-se de um grande sistema com acesso universal e gratuito, além de capilaridade e extensão geográfica notáveis. A injeção de recursos que foi anunciada pode torná-lo mais apto a esta resposta pontual, mas não resolverão problemas estruturais evidentes. Assim que terminar a emergência, é preciso retomar seu fortalecimento de maneira contínua e prioritária. Outras emergências virão, com cada vez maior frequência. (VENTURA, 2020).[12]

Butler (2012) nos indaga, quais vidas importam? Que vida merece viver? Por que alguns corpos merecem reconhecimento (direitos) e outros não? Em um momento de grande complexidade em que se busca enfrentar a pandemia de COVID-19 no Brasil, talvez nunca seja demasiado repetir que a precarização e flexibilização de direitos, nos moldes como está em curso, somente acelerará os processos de exclusão e produção de mais pobreza. Também importa reforçar o coro de vozes na defesa de um sistema de saúde público e gratuito, alcançável a todas e todos, concordando com Ventura (2020) "o SUS é nossa única e grande esperança". E, por fim, reafirmar: todas as vidas importam.

Espera-se que os diálogos manejados ao longo deste ensaio, a partir de autores e autoras que tanto contribuem para pensar a

---

[12] VENTURA, Deisy. Entrevista especial com Deisy Ventura. {Entrevista cedida a} João 23 mar 2020 Disponível em: http://www.ihu.unisinos.br/159-noticias/entrevistas/597307-sem-democracia-sem-ciencia-sem-educacao-sem-renda-sem-politicas-sociais-e-sem-direitos-seguiremos-muito-doentes-entrevista-especial-com-deisy-ventura, Acesso em 02.04.2020.

contemporaneidade, possam ser um ponto de partida, a fim de compreender os desafios, os limites e as possibilidades da realidade brasileira em tempos de pandemia.

Referências

BAZZICALUPO, Laura. **Il governo dele vite.** Biopolítica ed economia. Roma, Itália: Laterza, 2006.

BUTLER, Judith. **Vida precaria**: el poder del duelo y la violencia. Buenos Aires, Argentina: Paidós, 2009.

________. **Cuerpos que importan**: sobre los limites materiales y discursivos del "sexo". Buenos Aires, Argentina: Paidós, 2012.

________. **Qu'est-ce qu'une vie bonne?** Paris, França: Éditions Payot & Rivages, 2014.

________. **Relatar a si mesmo: crítica da violência ética**. Belo Horizonte, MG: Autêntica Editora, 2015.

________. **Cuerpos Aliados y lucha política**. Buenos Aires, Argentina: Paidós, 2017.

DIAS, Renato Duro e BRUM, Amanda Netto. (Re)significando o discurso dos direitos humanos: um diálogo a partir da educação em e para os direitos humanos. **Revista Quaestio iuris**. vol. 10, nº. 04, Rio de Janeiro, 2017. pp. 2396-2412.

CASTRO, Edgardo. **Vocabulário de Foucault.** Um percurso pelos seus temas, conceitos e autores. Belo Horizonte: Autêntica Editora, 2016.

FOUCAULT, Michel. **Em defesa da sociedade**: curso do Collège de France (1975-1976). São Paulo: Martins Fontes, 2005a.

________. **A verdade e as formas jurídicas.** Rio de Janeiro: Nau Editora, 2005b.

________. **Estratégia, poder-saber.** Ditos e escritos IV. 2.ed.- Rio de Janeiro: Forense Universitária, 2006.

________. **As palavras e as coisas.** São Paulo: Martins Fontes, 2007.

________. **Nascimento da Biopolítica**: curso dado no Collège de France (1978-1979). São Paulo: Martins Fontes, 2008.

________. **Microfísica do poder.** Rio de Janeiro: Paz e Terra, 2010.

________. **História da sexualidade 1**. A vontade de saber. Rio de Janeiro: Edições Graal, 2012.

______. **La arqueologia do saber**. Buenos Aires: Siglo Veintiuno Editores, 2013.

______. **Vigiar e punir**. Petrópolis, RJ: Vozes, 2014a.

______. **O sujeito e o poder**. Ditos e Escritos – IX. Rio de Janeiro: Forense Universitária, 2014b.

FREITAS, André Ricardo Ribas Freitas, NAPIMOGA, Marcelo e DONALISIO, Maria Rita. **A análise da gravidade da pandeia de COVID-19.** Disponível em: http://www.scielo.br/scielo.php?script=sci_arttext&pid=S2237-96222020000200900 . Acesso em: 12 abr. 2020.

HAN, Byung-Chul. **Sociedade do cansaço.** Petrópolis, RJ: Vozes, 2015.

______. **Psicopolítica** – o neoliberalismo e as novas técnicas de poder. Belo Horizonte: Editora Âyiné, 2018.

KADNER, Marién. **Judith Butler: "Matar é o ápice da desigualdade social".** Filósofa norte-americana, alvo de protestos no Brasil no ano passado por sua teoria sobre gênero, prepara uma nova obra sobre a ética da não violência. El País. Caderno de Cultura. 27 nov. 2018. Disponível em: https://brasil.elpais.com/brasil/2018/11/27/cultura/1543350943_401404.html. Acesso em 09 abr 2020.

KEUCHEYAN, Razmig. **Hemisferio Izquierda.** Um mapa de los nuevos pensamientos críticos. Madri, Espanha: Siglo XXI, 2015.

MARTINS, Antônio Vicente e LEMONJE, Julise Carolina. **Covid-19 e os impactos nas relações de trabalho.** Carta Capital [On-line] 09 mar 2020. Disponível em: https://www.cartacapital.com.br/blogs/lado/covid-19-e-os-impactos-ns-relacoes-de-trabalho/ Acesso: 14 abr. 2020.

NOIS. **Núcleo de Operações e Inteligência em Saúde**. Inteligência computacional aplicada à predição da evolução da COVID-19 e ao dimensionamento de recursos hospitalares. Disponível em: https://drive.google.com/file/d/1_whlqZnGgvqHuWCG4-JyiL2X9WXpZAe3/view . Acesso em: 13 abr. 2020.

OHARA, Victor. **MPF processa governo por campanha de Bolsonaro pelo fim do isolamento**. Carta Capital [On-line]. Saúde.)6 abr. 2020. Disponível em: https://www.cartacapital.com.br/saude/mpf-processa-governo-por-campanha-de-bolsonaro-pelo-fim-do-isolamento/ . Acesso: 12 abr .2020.

REVEL, Judith. **Michel Foucault:** Conceitos essenciais. São Carlos, SP: Claraluz, 2005.

ROSE, Nikolas. **Governing the soul**: the shaping of the private self. 2ª. Ed. Free Association Books, London/New York, 1999.

TESINI, Brenda T. **Coronavírus e síndromes respiratórias agudas (COVID-19, MERS e SARS)**. Disponível em: https://www.msdmanuals.com/pt-pt/profissional/doen%C3%A7as-infecciosas/v%C3%ADrus-respirat%C3%B3rios/coronav%C3%ADrus-e-s%C3%ADndromes-respirat%C3%B3rias-agudas-covid-19,-mers-e-sars#v47572272_pt Acesso em: 12 abr. 2020.

VENTURA, Deisy. **Entrevista especial com Deisy Ventura.** [Entrevista cedida a] João 23 mar 2020 Disponível em: http://www.ihu.unisinos.br/159-noticias/entrevistas/597307-sem-democracia-sem-ciencia-sem-educacao-sem-renda-sem-politicas-sociais-e-sem-direitos-seguiremos-muito-doentes-entrevista-especial-com-deisy-ventura. Acesso em 02.04.2020.

World Health Organization. Disponível em: https://www.who.int/emergencies/diseases/novel-coronavirus-2019. Acesso em 10.04.2020.

O "direito de crise" e a busca por segurança jurídica: uma nova aposta na lei?

Tiago Cisneiros Barbosa de Araújo

Introdução

A pandemia de covid-19 resgatou o apego à lei como fonte de segurança jurídica? Em um cenário de indiscutível impacto negativo sobre a economia[1], não tardaram a surgir, no Congresso brasileiro, propostas voltadas a regular relações contratuais e processos de insolvência, com o objetivo de minimizar ou contornar as consequências da crise. Isso, sem falar nas medidas provisórias, as quais, em função da sua natureza e das limitações de espaço, não serão abordadas neste artigo. Todas as iniciativas, porém, parecem sinalizar a preocupação em ter textos normativos bem definidos, reduzindo a margem de discricionariedade judicial.

São iniciativas que, por isso, reavivam a discussão sobre o *locus* da segurança ou da certeza jurídica. Para embasar tal debate, importa retomar posições teóricas divergentes, que vislumbram a fonte daqueles valores na atividade jurisprudencial (inclusive, com a função criativa) e na produção legislativa. Adotam-se, nesse sentido, como referenciais teóricas, Carlos Aurélio Mota de Souza, Limongi França, Humberto Theodoro Junior e Flávio López de Oñate. O

---

[1] No Brasil, o Produto Interno Bruto (PIB) do primeiro trimestre de 2020 teve redução de 1,5%, sendo que o coronavírus somente foi registrado oficialmente no país na última semana de fevereiro. Segundo o relatório "Focus", baseado em expectativas do mercado, a previsão é de queda de 5,89% para o PIB anual. Sobre o assunto: ALVARENGA, Daniel; SILVEIRA, Daniel. Com pandemia, PIB do Brasil encolhe 1,5% no 1º trimestre e regride ao patamar de 2012. Reportagem. **Portal G1**, 29 mai 2020. Disponível em: https://g1.globo.com/economia/noticia/2020/05/29/com-pandemia-pib-do-brasil-encolhe-15percent-no-1o-trimestre.ghtml. Acesso em: 31 mai 2020.

método utilizado será o da revisão de literatura, entremeado com a análise de exemplos práticos contemporâneos acerca do "direito de crise", mormente nas searas civil e empresarial.

Na primeira seção do artigo, serão destacadas algumas disposições dos projetos de lei 1.179/2020 e 1.397/2020, que se ancoram na pandemia para tratar, respectivamente, de diversas relações contratuais e dos processos de insolvência. Também nessa parte inicial, serão mencionados exemplos de decisões judiciais recentes que resolveram litígios, naqueles dois campos, também atrelados à crise ocasionada pela covid-19. Decisões essas que se basearam na legislação vigente e/ou em princípios, já que aquelas propostas de lei ainda não estavam vigentes (como ainda não estão, até a submissão deste artigo, no início de junho de 2020).

Na segunda seção, serão expostas as ideias principais dos autores anteriormente mencionados como referenciais teóricos, estabelecendo-se, na sua parte final, o diálogo com o cenário jurídico brasileiro, nos meses posteriores à chegada do coronavírus ao país. Por fim, nas considerações finais do artigo, buscar-se-á responder se o surgimento rápido de propostas legislativas, no contexto da pandemia, representa uma tendência de valorização da legislação como fonte de segurança ou certeza jurídica.

1 A busca pela resposta jurídica na crise

Ao analisar liminar proferida pelo relator, ministro Ricardo Lewandowski, em ação direta de inconstitucionalidade contra a Medida Provisória n. 936/2020[2], o plenário do Supremo Tribunal Federal (STF) concluiu que algumas exigências da Constituição deveriam ser postas temporariamente de lado, em nome de valores como proteção do emprego, eficácia da MP, segurança jurídica etc[3].

---

[2] A MP 936/2020 estabeleceu alterações transitórias nas relações de trabalho durante a pandemia da covid-19. Entre os pontos mais controversos, em relação ao qual se alude neste artigo, está a autorização para acordos individuais entre empregados e empregadores, o que, de acordo com o partido Rede Sustentabilidade, autor da Ação Direta de Inconstitucionalidade (ADI) 6363, contrariaria o art. 7º, VI, XIII e XXVI, e 8º, III e VI, da Constituição da República.

[3] Até a submissão deste artigo, no início de junho de 2020, ainda não havia sido disponibilizado o acórdão da ADI 6363. Contudo, as notícias relativas

Foi o que a corte chamou de "direito constitucional de crise"[4]. A decisão é controversa, já que sobrepõe um viés consequencialista aos ditames da lei maior do país.

Este, porém, não é o foco da presente abordagem. O que interessa tomar, da decisão, é a expressão "direito de crise" (abandone-se, aqui, o adjetivo "constitucional"). Em razão da pandemia, inúmeras relações sociais e econômicas sofreram - e ainda devem sofrer, por tempo significativo e incerto - impactos consideráveis. Pessoas foram dispensadas, tiveram salários cortados ou perderam suas fontes de renda enquanto trabalhadores informais ou autônomos. Empresas precisaram fechar as portas ou encontrar soluções para equilibrar as finanças enquanto impedidas de funcionar.

Essas alterações repentinas e profundas logo reverberaram no campo jurídico. Como pagar o aluguel se a renda pessoal ou o faturamento da empresa caiu drasticamente? Como cumprir contratos se a loja ou a fábrica não funciona, não vende, não gera produtos nem receita? E como evitar que se concretizem as consequências normais dos inadimplementos (despejo, rescisões, multas etc)?

Salvo nas hipóteses de resolução amigável, as respostas a essas perguntas, primeiro, foram buscadas no Judiciário[5]. O juízo da 24ª Vara Cível do Distrito Federal, por exemplo, determinou a redução

---

ao julgamento registram que se sagrou vencedora a divergência apresentada pelo ministro Alexandre de Moraes, no sentido de reconhecer plenas validade e eficácia ao acordo entabulado entre empregados e empregadores, sem participação necessária de sindicato.

[4] BOSELLI, André. Decisão do STF sobre MP 936 gera divergências entre advogados. Reportagem. **Conjur**. Disponível em: https://www.conjur.com.br/2020-abr-17/advogados-decisao-stf-mp-936-traz-seguranca-juridica. Acesso em: 31 mai. 2020

[5] Para uma análise mais aprofundada de decisões judiciais proferidas no contexto atual, no âmbito das relações contratuais: CAVALCANTI, Lucas; ARAGÃO, Maria Helena Leiro Bancillon de; NORÕES, Beatriz de Azevedo. Panorama do posicionamento dos tribunais brasileiros acerca dos efeitos do inadimplemento nas relações contratuais em razão da covid-19. Artigo. **Portal Migalhas**. Disponível em: https://www.migalhas.com.br/arquivos/2020/5/9C10355959897D_Pan oramadoposicionamentodostri.pdf. Acesso em: 31 mai. 2020.

de 50% no valor do aluguel pago por um restaurante de luxo[6], em razão da queda expressiva no faturamento ocasionada pela pandemia. Outro processo, em trâmite na 17ª Vara Cível de João Pessoa, teve liminar deferida para suspender contrato de um shopping center com empresa de fornecimento de energia elétrica[7]. A 9ª Vara Cível da Comarca do Recife suspendeu, de 20.03.2020 até 20.09.2020, com possibilidade de prorrogação, a exigibilidade das obrigações previstas em plano de recuperação judicial aprovado pelos credores e homologados judicialmente, o que tem sido chamado de "período de cura"[8].

O recurso imediato ao Judiciário reforça uma ideia que vem sendo invocada em prol da valorização dos precedentes e da segurança que seria fornecida pela via judicial: a de que os textos legais são incapazes de abarcar todas as circunstâncias fáticas, havendo sempre lacunas, ambiguidades e outros desafios a serem solucionados fora da atividade legiferante.

Esta é a grande problemática dos sistemas jurídicos hodiernos. As

---

[6] DISTRITO FEDERAL. Tribunal de Justiça do Distrito Federal e Territórios. 24ª Vara Cível de Brasília. **Processo 0713297-63.2020.8.07.0001**, juiz Flávio Augusto Martins Leite, 06 mai 2020. Disponível em: https://pje.tjdft.jus.br/consultapublica/ConsultaPublica/DetalheProcess oConsultaPublica/documentoSemLoginHTML.seam?ca=6fe6f942dc7f3b 6ce6bc0ff32b7e6ace49c0c3bea4f107726d05c1c9183d58b22cca5b5fb43ccd 48561daa8e83dd64d8c718f3b0bc09a9ed. Acesso: 29 mai 2020.

[7] PARAÍBA. Tribunal de Justiça do Estado da Paraíba. 17ª Vara Cível de João Pessoa. **Processo 0823860-19.2020.8.15.2001**, juiz Marcos Aurélio Pereira Jatobá Filho, 23 abr 2020, Disponível em: https://pje.tjpb.jus.br/pje/ConsultaPublica/DetalheProcessoConsultaPu blica/documentoSemLoginHTML.seam?ca=327f72a8f6fb192521e34df60 4c4b43be41ee1c4245aef62724c1bbbea94523b35be6091cc70e6ea9f3263eb e305a6c902d4b796fe9f41fb&idProcessoDoc=30076247. Acesso em: 29 mai 2020.

[8] PERNAMBUCO. Tribunal de Justiça do Estado de Pernambuco. 09ª Vara Cível – Seção A – do Recife. Processo **0026002-48.2015.8.17.2001**, juiz Ailton Soares Pereira Lima, 13 abr 2020. Disponível em: https://pje.tjpe.jus.br/1g/ConsultaPublica/DetalheProcessoConsultaPub lica/documentoSemLoginHTML.seam?ca=b2e66abaf8fd312396f31004b3 a1dbdb7b2f01c3574c8f81cca1a4e0ec9291cbe31da8a375b9d55e3d9a552b8 64de98a1f3b052351ddbe87&idProcessoDoc=60560260. Acesso em: 29 mai 2020.

normas, por suas constantes e naturais insuficiências, fazem com que se alarguem, cada vez mais, os horizontes de sua interpretação. O aplicador da lei assume, sempre, papel de maior relêvo no campo do Direito, desde que se investe da alta função criadora na órbita legal. A interpretação passou a constituir nova fonte de criação jurídica. Os fatos humanos, por sua contingência, seriam incomportáveis nos conteúdos das normas se não fossem estas consideradas, em face de doutrina corrente, meras formas, em sentido Kantiano, a possibilitarem experiências jurídicas possíveis, ou no dizer de Kelsen, verdadeiros juízos hipotéticos, aptos à apreensão, na sua imensa variedade, da conduta humana.[9]

No contexto de "direito de crise", a busca pela resposta judicial não está ligada apenas à existência de anomias, ambiguidades etc. Como o cenário é inédito, surgem dúvidas até mesmo quanto à aplicabilidade de institutos jurídicos já consolidados, como o *pacta sunt servanda*, a força maior e o caso fortuito, além de resgate de teorias outras, como a das bases do negócio jurídico[10]. As respostas a essas questões são, a princípio, pelo exercício de uma das "funções específicas da jurisprudência" listadas por Limongi França, a de "rejuvenescer a lei".

Uma coisa é a lei no papel, nas páginas indiferentes do Diário Oficial, mera cristalização fria, inflexível e despersonalizada de um ideal jurídico; outra é a lei analisada, ativada, humanizada e adaptada pelo julgador. [...] Daí a inegável missão da Jurisprudência, de rejuvenescer a lei. Isto é, não só de, sem perder de vista a essência do preceito, ir adaptando-a à realidade social e às transmutações da vida cotidiana; como ainda, com isso, e mais, com críticas, sugestões e observações, que se façam sentir em trabalhos individuais, ou coletivos, fornecer, quer aos jurisperitos, quer ao Poder Legislativo, os elementos de reelaboração constante do sistema jurídica, para que este permaneça sempre ordenado àquele fim prático, objetivo e

---

[9] PERILLO, Emmanoel Augusto. Sobre a problemática: certeza no direito. **Revista da Faculdade de Direito UFPR**, v. 6, 1958, p. 226

[10] SIMÃO, José Fernando. "O contrato nos tempos da covid-19". Esqueçam a força maior e pensem na base da do negócio. Artigo. **Portal Migalhas**. Disponível em: https://www.migalhas.com.br/arquivos/2020/4/8CF00E104BC035_covid.pdf. Acesso em: 28 mai. 2020

necessário paras leis de um país, a saber, a utilidade comum.[11]

Antes do achatamento da curva do vírus, porém, parece ter se estreitado o tempo que costuma separar a "criação" (ou adaptação) do direito pela via judicial e o início da produção legislativa. Se foram rápidas as primeiras decisões calcadas na pandemia, não tardou para que o Congresso (e os Legislativos estaduais e municipais) começasse a buscar regular os efeitos da crise nas relações civis e empresariais.

O Projeto de Lei n. 1.179/2020[12], de autoria do senador Antonio Anastasia, já aprovado nas duas casas do Congresso, aguardava sanção presidencial até a submissão deste artigo, no início de junho de 2020. Ele prevê a proibição de liminar para desocupação de imóvel urbano em ações de despejo, em determinadas hipóteses do art. 59, da Lei n. 8.245/1991, até 30.10.2020. Estabelece, também, que as consequências decorrentes da pandemia nas execuções dos contratos, inclusive em relação ao reconhecimento de força maior e caso fortuito (art. 393 do Código Civil), não terão efeitos jurídicos retroativos. E, ainda, que as revisões contratuais em processos judiciais, nos termos dos arts. 317, 478, 479 e 480, do mesmo diploma, não devem considerar, como fatos imprevisíveis, o aumento da inflação, a variação cambial, a desvalorização ou a substituição do padrão monetário.

Já o Projeto de Lei n. 1.397/2020[13], de autoria do deputado federal Hugo Leal e com substitutivo do deputado Isnaldo Bulhões

---

[11] LIMONGI FRANÇA, Rubens. Da jurisprudência como direito positivo. **Revista da Faculdade de Direito**, Universidade de São Paulo (USP). v. 66, 1971, p. 221-222

[12] BRASIL. Senado Federal. **Projeto de Lei 1.179/2020.** Dispõe sobre o Regime Jurídico Emergencial e Transitório das relações jurídicas de Direito Privado (RJET) no período da pandemia do coronavírus (Covid-19). Disponível em: https://legis.senado.leg.br/sdleg-getter/documento?dm=8114235&ts=1590878707460&disposition=inline . Acesso em: 31 mai 2020

[13] BRASIL. Câmara dos Deputados. **Projeto de Lei n. 1.397/2020.** Institui medidas de caráter emergencial destinadas a prevenir a crise econômico-financeira de agentes econômicos; e altera, em caráter transitório, o regime jurídico da recuperação judicial, da recuperação extrajudicial e da falência. Disponível em: https://www.camara.leg.br/proposicoesWeb/fichadetramitacao?idPropos icao=2242664. Acesso em: 01 jun. 2020

Jr., foi remetido à análise do Senado em 25.05.2020. Na redação final aprovada pela Câmara, a proposta prevê a suspensão imediata, por 30 dias, de excussão judicial ou extrajudicial de garantias, de decretação de falência e da resilição unilateral de contratos bilaterais. Durante a suspensão, a proposta autoriza renegociações diretas e extrajudiciais entre devedor e credores.

O projeto prevê a possibilidade de um procedimento de jurisdição voluntária, chamado negociação preventiva, no qual o devedor e os credores poderiam, uma vez mais, tentar ajustes entre si, ficando suspensas determinadas execuções judiciais e ações revisionais de contratos. Entre os prazos estipulados no projeto, está o da duração dessas negociações preventivas, nos seguintes termos: "durante o período máximo e improrrogável de 90 (noventa) dias, a contar da distribuição do pedido".

A opção é curiosa, já que a proposta dialoga com a Lei n. 11.101/2005, que rege a recuperação judicial, a extrajudicial e a falência. O art. 6º, parágrafo 4º, de tal diploma dispõe que "na recuperação judicial, a suspensão de que trata o caput deste artigo em hipótese nenhuma excederá o prazo improrrogável de 180 (cento e oitenta) dias contado do deferimento do processamento [...]"[14].

Ocorre que o prazo "improrrogável", que não pode ser excedido em "hipótese nenhuma" da Lei n. 11.101/2005, na prática, é letra morta. A jurisprudência sedimentou-se "no sentido que a suspensão das ações individuais movidas contra a recuperanda pode exceder o prazo de 180 dias caso as instâncias ordinárias considerem que tal prorrogação é necessária para não frustrar o plano de recuperação"[15].

---

[14] BRASIL. **Lei n. 11.101, de 09 de fevereiro de 2005.** Regula a recuperação judicial, a extrajudicial e a falência do empresário e da sociedade empresária. Disponível em: http://www.planalto.gov.br/ccivil_03/_ato2004-2006/2005/lei/l11101.htm. Acesso em: 29 mai 2020.

[15] BRASIL. Superior Tribunal de Justiça. **Agravo interno no conflito de competência n. 159.480/MT**. Agravo interno em conflito de competência. Recuperação judicial. Ação de busca e apreensão. Bem objeto de alienação fiduciária em garantia. Bem essencial ao cumprimento do plano de recuperação judicial. Prazo de suspensão. Cento e oitenta dias. Prorrogação. Possibilidade. Competência do juízo da recuperação [...] Relator: Min. Luís Felipe Salomão, 30 set. 2019. Disponível em: https://ww2.stj.jus.br/processo/revista/documento/mediado/?compone

Por isso, chama a atenção que o legislador recorra, mais uma vez, a uma pretensa estipulação rígida de prazo, com qualificação semelhante à que consta daquela lei. A escolha sugere uma nova aposta na legislação como fonte de segurança jurídica, em contraponto a uma tendência de valorização da jurisprudência em matéria de insolvência.

2 Decisão judicial *versus* (?) legislação: de onde vem a segurança jurídica

A aposta na legislação como fonte de segurança jurídica não é novidade, sobretudo em países da tradição romano-germânica, embora, nas últimas décadas, venha ganhando corpo, também, nos países da *Common Law* – enquanto, na contramão, a doutrina do *stare decisis* e o sistema de precedentes passam a ser valorizados no mundo da *Civil Law*, inclusive o Brasil[16].

Provavelmente, o principal exemplo histórico de confiança na lei esteja no Código Civil francês de 1804. A Escola da Exegese surgida na era napoleônica assentava-se sobre a riqueza dos códigos, a rara possibilidade de existência de lacunas (a serem resolvidas pela analogia) e a busca pela vontade do legislador. "Dessa forma, o intérprete desenvolve a sua atividade totalmente circunscrito ao texto da lei, não lhe sendo dado ir além dele. Realiza apenas um trabalho de exegese, a partir do pressuposto de que a lei escrita contém todo o direito".[17]

Está sedimentado que, com o tempo e a experiência, a proposta da Exegese revelou-se inviável, sendo necessárias maior participação e liberdade interpretativa do Judiciário. O espaço conferido a esse poder vem variando na teoria e na prática, no que se incluem,

---

nte=ITA&sequencial=1869834&num_registro=201801622818&data=201 90930&formato=PDF. Acesso em: 31 mai 2020.

[16] FUNKEN, Katja. *The Best of Both Worlds – the Trend Towards Convergence of the Civil Law and the Common Law System*. **SSRN Library**. 08 dez. 2003. Disponível em: https://ssrn.com/abstract=476461. Acesso em: 18 mai 2020.

[17] LIMA, Iara Menezes. Escola da Exegese. **Revista Brasileira de Estudos Políticos**, v. 97, 2008, p. 111. Disponível em: https://pos.direito.ufmg.br/rbep/index.php/rbep/article/view/55. Acesso em 31 mai 2020.

também, diferenças significativas a depender do país em questão (ou mesmo do estado[18]) e da matéria em discussão. A força da jurisprudência em processos de recuperação judicial, por exemplo, costuma superar aquela que se verifica em execuções de título extrajudicial ou ações de despejo.

Parte da doutrina, embora não se alinhe à Escola da Exegese, defende a lei como base da segurança, valor que, segundo Theodoro Junior, é o único que pode e deve ser oferecido pelo direito. O seu outro valor primacial, o da justiça, corresponderia a "anseio de ordem ética, cujo conteúdo é variável e indefinível", "fora do alcance da obra normativa do homem"[19].

Entre os argumentos favoráveis à legislação como base da segurança jurídica, está o da divisão dos poderes e da legitimidade democrática. María Rosa Pugliese ressalta que o italiano López de Oñate, também em um contexto de crise (totalitarismo da Segunda Guerra Mundial), vislumbrava o crescente poder conferido aos juízes não como um fator de fuga ao despotismo, mas, sim, como um risco aos cidadãos.

> [...] como el crecimiento del papel de lo judicial, de alguna manera obstaba a la consolidación del principio de certeza, al transformar al juez en un árbitro y único vocero de lo que expresaba el derecho. Si bien la actuación de um magistrado ofrécia como positivo el resolver el caso teniendo en cuenta sus matices, ello conllevaba el peligro de dejar la solución, ya no en manos del iudex perfectux, sino de alguien que se adueñaba de um espacio que hasta ayer le correspondia a la ley. Y dejando translucir que la forma instaurada para crear derecho, tal como se había consolidado bajo el régime anterior, es decir, como la expresión de la voluntad popular a través de sus representantes, quedaba, de pronto, en posesión de um funcionário

---

[18] O direito no estado de Louisiana, nos Estados Unidos, costuma ser apontado como exemplo de *Civil Law* ou de hibridismo, no seio de um país historicamente atrelado à tradição da *Common Law*. Sobre o assunto, entre outros: CARBONNEAU, Thomas E. *The Survival of Civil Law in North America: The Case of Louisiana.* **84 Law Libr.** J. 171, 1992. Disponível em: https://elibrary.law.psu.edu/cgi/viewcontent.cgi?article=1325&context=f ac_works. Acesso em: 30 mai. 2020

[19] THEODORO JUNIOR, Humberto. A onda reformista do direito positivo e suas implicações com o princípio da segurança jurídica. **Revista da Escola Nacional de Magistratura**, v. 1, n. 2, abr/2006, p. 113.

> que no había sido designado para la creación sino para la interpretación.[20]

Tal preocupação está relacionada à concepção de que o cidadão deve poder conhecer o direito ao qual está sujeito, e a partir do qual há de orientar suas condutas, de antemão, e não quando já estiver submetida à decisão judicial. Nesse sentido, Theodoro Junior critica a tendência de elaboração de leis excessivamente abstratas e vagas, as quais não permitiriam a compreensão prévia do seu conteúdo pelo jurisdicionado.

> Se, com leis formuladas axiologicamente e traduzidas excessivamente em cláusulas gerais e normas vagas, caberá ao juiz de fato definir o sentido e alcance da lei, na verdade só se firmará o teor da norma legal depois que o julgador atribuir-lhe o resultado que entender de conferir-lhe. A lei, na realidade, só existirá como preceito depois que o juiz completar a normatização apenas iniciada pelo legislador. O jurisdicionado somente virá a conhecer a regra de cuja violação é acusado depois de julgado pela sentença. Isso representa, em termos crus, uma verdadeira eficácia retroativa para a norma. Se ela só se fez completa e inteligível após o julgamento do fato, a consequência é que a norma, tal como foi aplicada, não existia ao tempo da ocorrência do mesmo fato. Ou, pelo menos, o seu destinatário somente a pôde conhecer, em toda a extensão, depois da sentença.[21]

Esse último argumento contrapõe-se ao de Carlos Aurélio Mota de Souza:

> [A] segurança dada pela coisa julgada é superior à da Lei, porquanto esta, tendo caráter genérico e abstrato, deve se concretizar no caso singular; então, a Lei geral é particularizada pela interpretação, e a decisão, afirmando o que é certo, o que é justo, aplica corretamente a Lei e restaura a Segurança; entretanto, já não é mais a mesma Lei, mas Lei aperfeiçoada; por isso que a Jurisprudência aperfeiçoa as leis e os juristas, em geral, não soem invocar somente a Lei, mas

---

[20] PUGLIESE, María Rosa. *La certeza del derecho en la concepción de Flavio López de Oñate*. **Revista Chilena de Historia del Derecho**, 22, 2010, p. 1267 e 1268. Disponível em: https://revistas.uchile.cl/index.php/RCHD/article/view/22173. Acesso em: 09 mai 2020

[21] THEODORO JUNIOR, Humberto. A onda reformista do direito positivo e suas implicações com o princípio da segurança jurídica. **Revista da Escola Nacional de Magistratura**, v. 1, n. 2, abr/2006, p. 95

também os casos julgados à sua luz.[22]

Assim, a lei forneceria segurança jurídica, a qual estaria ligada ao aspecto objetivo. Já a certeza, valor superior e subjetivo, somente adviria do provimento judicial que resolve o caso concreto, tendo, como ápice, a consolidação do entendimento em súmula jurisprudencial[23].

Em sentido semelhante, com o intuito de defender a introdução de um sistema de precedentes vinculantes, nos moldes dos adotados na Inglaterra e nos Estados Unidos, Marinoni afirma que o direito legislado constitui obstáculo, e não pressuposto, para a segurança jurídica, em virtude do risco de múltiplas interpretações do texto legal. Caberia, assim, ao Judiciário firmar um entendimento, de modo a garantir a certeza do direito[24].

Apesar das discordâncias doutrinárias quanto à base da segurança, parece haver convergência em torno de um ponto: a atuação do Legislativo pode ser crucial para a ampliação dos poderes do juiz e a valorização da jurisprudência. Arruda Alvim, por exemplo, destacando a necessidade de respeito às decisões dos tribunais superiores, nelas enxerga a solução para a tendência de produção legislativa fundada em cláusulas gerais, princípios e conceitos indeterminados, "poros que viabilizam à realidade penetrar no direito"[25].

López de Oñate destaca a profusão de leis como fator que reduz o potencial da produção legislativa como geradora de segurança

---

[22] SOUZA, Carlos Aurélio Mota de. **Segurança jurídica e jurisprudência:** um enfoque filosófico-jurídico – Súmulas Vinculantes, Direito Alternativo, Auctoritas ou Potestas? 1. ed. São Paulo: LTr, 1996, p. 23

[23] SOUZA, Carlos Aurélio Mota de. **Segurança jurídica e jurisprudência:** um enfoque filosófico-jurídico – Súmulas Vinculantes, Direito Alternativo, Auctoritas ou Potestas? 1. ed. São Paulo: LTr, 1996

[24] MARINONI, Luiz Guilherme. **Precedentes obrigatórios**. 5. ed. São Paulo: Revista dos Tribunais, 2016, p. 100.

[25] ARRUDA ALVIM, Tereza. O Juiz Criativo e o Precedente Vinculante: realidades compatíveis. **Revista da EMERJ**, v. 20, n. 1, jan/abr 2018, p. 197-198. Disponível em: https://www.emerj.tjrj.jus.br/revistaemerj_online/edicoes/revista_v20_n1/revista_v20_n1_196.pdf. Acesso em: 01 jun. 2020

jurídica[26], no que é acompanhado por Theodoro Junior, para quem a "onda reformista" das leis no Brasil, ainda que motivada por "valores relevantes e positivos", finda por ignorar a necessidade de segurança jurídica[27].

Embora seja precoce cravá-lo, é possível que as diversas iniciativas, nos âmbitos federal, estadual e municipal, de criar leis relacionadas à pandemia da covid-19 venham a corroborar a impressão daqueles autores, levando mais incerteza, em vez de segurança jurídica, a um cenário que já é marcado, essencialmente, pela indefinição.

Nesse ponto, pertinente a observação de Gonçalves, que, baseado na teoria dos sistemas de Niklas Luhmann, destaca que a formação de expectativas normativas visa a reduzir a incerteza no campo social (cada vez mais complexo), porém termina por aumentar "a indeterminação do próprio direito"[28]. Em relação aos projetos n. 1.179/2020 e 1.397/2020, especificamente, tem-se uma aparente pretensão de redução da discricionariedade judicial – que vinha sendo valorizada em condições "normais" -, com uma maior regulação pelo texto legal. Porém, esse texto dialoga com a jurisprudência e diplomas já existentes (notadamente, o Código Civil e a Lei n. 11.101/2005), estabelecendo regras rígidas e afastando a aplicabilidade de determinadas normas e possibilidades interpretativas por um tempo específico.

Não se pode prever, porém, se a rigidez das regras se coadunará com as circunstâncias fáticas, sociais e econômicas, decorrentes da pandemia, tampouco se o tempo estipulado nas disposições legais será suficiente para atender à realidade vindoura. Em um cenário de

---

[26] LÓPEZ DE OÑATE, Flavio. *La certeza del derecho*, Buenos Aires: Ediciones Jurídicas Europa-América, 1953, *apud* PUGLIESE, María Rosa. *La certeza del derecho en la concepción de Flavio López de Oñate*. **Revista Chilena de Historia del Derecho**, 22, 2010, p. 1267 e 1268. Disponível em: https://revistas.uchile.cl/index.php/RCHD/article/view/22173. Acesso em: 09 mai 2020

[27] THEODORO JUNIOR, Humberto. A onda reformista do direito positivo e suas implicações com o princípio da segurança jurídica. **Revista da Escola Nacional de Magistratura**, v. 1, n. 2, abr/2006, p. 115

[28] GONÇALVES, Guilherme Leite. Os paradoxos da certeza do direito. **Revista Direito GV**, v. 2, n. 1, 2006. p. 216. Disponível em: http://bibliotecadigital.fgv.br/ojs/index.php/revdireitogv/article/view/3 5222/34022. Acesso em: 15 mai 2020.

grande incerteza, a resposta poderá voltar a depender da jurisprudência, até mesmo de decisões *contra legem*, o que somente reforçará a indeterminação.

Considerações finais (porém provisórias): no "direito de crise", a lei é o remédio?

Este artigo não tem a intenção de esgotar os temas contemplados. Sua breve extensão inviabiliza a análise aprofundada de questão tão complexa e com tantas nuances, como é a discussão acerca das fontes da segurança ou certeza jurídica. Além disso, sua abordagem toma, como referenciais práticos, decisões judiciais e propostas legislativas surgidas em intervalo muito curto (menos de três meses), no bojo de uma situação excepcional.

O caráter de novidade impede qualquer análise com pretensão exaustiva ou definitiva. Inúmeras decisões, nos âmbitos particular, judicial, legislativo e executivo, vêm sendo tomadas e desfeitas, muitas vezes em um jogo de tentativa e erro, com o intuito de promover adequações, de curto ou longo prazo, à nova realidade.

A hipótese de que as propostas legislativas motivadas pela pandemia, como os projetos 1.179/2020 e 1.397/2020, são um retorno à aposta na lei como base da segurança jurídica, por isso, não é suscetível de uma verificação neste momento. Existem indícios nesse sentido, como o fato de membros do próprio Judiciário terem estimulado a produção legislativa destinada a regular essa crise de origens e proporções inéditas[29]. Neste artigo, aquela hipótese consiste em uma sinalização, percepção inicial e momentânea, que poderá servir a futuras análises, desenvolvidas em cenário mais consolidado e estabilizado.

Cogita-se, contra ela, que a profusão de projetos de lei relacionados à pandemia pode ter múltiplas causas, desde uma

---

[29] A justificação do projeto de lei 1.179/2020 informa que sua iniciativa "deve-se à incansável preocupação do presidente do Supremo Tribunal Federal, ministro Dias Toffoli, com os severos efeitos econômicos e sociais da pandemia do Coronavírus", bem como à coordenação técnica do ministro Antonio Carlos Ferreira, do Superior Tribunal de Justiça. Na justificação do PL 1.397/2020, entre os colaboradores destacados, está o juiz Daniel Carnio Costa, da 1ª Vara de Falências e Recuperações Judiciais de São Paulo.

genuína vontade do legislador de colaborar na resolução de controvérsias e incertezas recentes até uma postura estratégica de valorização do Legislativo, poder que, nas últimas décadas, vem sendo alvo de fortes críticas e desconfianças da opinião pública. É possível, ainda, que algumas propostas decorram não de uma preocupação coletiva, "corporativa", mas de um interesse individual, egoístico, de vereadores, deputados e senadores, valendo-se da covid-19 como pretexto para alcançar popularidade e buscar espaço na mídia.

A embasar uma das duas últimas possibilidades, a própria postura do presidente da Câmara, deputado federal Rodrigo Maia, que, diante de mais de 30 (trinta) pedidos de *impeachment*[30] do presidente da República, Jair Bolsonaro, cuja admissibilidade é de sua competência exclusiva, reiteradamente afirma que o foco do Legislativo deve ser o combate à pandemia e a suas consequências[31]. Movido por esse discurso, o Congresso coloca-se frequentemente como contraponto ao Executivo, em um momento de desgaste deste último, com ações voltadas à proteção da saúde da população ou a apoio financeiro das classes mais baixas, no que, também, atenta contra os planos do governo federal.

A dúvida sobre a sinceridade dessas apostas na legislação reflete-se em outras dimensões. O processo de aumento da indefinição advinda da absorção das incertezas sociais pelo sistema jurídico parece, especialmente, significativo no cenário atual, com a criação de leis com pretensão de vigência transitória, para regular efeitos de uma pandemia da qual não se pode prever a profundidade ou a duração. A futura aplicação jurisprudencial e a eficácia perante a sociedade permanecem incógnitas, fazendo com que os frutos do "direito de crise" possam se tornar as sementes de uma nova crise do direito.

---

[30] SCHNEIDER, Bernardo de Vito. O impedimento do *impeachment*. Artigo. **O Estado de S. Paulo.** Disponível em: https://politica.estadao.com.br/blogs/fausto-macedo/o-impedimento-do-impeachment/. Acesso em: 31 mai. 2020.

[31] MAZIEIRO, Guilherme. *Impeachment* deve ser pensado com cuidado, foco é no coronavírus, diz Maia. **Portal UOL**, 27 abr 2020. Disponível em: https://noticias.uol.com.br/politica/ultimas-noticias/2020/04/27/impeachment-deve-ser-pensado-com-cuidado-foco-e-no-coronavirus-diz-maia.htm. Acesso em: 01 jun. 2020

Referências

ALVARENGA, Daniel; SILVEIRA, Daniel. Com pandemia, PIB do Brasil encolhe 1,5% no 1° trimestre e regride ao patamar de 2012. Reportagem. **Portal G1**, 29 mai 2020. Disponível em: https://g1.globo.com/economia/noticia/2020/05/29/com-pandemia-pib-do-brasil-encolhe-15percent-no-1o-trimestre.ghtml. Acesso em: 31 mai 2020.

ARRUDA ALVIM, Tereza. O Juiz Criativo e o Precedente Vinculante: realidades compatíveis. **Revista da EMERJ**, v. 20, n. 1, jan/abr 2018. Disponível em: https://www.emerj.tjrj.jus.br/revistaemerj_online/edicoes/revista_v20_n1/revista_v20_n1_196.pdf. Acesso em: 01 jun. 2020

BOSELLI, André. Decisão do STF sobre MP 936 gera divergências entre advogados. Reportagem. **Conjur**. Disponível em: https://www.conjur.com.br/2020-abr-17/advogados-decisao-stf-mp-936-traz-seguranca-juridica. Acesso em: 31 mai. 2020

BRASIL. Câmara dos Deputados. **Projeto de Lei n. 1.397/2020**. Institui medidas de caráter emergencial destinadas a prevenir a crise econômico-financeira de agentes econômicos; e altera, em caráter transitório, o regime jurídico da recuperação judicial, da recuperação extrajudicial e da falência. Disponível em: https://www.camara.leg.br/proposicoesWeb/fichadetramitacao?idProposicao=2242664. Acesso em: 01 jun. 2020

BRASIL. **Lei n. 11.101, de 09 de fevereiro de 2005**. Regula a recuperação judicial, a extrajudicial e a falência do empresário e da sociedade empresária. Disponível em: http://www.planalto.gov.br/ccivil_03/_ato2004-2006/2005/lei/l11101.htm. Acesso em: 29 mai 2020.

BRASIL. Senado Federal. **Projeto de Lei 1.179/2020**. Dispõe sobre o Regime Jurídico Emergencial e Transitório das relações jurídicas de Direito Privado (RJET) no período da pandemia do coronavírus (Covid-19). Disponível em: https://legis.senado.leg.br/sdleg-getter/documento?dm=8114235&ts=1590878707460&disposition=inline. Acesso em: 31 mai 2020

BRASIL. Superior Tribunal de Justiça. **Agravo interno no conflito de competência n. 159.480/MT**. Agravo interno em conflito de competência. Recuperação judicial. Ação de busca e apreensão. Bem objeto de alienação fiduciária em garantia. Bem essencial ao cumprimento do plano de recuperação judicial. Prazo de suspensão. Cento e oitenta dias. Prorrogação. Possibilidade. Competência do juízo da recuperação [...] Relator: Min. Luís Felipe Salomão, 30 set. 2019. Disponível em: https://ww2.stj.jus.br/processo/revista/documento/mediado/?componente=ITA&sequencial=1869834&num_registro=2018 01622818&data=20190930&formato=PDF. Acesso em: 31 mai 2020.

CARBONNEAU, Thomas E. *The Survival of Civil Law in North America: The Case of Louisiana.* **84 Law Libr.** J. 171, 1992. Disponível em: https://elibrary.law.psu.edu/cgi/viewcontent.cgi?article=1325 &context=fac_works. Acesso em: 30 mai. 2020

CAVALCANTI, Lucas; ARAGÃO, Maria Helena Leiro Bancillon de; NORÕES, Beatriz de Azevedo. Panorama do posicionamento dos tribunais brasileiros acerca dos efeitos do inadimplemento nas relações contratuais em razão da covid-19. Artigo. **Portal Migalhas**. Disponível em: https://www.migalhas.com.br/arquivos/2020/5/9C103559598 97D_Panoramadoposicionamentodostri.pdf. Acesso em: 31 mai. 2020.

DISTRITO FEDERAL. Tribunal de Justiça do Distrito Federal e Territórios. 24ª Vara Cível de Brasília. **Processo 0713297-63.2020.8.07.0001**, juiz Flávio Augusto Martins Leite, 06 mai 2020. Disponível em: https://pje.tjdft.jus.br/consultapublica/ConsultaPublica/Detal heProcessoConsultaPublica/documentoSemLoginHTML.seam? ca=6fe6f942dc7f3b6ce6bc0ff32b7e6ace49c0c3bea4f107726d05 c1c9183d58b22cca5b5fb43ccd48561daa8e83dd64d8c718f3b0bc 09a9ed. Acesso: 29 mai 2020.

FUNKEN, Katja. *The Best of Both Worlds – the Trend Towards Convergence of the Civil Law and the Common Law System.* **SSRN Library**. 08 dez. 2003. Disponível em: https://ssrn.com/abstract=476461. Acesso em: 18 mai 2020.

GONÇALVES, Guilherme Leite. Os paradoxos da certeza do direito. **Revista Direito GV**, v. 2, n. 1, 2006. Disponível em: http://bibliotecadigital.fgv.br/ojs/index.php/revdireitogv/artic le/view/35222/34022. Acesso em: 15 mai 2020.

LIMA, Iara Menezes. Escola da Exegese. **Revista Brasileira de Estudos Políticos**, v. 97, 2008. Disponível em:

https://pos.direito.ufmg.br/rbep/index.php/rbep/article/view/55. Acesso em 31 mai 2020.

LIMONGI FRANÇA, Rubens. Da jurisprudência como direito positivo. **Revista da Faculdade de Direito**, Universidade de São Paulo (USP). v. 66, 1971.

MARINONI, Luiz Guilherme. **Precedentes obrigatórios**. 5. ed. São Paulo: Revista dos Tribunais, 2016.

MAZIEIRO, Guilherme. *Impeachment* deve ser pensado com cuidado, foco é no coronavírus, diz Maia. **Portal UOL**, 27 abr 2020. Disponível em: https://noticias.uol.com.br/politica/ultimas-noticias/2020/04/27/impeachment-deve-ser-pensado-com-cuidado-foco-e-no-coronavirus-diz-maia.htm. Acesso em: 01 jun. 2020

PARAÍBA. Tribunal de Justiça do Estado da Paraíba. 17ª Vara Cível de João Pessoa. **Processo 0823860-19.2020.8.15.2001**, juiz Marcos Aurélio Pereira Jatobá Filho, 23 abr 2020, Disponível em: https://pje.tjpb.jus.br/pje/ConsultaPublica/DetalheProcessoConsultaPublica/documentoSemLoginHTML.seam?ca=327f72a8f6fb192521e34df604c4b43be41ee1c4245aef62724c1bbbea94523b35be6091cc70e6ea9f3263ebe305a6c902d4b796fe9f41fb&idProcessoDoc=30076247. Acesso em: 29 mai 2020.

PERILLO, Emmanoel Augusto. Sobre a problemática: certeza no direito. **Revista da Faculdade de Direito UFPR**, v. 6, 1958.

PERNAMBUCO. Tribunal de Justiça do Estado de Pernambuco. 09ª Vara Cível – Seção A – do Recife. Processo **0026002-48.2015.8.17.2001**, juiz Ailton Soares Pereira Lima, 13 abr 2020. Disponível em: https://pje.tjpe.jus.br/1g/ConsultaPublica/DetalheProcessoConsultaPublica/documentoSemLoginHTML.seam?ca=b2e66abaf8fd312396f31004b3a1dbdb7b2f01c3574c8f81cca1a4e0ec9291cbe31da8a375b9d55e3d9a552b864de98a1f3b052351ddbe87&idProcessoDoc=60560260. Acesso em: 29 mai 2020.

PUGLIESE, María Rosa. *La certeza del derecho en la concepción de Flavio López de Oñate*. **Revista Chilena de Historia del Derecho**, 22, 2010. Disponível em: https://revistas.uchile.cl/index.php/RCHD/article/view/22173. Acesso em: 09 mai 2020

SCHNEIDER, Bernardo de Vito. O impedimento do *impeachment*.

Artigo. **O Estado de S. Paulo.** Disponível em: https://politica.estadao.com.br/blogs/fausto-macedo/o-impedimento-do-impeachment/. Acesso em: 31 mai. 2020.

SIMÃO, José Fernando. "O contrato nos tempos da covid-19". Esqueçam a força maior e pensem na base da do negócio. Artigo. **Portal Migalhas.** Disponível em: https://www.migalhas.com.br/arquivos/2020/4/8CF00E104B C035_covid.pdf. Acesso em: 28 mai. 2020

SOUZA, Carlos Aurélio Mota de. **Segurança jurídica e jurisprudência:** um enfoque filosófico-jurídico – Súmulas Vinculantes, Direito Alternativo, Auctoritas ou Potestas? 1. ed. São Paulo: LTr, 1996

THEODORO JUNIOR, Humberto. A onda reformista do direito positivo e suas implicações com o princípio da segurança jurídica. **Revista da Escola Nacional de Magistratura**, v. 1, n. 2, abr/2006.

A pandemia da Covid-19 e o direito à cidade: um olhar socioterritorial sobre a dinâmica da doença no Brasil

Tirza Natiele Almeida Matos
Nathália Borges Barreto Melo
Ana Flávia Silva Lima

Introdução

A Covid-19 chegou ao Brasil por meio das fronteiras aéreas, durante um período em que grande parte da população já conhecia as medidas de higiene e prevenção contra o novo Coronavírus *(SARS-CoV-2)*, bem como as pessoas que compunham o chamado "grupo de risco" (idosos e portadores de doenças crônicas). Contudo, diante do fenômeno da desigualdade socioespacial que marca os centros urbanos brasileiros, emerge um novo alvo da doença, qual seja, a população que reside em regiões de extrema vulnerabilidade social – periferias, favelas e cortiços –.

Nesse sentido, a presente pesquisa se propõe a analisar os impactos da pandemia nas regiões periféricas e vulneráveis dos grandes centros urbanos brasileiros, como meio de avaliar os efeitos da negação do direito à cidade a esta camada social.

Para tanto, desenvolveu-se um estudo do processo de urbanização das cidades brasileiras, sob uma perspectiva histórica, de modo a apontar que estas foram criadas e recriadas a partir da lógica de segregação, promovendo uma urbe desigual e desencadeando inúmeros problemas enfrentados, até o momento atual, pela população residente em zonas "abandonadas" pelo poder estatal. Em seguida, realizou-se uma associação entre o direito à cidade e o direito à saúde, no sentido de ambos estarem presentes na esfera dos direitos fundamentais e que garantem a dignidade da pessoa humana.

Por último, analisou-se a disseminação e os impactos da Covid-19 nos segmentos sociais mais vulneráveis das cidades brasileiras, levando em consideração as medidas emergenciais adotadas, e as que ainda precisam ser, como também a condição de vida precária dos indivíduos que vivem em periferias, que não lhes permite realizar a prevenção e o combate efetivo ao novo Coronavírus.

Sobre o papel pedagógico da Covid-19, Boaventura de Sousa Santos entende que só ascendem a ele os que se salvam, os mais fortes (os mais santos, os mais jovens, os mais ricos).(SANTOS, 2020, p. 11). Nesse sentido, a disseminação do vírus nos grandes centros urbanos tem o potencial de causar enormes prejuízos a toda sociedade brasileira, contudo, tais prejuízos serão fatalmente sentidos pela população que reside e trabalha nas periferias, caso medidas não sejam pensadas de forma a incluir as peculiaridades desse grupo de pessoas nas estratégias de enfrentamento da doença.

1 A amplitude do direito à cidade: como é exercido pela periferia

1.1 Planejamento urbano no Brasil: uma breve retrospectiva histórica

A cultura urbanística brasileira, desde sua origem, sempre esteve direcionada à segregação. A história de seu desenvolvimento foi marcante para a produção de uma urbe desigual, afastada de uma participação política do povo. As primeiras cidades construídas não surgiram como um agregado de grupos humanos com intuito de prosperarem em conjunto os seus trabalhos, mas sim como uma tentativa do colonizador português de extrair, ao máximo, riquezas do país, o que tornava as comunidades essencialmente rurais. "Portanto, as cidades brasileiras não passaram de *núcleos administrativos e políticos* destinados a representar os interesses da monarquia portuguesa". (CARVALHO; RODRIGUES, 2016, p. 63)

Posteriormente, surgiram leis que, gradativamente, foram banindo o sistema escravocrata brasileiro, com o intuito de atender os interesses dos proprietários de escravos e dos ingleses. No entanto, apesar de, formalmente, terem sido extintas, tais normas não se preocuparam com a inserção dos escravizados na sociedade. Em seguida, em meados do século XIX, surgiu a política de "embranquecimento" do país, com o crescente incentivo à entrada de imigrantes europeus. Para conseguir tal objetivo, os negros foram deixados à margem da sociedade.

Em 1850, entrou em vigor a Lei de Terras no Brasil, a qual foi um marco para a aquisição de terras através do dinheiro. O que se desejava com tal legislação era transferir o instrumento de poder e riqueza, antes materializado na escravidão, nas terras, passando essas a se constituírem como mercadoria.

As medidas posteriores continuaram a seguir esse modelo segregacionista, controlando as formas de construções, no sentido de higienizar os espaços urbanos, para que determinadas localidades fossem ocupadas apenas por ricos e outras, com serviços e estrutura de qualidade diametralmente opostos, ocupados pelos pobres. Além disso, com o êxodo rural e consequente inchaço populacional nas áreas citadinas, houve uma concentração ainda maior do capital, serviços e bens nos centros urbanos. O crescimento de forma acelerada ameaça um desenvolvimento sustentável, já que as políticas públicas, em seu histórico, não se distribuíam de forma equitativa aos cidadãos.

1.2 A vivência do direito à cidade na periferia

O Brasil possui como uma de suas características mais marcantes as diversidades cultural e regional, todavia, essas não estão presentes nos processos de urbanização. A (des)organização espacial é pautada em questões socioeconômicas, o que leva o solo urbano a se tornar uma mercadoria. (BATTAUS; OLIVEIRA, 2016, p. 81). A cidade se faz como um espaço privilegiado, com uma centralidade política.

Dessa forma, a evolução da legislação urbanística tentou apaziguar as desigualdades e construir um significado efetivo do direito à cidade. Este direito continente – tendo em vista que abarca outros direitos –, previsto constitucionalmente, nos artigos 183 e 184, é "um direito que os cidadãos têm a uma cidade hígida, a um ambiente harmônico e equilibrado e a um local que proporcione dignidade à pessoa". (BATTAUS; OLIVEIRA, 2016, p. 82).

Ademais, o direito metaindividual também está previsto no Estatuto da Cidade (Lei 10.257/2001), no art. 2º, incisos I e II, que regulamentam os dispositivos da Carta Magna e dispõem, principalmente, sobre o direito "à terra urbana, à moradia, ao saneamento ambiental, à infra-estrutura urbana, ao transporte e aos serviços públicos, ao trabalho e ao lazer, para as presentes e futuras gerações" (BRASIL, 2001, p.1).

Sendo assim, torna-se perceptível como o direito à cidade se conecta com o direito à saúde, uma vez que, ao se garantir espaços urbanos e serviços públicos saudáveis, também se garante a redução de riscos ao bem-estar da população. Tal axioma constitucional, a partir de uma perspectiva inovadora trazida por Henry Lefebvre, em 1968, que deixa de lado a visão do ambiente citadino apenas em um sentido espacial, também engloba o oferecimento, pelo Estado, de saneamento básico, água potável, coleta de lixo, unidades médicas e demais cuidados à saúde.

As camadas sociais preenchem os espaços urbanos de acordo com sua situação econômica. As regiões mais abastecidas de infraestrutura e serviços se constituem mercadoria de maior valor. A partir da compreensão de que a maior parte da população brasileira se encontra nos extratos mais baixos da pirâmide social, percebe-se que, para o povo, resta habitar em localidades que se adequem ao seu poder aquisitivo, ou seja, que carecem de bens necessários para a garantia de uma vivência digna. (BATTAUS; OLIVEIRA, 2016, p. 86)

Em um estudo realizado sobreavaliação de programas de promoção da saúde em territórios de vulnerabilidade social (OLIVEIRA et al., 2017), depreendeu-se que a promoção da saúde está intimamente ligada ao desenvolvimento do ambiente de habitação. Nesse sentido:

> [...] a complexidade do processo saúde-doença em áreas de vulnerabilidade socioambiental, onde as doenças da pobreza coexistem com as doenças crônicas não-transmissíveis, com as causas externas de lesões, as condições de saneamento e dificuldades no acesso às medidas profiláticas, incluindo tratamento e medidas educativas. É nesse contexto que as infecções por parasitas intestinais (IPIs) perpetuam o ciclo doença-pobreza-doença, ao prejudicar a função cognitiva e o desempenho escolar e, consequentemente, as condições de empregabilidade. (Ibid, p. 3)

Destarte, trazendo o debate para a atual conjuntura, com o enfrentamento à pandemia da Covid-19, em que medidas de higienização, principalmente através da água, fazem-se necessárias, produz-se uma grande dificuldade no seu enfrentamento, em localidades que não possuem atenção do Estado, como favelas, cortiços e periferias. Além disso, também é considerado fundamental o isolamento social, todavia, a mobilidade desses indivíduos também é limitada pela sua condição financeira, uma vez que o próprio modelo de construção das moradias é realizado de forma precária e desordenada, o que resvala em moradias pequenas e amontoadas, para uma grande quantidade de habitantes. Assim, a disparidade social recai na disparidade de saúde.

2 A disseminação da Covid-19 no território brasileiro

2.1 A concentração da doença nos segmentos sociais mais vulneráveis

O Brasil é um país muito populoso, de dimensões continentais, marcado por diferenças expressivas entre suas regiões e por uma ocupação desigual do território, pois, de um lado, existem áreas remotas e de baixa densidade demográfica e, de outro, áreas conectadas às redes globais, megacidades, a exemplo de São Paulo e Rio de Janeiro, onde se concentra a maior parte da população. Uma abordagem sobre a dinâmica de disseminação da doença Covid-19, causada pelo novo Coronavírus *(SARS-CoV-2)*, sob o aspecto territorial, mostra-se fundamental, no momento atual, e pode se dar em diferentes perspectivas escalares.

Diversas medidas vêm sendo implementadas pelo Estado Brasileiro, nas esferas municipal, estadual e federal. Em relação à questão social, especificamente, o enfretamento, do que foi chamado, em recente nota técnica do Ipea, de pandemia da pobreza (PAIVA et al., 2020 apud COSTA et al., 2020, p. 7), envolve o pagamento do Auxílio Emergencial, que se constitui uma das medidas excepcionais de proteção social instituídas pela Lei nº 13.982/2020, vigente durante o período de enfrentamento da emergência em saúde pública de importância internacional decorrente da Covid-19. Este benefício visa garantir uma renda mínima aos brasileiros em situação mais vulnerável neste momento em que o distanciamento social é a principal medida de enfrentamento à pandemia.

Apesar de os vírus não escolherem lugar e nem classe social, no momento da sua infecção, fatores relativos às condições de vida, tais como saneamento básico, acesso à água, educação e renda, determinam como se dará a contaminação e quão rápida será a sua propagação, observadas as diferenças entre os diferentes patógenos.

Nesse sentido, a literatura aponta que nas regiões periféricas e vulneráveis dos grandes centros urbanos, onde há uma alta taxa de pobreza, de densidade populacional, precárias condições de moradia, carência de saneamento básico e, por fim, dificuldade de acesso aos serviços de saúde, há uma maior incidência de epidemias, a exemplo do que ocorreu com aZika, Aids/HIV e Dengue. (COSTA et al., 2020, p. 8)

Fica evidente, portanto, a necessidade de uma construção imediata de estratégias de vigilância nas áreas mais vulneráveis das regiões metropolitanas brasileiras, a fim de evitar que a atual epidemia da Covid-19 se dissemine, mais ainda, por esses locais. Frisa-se que, segundoo Instituto Locomotiva e o Data Favela, são 30 milhões de brasileiros que não têm saneamento básico, e 13 milhões que vivem em milhares de favelas. Essas instituições também desenvolveram uma série de levantamentos a fim de analisar a percepção e comportamento dos moradores das comunidades na atual situação.

Pesquisa mais recente feita com 1808 pessoas, entre 4 e 5 de abril de 2020, aponta que 80% dos moradores sofreram queda expressiva na renda. Entre os que moram em comunidades, 55% têm trabalho remunerado e dois terços deles se dizem muito preocupados em perder seus empregos e bicos. A falta de dinheiro em casa culmina na ausência de alimentos para a família e prova disso é que 13% têm comida armazenada para menos de dois dias, e mais da metade para menos de uma semana.

Além de escassa, a qualidade da alimentação piorou para quase 60% dos moradores de periferia. Desses, 80% dos pais dizem ter muito medo de não ter comida para dar aos filhos. Apesar disso, 71% dos moradores das favelas não concordam com o fim do isolamento. O levantamento ainda revela que, mesmo sem querer, muitos moradores poderão ser obrigados a sair de suas casas atrás de trabalho ou ajuda.

Vislumbra-se, com tal pesquisa, que a indicação por parte da OMS para laborar em casa e em autoisolamento é impraticável e utópica, porque obriga, muitas vezes, o trabalhador, especificamente aquele que mora em comunidade, a escolher entre ganhar o alimento diário ou ficar em casa e passar fome. Ressalta-se que, na América Latina, cerca de 50% dos trabalhadores empregam-se no setor informal, ditos autônomos, sendo uma das áreas mais afetadas pela pandemia e pelas estratégias de contenção do vírus. (SANTOS, 2020,

p. 16)

2.2 A necessidade da implantação de medidas emergenciais para frear a disseminação da Covid-19 nas regiões brasileiras mais vulneráveis

Parte-se do pressuposto de que as condições sociais e econômicas, mais especificamente as desigualdades territoriais e de acesso à infraestrutura urbana, que marcamas principais áreas metropolitanas do país, são fatores determinantes para a concentração e velocidade da disseminação do vírus, de modo especial nas áreas metropolitanas vulneráveis.

Muitas das recomendações feitas pela Organização Mundial da Saúde – OMS– e pela Organização Pan-Americana de Saúde – OPAS – sobre manter o distanciamento social e reforçar os hábitos de higiene (tal como lavar as mãos com água e sabão e higienizá-las com álcool em gel) para a contenção da epidemia – são difíceis de serem cumpridas por uma grande parcela da população brasileira, seja por motivos socioeconômicos, que dificultam o isolamento social, seja porque muitas pessoas e famílias compartilham os mesmos cômodos de moradias precárias, seja porque tais domicílios não dispõem de acesso adequado às redes de água e/ou de esgotamento sanitário (saneamento básico).

A exemplo disso, entre os locais mais atingidos pela falta de água e a consequente impossibilidade de higienizar adequadamente as mãos, estão as comunidades Chatuba de Mesquita, Camarista Méier e Complexo do Alemão. Outro fator que deve ser levado em conta é que a falta de água não só facilita a transmissão da Covid-19, como também de diversas outras doenças infectocontagiosas.

Verifica-se, nesse caso, que, nos segmentos sociais mais vulneráveis, há indisponibilidade ou irregularidade de serviços de saneamento básico; o difícil acesso a materiais como máscaras, luvas ou mesmo produtos de limpeza; e dificuldades em se adotar o isolamento social, por motivos socioeconômicos, demográficos e habitacionais.

Ao avaliar a rede de cidades brasileiras, surge uma primeira dimensão territorial da crise sanitária: sua concentração em algumas das principais áreas metropolitanas do país, especialmente em seus municípios-polo. Isso sugere a possibilidade de se construírem estratégias que considerem as especificidades da dinâmica de propagação da epidemia, numa perspectiva territorial na qual municípios isolados e/ou menos conectados aos centros mais dinâmicos da rede urbana podem ter melhores e diferentes condições de lidar com a pandemia e seus efeitos.

Ocorre que, além da constatação de que a dinâmica de propagação da pandemia se associa a aspectos ligados à rede urbana brasileira, fica evidente que o espaço metropolitano é seu lócus. Por isso, a principal metrópole brasileira (São Paulo/SP), cujo aeroporto é a principal porta de entrada do país, constitui-se o epicentro da epidemia no Brasil. E, assim, emerge a importância da escala metropolitana e da análise das diferenças intraurbanas e intramunicipais.

Como os grandes centros urbanos se tornaram o epicentro da epidemia e como apresentam desigualdades expressivas em termos de seus atributos socioambientais, faz-se necessário incorporar a dimensão territorial na análise da dinâmica de propagação da Covid-19 e no mapeamento das áreas mais vulneráveis.

O padrão de urbanização brasileiro se caracteriza pela distribuição desigual do acesso aos recursos e serviços urbanos, em termos regionais ou em termos inter e intramunicipais, sobretudo nas áreas metropolitanas do país. Assim, a deficitária infraestrutura urbana, em especial de saneamento básico, a ocorrência de assentamentos irregulares, precários e informais e as desiguais condições de moradia caracterizam a realidade desses espaços metropolitanos.

Em decorrência das condições sociais e territoriais desfavoráveis, em especial das dificuldades para se adotar o isolamento social, seja por motivos socioeconômicos, seja em decorrência de aspectos habitacionais e/ou de infraestrutura urbana, uma estratégia de realização de testes em massa deve priorizar as populações residentes nestas comunidades, vilas e favelas, que conformam pelo menos 20% das unidades de desenvolvimento humano (UDHs) em áreas metropolitanas brasileiras e que abrigam um percentual ainda maior da população metropolitana do país. (COSTA et al., 2020, p. 48)

Também são necessárias medidas emergenciais para melhorar as condições de saneamento básico da população mais carente, tais como o fornecimento de água onde o abastecimento é irregular ou inexistente e a disponibilização de caixas d'água. Ademais, estratégias devem ser pensadas e buscadas para oferecer melhores condições de habitação para famílias moradoras de áreas mais vulneráveis, de assentamentos irregulares e precários, o que pode passar pela disponibilização de abrigos e lares provisórios.

Considerações Finais

O processo de urbanização de todo o território brasileiro se desenvolveu sob a ótica de interesses dos grupos dominantes, de modo a tornar as cidades um reflexo da sociedade vigente, reproduzindo a segregação socioespacial entre os cidadãos ricos e os pobres. Dessa forma, determinadas localidades, em geral os centros urbanos, foram sendo ocupadas por pessoas ricas, enquanto outras, as periferias, com serviços e estrutura de qualidade inferiores, ocupadas pelos pobres.

Nesse sentido, a maior parte da população brasileira, em razão de sua condição socioeconômica, passou a residir em localidades que carecem de garantias que compõem o âmbito do direito à cidade. Essas regiões apresentam uma maior concentração de pobreza, alta densidade demográfica, moradias em condições precárias, carência de serviços públicos, como saneamento básico e, por fim, dificuldade de acesso à saúde, havendo, portanto, uma maior incidência de epidemias, a exemplo da Zika, Aids/HIV e Dengue.

Com o advento da pandemia da Covid-19 e a consequente propagação do novo vírus pelos grandes centros urbanos do país, fez-se necessária a adoção de medidas de isolamento e maior higienização para o enfrentamento da doença, de forma a impedir o rápido avanço desta. No entanto, a fixação dessas medidas de enfrentamento não produz o efeito esperado em localidades abandonadas pelo Estado, como favelas, cortiços e periferias.

Diversas são as anomalias encontradas nessas "não-cidades" que impedem a efetividade das medidas de combate e prevenção ao novo Coronavírus, a começar pela já mencionada carência de saneamento básico, bem como o limitado acesso à saúde. A dificuldade de mobilidade dos seus moradores também entra nesse panorama, em razão da precariedade e desproporcionalidade das moradias, as quais são pequenas e amontoadas, suportando uma grande quantidade de pessoas.

Além disso, devem ser levadas em conta as condições desses moradores enquanto trabalhadores, tanto autônomos como empregados formais ativos, que atuam no âmbito dos serviços essenciais, razão pela qual se veem obrigados a sair de suas casas para garantir a renda familiar. Com relação aos primeiros, foi aprovada pelo Governo Federal uma renda extraordinária para servir de amparo durante o período de isolamento social, todavia, em muitos casos, dada a quantidade de membros em uma só família, o Auxílio Emergencial por si só pode não ser suficiente para alimentar e custear as despesas de todos os seus integrantes, sendo necessária a busca da renda de forma tradicional – nas ruas –.

Destarte, a adoção de medidas combativas à Covid-19 deve ser reanalisada sob o panorama da realidade nas periferias dos centros urbanos brasileiros, levando em consideração os problemas que impedem a sua eficácia. Ademais, a manutenção das medidas já adotadas, principalmente a do isolamento social e a do reforço à higienização correta das mãos, é imprescindível para conter o alastramento da pandemia no país.

Referências bibliográficas

BATTAUS, Danila M. de Alencar; OLIVEIRA, Emerson Ademir B. de. **O Direito à Cidade: Urbanização Excludente e a Política Urbana Brasileira**. Lua Nova, São Paulo, n. 97, p. 81-106, Abr. 2016. Disponível em: <http://www.scielo.br/scielo.php?script=sci_arttext&pid=S0102-64452016000100081&lng=en&nrm=iso>. Acesso em: 28 Mai. 2020.

BRASIL. **Lei n.o 10.257, de 10 de julho de 2001**. Disponível em: <http://www.planalto.gov.br/ccivil_03/leis/leis_2001/l10257.htm>. Acesso em: 28 Mai. 2020.

CARVALHO, Claudio; RODRIGUES, Raoni. **O Direito à Cidade**. Rio de Janeiro: Lumen Juris, 2016.

FERNANDES, Victor. **Coronavírus afeta com mais força habitantes de favelas**. In: Panrotas, 16 de abril de 2020. Disponível em: https://www.panrotas.com.br/mercado/pesquisas-e-estatisticas/2020/04/coronavirus-afeta-com-mais-forca-habitantes-de-favelas_172885.html. Acesso em: 30 Mai. 2020.

FLAESCHEN, Hara. **Corona nas favelas**. In: ABRASCO –

ASSOCIAÇÃO BRASILEIRA DE SAÚDE COLETIVA, 30 de março de 2020. Disponível em: https://www.abrasco.org.br/site/noticias/saude-da-populacao/coronavirus-nas-favelas-e-dificil-falar-sobre-perigo-quando-ha-naturalizacao-dorisco-de-vida/46098/. Acesso em: 30 Mai. 020.

G1. **Casos de coronavírus no Brasil**. G1, 01 de junho de 2020. Disponível em: https://g1.globo.com/bemestar/coronavirus/noticia/2020/06/01/casos-de-oronavírus-e-numero-de-mortes-no-brasil-em-1o-de-junho.ghtml. Acesso em: 01 jun. 2020.

OLIVEIRA, R.T.Q., *et al.***Matriz de avaliação de programas de promoção da saúde em territórios de vulnerabilidade social**. *Ciênc. saúde coletiva* [online]. 2017, vol. 22, no. 12, pp. 3915-3932, ISSN: 1413-8123. Acesso em: 28 Mai. 2020.

Organização Pan Americana de Saúde. Folha informativa – COVID-19 (doença causada pelo novo coronavírus). In: OPAS Brasil, 01 de junho de 2020. https://www.paho.org/bra/index.php?option=com_content&view=article&id=6101:covid19&Itemid=875. Acesso em: 30 Mai. 2020.

PNUD – PROGRAMA DAS NAÇÕES UNIDAS PARA O DESENVOLVIMENTO; IPEA – INSTITUTO DE PESQUISA ECONÔMICA APLICADA; FJP – FUNDAÇÃO JOÃO PINHEIRO. **IDHM –Índice de Desenvolvimento Humano Municipal Brasileiro**. Brasília: PNUD; Ipea; FJP, 2013.

SANTOS, Boaventura de Sousa. **A Cruel Pedagogia do Vírus**, ISBN 978-972-40-8496-1, CDU 347.

SOUPIN, Elisa. Moradores de comunidades do RJ sofrem com falta de água em meio à pandemia de coronavírus. In:G1, 17 de março de 2020. Disponível em:https://g1.globo.com/rj/rio-de-janeiro/noticia/2020/03/17/moradores-de-comunidades-do-rj-sofrem-com-falta-de-agua-em-meio-a-pandemia-de-coronavirus.ghtml. Acesso em: 30 Mai. 2020.

Punitivismo de exceção? Cárcere e discurso punitivista em tempos de Covid-19

Victor de Lemos Pontes
Maria Júlia Poletine Advincula

1 Pandemias cruzadas: entre o cárcere e o Covid-19

Antes de tratar de qualquer tema que esteja envolta ao sistema prisional brasileiro não se pode olvidar da situação deplorável e caótica pela qual ultrapassa o cárcere, com a já (há muito) conhecida superlotação e a situação declarada do sistema carcerário como um "estado de coisas inconstitucional"[1]. De acordo com os dados mais recentes fornecidos pelo Infopen, em pesquisa realizada em dezembro de 2019, o Brasil possuía uma população carcerária de 748.009 presos, enquanto a capacidade de acomodar esses presos seria de apenas 442.349[2].

Nada obstante não haver dados precisos quanto a quantidade de pessoas no sistema carcerário que sejam portadores de doenças, é inegável que as condições precárias das "masmorras" medievais a que são submetidos os presos é situação facilitadora da propagação de doenças infectocontagiosas e doenças decorrentes de má alimentação e de ausência de saneamento básico, o que reduz a imunidade dessas pessoas e as tornam mais suscetíveis a contrair moléstias. Assim, é fato que o Novo CoronaVírus (COVID-19) se torna uma ameaça incomensurável aos que se encontram encarcerados, tanto em relação aos que possuem doenças prévias - que por óbvio estão mais vulneráveis a contrair o vírus do COVID-19 -, bem como em relação a todos os demais pela (necessária)

---

[1] SUPREMO TRIBUNAL FEDERAL. Pleno. ADPF 347 MC/DF, Rel. Min. Marcos Aurélio. Data de Julgamento: 9.9.2015.

[2] BRASIL. Ministério da Justiça. **Departamento Penitenciário Nacional. Levantamento Nacional de Informações Penitenciárias**. 2019. Disponível em: <http://depen.gov.br/DEPEN/depen/sisdepen/infopen/infopen>. Acesso em 31 mai. de 2020.

proximidade física em que todos os membros da carceragem se encontram, sendo impossível pensar em isolamento destes presos em grupo de risco ou mesmo daqueles que apresentam suspeita de terem contraído o referido vírus.

O ponto nevrálgico da questão anteriormente suscitada diz respeito à discrepância entre o tratamento dado aos cidadãos ditos "de bem" e aqueles que estão enclausurados e enfurnados nas cadeias e penitenciárias, que numa visão maniqueísta, representam tudo que há de ruim e toda a escória da sociedade, não sendo a estes dispensado um tratamento de cuidado em relação ao vírus que assolou e assola toda a humanidade. Frequentemente, a perversidade do sistema de justiça criminal sempre recai sobre "o outro", o que decorre da atuação seletiva das agências de criminalização (ao oposto do discurso anunciado de igualdade), o que faz com que o discurso punitivista em tempos de pandemia permaneça, já que o sistema penal não alcança todos aqueles que cometem crimes, mas apenas aqueles que são mais visíveis ao sistema. O massacre desse "outro" que é o encarcerado (em sua maioria negros e em situação de vulnerabilidade social e econômica), mesmo com a pandemia do COVID-19 é naturalizado (e até defendido) por parcela da população que não trata aquele sujeito como sendo detentor dos direitos inerentes à sua condição humana, isto é, não merece, assim, o cuidado do Estado para com a sua saúde, restando à mercê da sorte para não contrair o vírus ou para que outros detentos também não o contraiam.

Há, portanto, aqueles que ignoram a disseminação do COVID-19 no sistema carcerário, por não se importarem com a situação dos presos, mas há também aqueles que negam a existência do vírus nesses estabelecimentos, como uma forma de ofuscar o caos e impedir que as instituições se pronunciem acerca de qualquer medida que dê ensejo à saída de presos dos estabelecimentos prisionais, ainda que sejam aqueles que, de fato, integram o grupo de risco.

Nada obstante a tentativa de impedir a manifestação das instituições, o Conselho Nacional de Justiça – CNJ prolatou a Recomendação nº 62 de 17 de março de 2020, no sentido de recomendar (de maneira não vinculativa) aos juízos de execução penal de todos os estados que convertessem a prisão em prisão domiciliar, para aqueles que faziam parte do grupo de risco, como os idosos (com mais de 70 anos), as mães grávidas e os presos com comorbidades pré-existentes. Ocorre que, a despeito da referida recomendação, escancara-se a tradição punitivista brasileira e a vulnerabilidade dos povos marginalizados, quando se observa que as "recomendações" são simplesmente ignoradas pelos juízes locais - já que não são vinculativas - e acabam não realizando a substituição da prisão pela prisão domiciliar.

Toda esta ação do Conselho Nacional de Justiça traz à evidência a compreensão pura de que a prisão não erra o seu objetivo, pois apesar de atribuir uma roupagem de legalidade ao discurso, acaba por afrontar garantias e direitos fundamentais assegurados constitucionalmente ao cidadão, quando não efetiva os direitos mínimos a estes inerentes, em flagrante descumprimento de ordem constitucional. Este discurso nada mais é que a demonstração da eficácia invertida[3] do sistema penal, se mostrando eficaz não às suas funções declaradas (promover condições de salubridade nos estabelecimentos prisionais; não colocar presos do grupo de risco do COVID-19 em condições insalubres do cárcere), mas às funções latentes, que aprisiona e mantém aprisionado os setores vulnerabilizados da sociedade, neutralizando-os sob qualquer pretexto.

Observa-se, portanto, que a ideologia da defesa social que orienta a atuação das agências de criminalização a segregar de maneira seletiva aqueles tidos por "inimigos" sob o pretexto de proteção da ordem pública[4], permanece em tempos de exceção, como o vivido pela pandemia do COVID-19, evidenciando que o tratamento desigual dispensado aos que se encontram no cárcere é mesmo fruto de uma tentativa de mantê-los afastados do convívio social a todo custo, ainda que isto lhes custe a sua vida.

O Estado de Direito consagrado constitucionalmente, neste recorte, é sufragado por um Estado de Polícia, que reflete no campo penal a defesa de um tratamento punitivo que dissocia a condição de pessoa a determinados seres humanos (os encarcerados). Essa dialética demonstra uma concepção estatal de ares absolutistas, que dá um tratamento diferenciado a pessoas que não devam possuir sua

---

[3] ANDRADE, Vera Regina Pereira de. **A ilusão de segurança jurídica: do controle da violência à violência do controle penal.** Porto Alegre. Livraria do Advogado, 1997. p.298.
[4] BARATTA, Alessandro. **Criminologia Crítica e Crítica do Direito Penal.** Trad. de Juarez Cirino dos Santos. Rio de Janeiro, 1997, p. 254.

condição de cidadãos, isto, a eleição de um inimigo da sociedade[5], incompatibilizando esta concepção com a noção de Estado de Direito.

O inimigo passa por um processo de "coisificação", no qual lhe são suprimidos direitos e garantias individuais, em razão de serem considerados como uma "não-pessoa" e tudo isto é racionalizado pelo Direito Penal como uma forma de ocultar esta noção segregadora por parte do Estado. É possível privar o exercício da cidadania de determinadas pessoas que se encontram em conflito com a lei, mas não é lícito ao Estado retirar a condição de pessoa e, por conseguinte, todos os direitos que são inerentes à condição humana[6].

Portanto, o desejo de grande parte da população de querer ver estas pessoas privadas de seus direitos individuais mais básicos, a partir de sua permanência (pelo maior tempo possível) no cárcere, ignorando a presença de um vírus de escala global, perpassa pela noção de ver o preso como um "inimigo" ou alguém que o Estado não merece atribuir qualquer espécie de tutela, pois a sua convivência em sociedade causaria perigo à ordem pública. É por este motivo que a referida recomendação do Conselho Nacional de Justiça não prosperou significativamente, sem representar a soltura dos presos, até mesmo daqueles que integravam o grupo de risco. A tragédia anunciada se tornou realidade, já que o COVID-19 alcançou o sistema prisional e já foi a causa de mortes de muitos presos, sem que este fato alcançasse a preocupação da mídia ou mesmo das instituições estatais.

Nota-se, assim, que o punitivismo da maior parte da população conservadora não recebe "trégua" e nem há clemência, nem mesmo em tempos de exceção, como o momento de pandemia do COVID-19 que assolou o mundo em escala global, denotando que a perda da condição de cidadão do preso é definitiva, com a supressão permanente de seus direitos básicos, sem que a morte dessas pessoas no cárcere cause alguma comoção.

---

[5] ZAFFARONI, Eugênio Raul. **O inimigo no direito Penal.** Trad. Sergio Lamarão. 2. ed. Rio de Janeiro: Revan, 2007, p. 19.
[6] MARTIN, Luis Garcia. **Sobre la negación de la condición de persona como paradigma del "derecho penal del enemigo".** Disponível em <http://criminet.ugr.es/redpc>. Acesso em 31 de maio de 2020.

2 *Labelling approach* ("teoria do etiquetamento social") à luz do Covid-19

2.1 O espaço carcerário feito para o "bicho" homem

Na década de 1960, em um período de transição entre a criminologia tradicional e a criminologia crítica, impulsionada pela Escola de Chicago, surge a teoria criminológica do Etiquetamento Social (ou *Labelling Approach*)[7], a qual define que as noções de crime e criminoso são construções sociais, pautadas principalmente pelas condutas das instâncias oficiais de controle formal (como polícia e Judiciário), além da legislação de cada país, objetivando muito punir e pouco ressocializar aqueles que fossem postos dentro do Sistema de Justiça Criminal.

Importa partir do pressuposto, então, de que o sistema carcerário é um reflexo da sociedade punitiva. Assim sendo, o pensamento punitivista, em suma, foca na ideia de que, quanto mais sofrimento, mais aquela característica delitiva do criminoso será expurgada. De fato, um verdadeiro e antigo maniqueísmo, o qual sempre perdurou em muitas teorias criminais, principalmente após a obra "*L'uomo Delinquente*" de Lombroso[8]. Seguindo essa lógica, toda e qualquer dor sofrida por um preso será vista como merecimento ou, ainda, possibilidade de redenção pelos "pecados" cometidos. Logo, aquele que recebe um "rótulo" após ter passado pelo Sistema de Justiça Criminal, acaba por prosseguir o resto da vida social sendo marginalizado em todos os âmbitos sociais.

Segundo Molina[9],

> Quando as instâncias informais do controle social fracassam, entram em funcionamento as instâncias formais, que atuam de modo coercitivo e impõem sanções qualitativamente distintas das sanções sociais: **são sanções estigmatizantes que atribuem ao infrator um singular status** (de desviados, perigoso ou

---

[7] BECKER, Howard S. **Outsiders:** estudos de sociologia do desvio. Rio de Janeiro: Zahar, 2008.

[8] LOMBROSO, Cesare, 1885-1909. **O homem delinqüente**; tradução Sebastião José Roque. - São Paulo: Ícone, 2007.

[9] MOLINA, Antonio García-Pablos de; GOMES, Luiz Flávio. **Criminologia**. 4. ed. São Paulo: RT, 2002.

delinquente). (MOLINA, 2002, p. 134, grifos nossos)

Nesse sentido, após o que foi levantado pelo governo em tempos de pandemia de COVID-19, sobre a utilização de contêineres para "separar" presos contaminados com vírus ou em situação de suspeita, percebe-se como nem mesmo os corpos dos presos pertencem a eles mesmos: o Estado escolhe se aquele indivíduo *vai* morrer e, mais especificamente, *como* irá morrer. Quando se fala em um vírus de rápida propagação, faz-se necessário compreender a alta transmissibilidade do COVID-19, ainda mais potencializada em pequenos espaços, de baixa higiene e condições estruturais precárias - caso da grande maioria dos presídios brasileiros. Assim como postulado por Becker, o *outsider* é aquele que é aquele que, uma vez excluído de todas as instâncias sociais, de fato acaba sendo marginalizado sem qualquer possibilidade de retorno à sua condição anterior. A ressocialização, seguindo essa lógica, é um verdadeiro mito retroalimentado pelo sistema das prisões. Acontece que, em um período pandêmico, sequer levantar tal ideia, mesmo que atualmente vetada pelo nosso Judiciário, após diversas pressões populares, já mostra como o sistema de justiça criminal brasileiro possui traços essencialmente punitivistas; estes que, sem uma reflexão efetiva sobre suas raízes, são capazes de promover o *status* de criminoso perpétuo para o detento, mesmo posteriormente libertado, o qual estará muito mais propenso a se desenvolver nas escadas das "carreiras criminais"[10]. Ainda, é notório que o país não consegue perpetuar, por ora, práticas alternativas de resolução de conflitos, como a eficaz justiça restaurativa, mesmo que estas sejam, em outros países, já amplamente difundidas, com um alcance positivo além do esperado, principalmente no que diz respeito à diminuição dos índices de reincidência[11]. Ou seja, por mais que haja outras formas de lidar com o crime e seus efeitos, obviamente o país continua perpetuando um sistema que, em todas as suas articulações, é meramente político.

Voltando aos contêineres, além de evocar o Princípio da

---

[10] SHECAIRA, Sérgio Salomão. **Criminologia**. São Paulo: Ed. RT, 2004.

[11] DE VITTO, Renato Campos Pinto. **Justiça Criminal, Justiça Restaurativa e Direitos Humanos** in SLAKMON, C., R. De Vitto, e R. Gomes Pinto, org.,. Justiça Restaurativa. Brasília – DF: Ministério da Justiça e Programa das Nações Unidas para o Desenvolvimento – PNUD, Brasília: 2005.

Dignidade da Pessoa Humana, também é preciso pensar que a Constituição, em seu art. 5º, XLIX, protege as integridades física e moral dos presos. Aparentemente, todavia, a Carta Magna vem perdendo espaço para os discursos que, por sua vez, satisfazem o Direito Penal do Espetáculo e o Direito Penal Eleitoreiro. O sistema de justiça criminal brasileiro, portanto, vem perdendo cada vez mais suas funções não declaradas[12], pois o recado é bem claro, além de midiático: quando se propõe armazenar corpos de presos onde, em hospitais, se despejam cadáveres contaminados com o COVID-19, confirma-se que essa população é *subhumana* e, como tal, não será respeitada no contexto de necropolítica[13] no qual vivemos.

2.2. Mecanismos externos de controle dos direitos humanos

Em 2010, o Brasil sofreu uma denúncia na Organização das Nações Unidas (ONU), mais especificamente por conta do sistema carcerário do Espírito Santo, pela utilização de contêineres de ferro para alojar presos e, assim, burlar as regras contidas na Lei de Execução Penal sobre a lotação máxima de pessoas por metro quadrado. Consequentemente, sofreu sanções internacionais.

É preciso dizer, nessa linha, que também a Comissão Interamericana de Direitos Humanos, mecanismo internacional que faz parte do Sistema Interamericano de Proteção dos Direitos Humanos, inclusive, já se pronunciou expressamente contra o uso dos contêineres, inclusive recentemente. A (CIDH), vinculada à Organização dos Estados Americanos (OEA), por meio de ofício ao governo brasileiro, criticou a proposta de isolamento de presos com suspeita de COVID-19 em contêineres, por serem "incompatíveis com os padrões internacionais nas áreas de alojamento, saúde, ventilação, iluminação e espaço físico"[14]. O uso dessa alternativa, na mesma linha, também fere o que dispõe a Organização Mundial da Saúde (OMS) e o Comitê Internacional da Cruz Vermelha, em suas

---

[12] ZAFFARONI, Eugenio Raúl; PIERANGELI, José Henrique. **Manual de direito penal brasileiro** – parte geral. São Paulo: Revista dos Tribunais, 1997.

[13] MBEMBE, Achille. **Necropolítica**. 3. ed. São Paulo: n-1 edições, 2018.

[14] Disponível em: https://oglobo.globo.com/sociedade/comissao-de-direitos-humanos-da-oea-critica-conteineres-para-presos-na-pandemia-cobra-explicacao-do-governo-brasileiro-24412859 Acesso em: 02 jun. 2020

medidas contra a disseminação do COVID-19 nas instalações prisionais. No mais, em sua recente Resolução n° 1/2020, aponta a CIDH[15] que:

> 46. Adotar medidas para combater a superlotação das unidades de privação de liberdade, incluindo a reavaliação de casos de detenção preventiva para identificar aqueles que possam ser convertidos em medidas alternativas à privação de liberdade, priorizando as populações de maior risco à saúde contra um possível contágio do COVID-19, principalmente idosos e gestantes ou com crianças em lactação. (CIDH, 2020, p. 16, tradução nossa, grifos nossos)

Ou seja, o posicionamento da CIDH é contra as hipóteses extremamente punitivas, que causem maus tratos físicos e psicológicos nos detentos, retratando que as medidas alternativas à privação de liberdade são mais efetivas não apenas contra o contágio, mas para preservar a integridade física daquelas pessoas no ambiente carcerário.

No contexto internacional, portanto, as Nações Unidas (ONU) e a OEA (Organização dos Estados Americanos) entendem a utilização dos contêineres como "situação análoga à tortura" e "atentado à vida humana". Ainda assim, não houve hesitação por parte do Estado brasileiro em, por meio do ex-Ministro da Justiça, Sergio Moro, ter se mostrado contrário à soltura de presos durante a pandemia do COVID-19, o que contraria, como foi visto, as recomendações da própria CIDH. Além disso, trouxe à tona a inconstitucional proposta já citada, de colocar detentos idosos ou com sintomas do vírus em "instalações provisórias", quais seriam os contêineres ou "microondas" para humanos, conforme citado pelos próprios detentos já alojados nesse tipo de espaço, deveras violento. Aqui, destaca-se que o próprio Executivo vem caminhando, no Brasil, na direção contrária do que os órgãos internacionais defedem, principalmente para a América Latina.

Por mais que o Conselho Nacional de Direitos Humanos e a Defensoria Pública da União (DPU) tenham se mostrado contra a proposta e, de fato, tendo ela sido recentemente derrubada, trazer esse debate à sociedade, principalmente leiga, por parte de um

---

[15] COMISSÃO INTERAMERICANA DE DIREITOS HUMANOS. **Pandemic and Human Rights in the Americas**. Disponível em: http://www.oas.org/en/iachr/decisions/pdf/Resolution-1-20-en.pdf. Acesso em 01 de junho de 2020.

Ministério que detém papel essencial na regulação do sistema de justiça criminal, acaba por causar no inconsciente coletivo uma propagação da ideia ultrapassada, elitista, racista e totalmente oposta aos direitos humanos historicamente conquistados, de que ainda existem os subhumanos debatidos na Teoria do Etiquetamento Social.

3 Conclusões

O que importa ressaltar em meio à correlação entre a pandemia do COVID-19 e o Sistema de Justiça Criminal, é que o punitivismo continua em voga, prezado pela saúde básica dos "cidadãos de bem", enquanto os outros, os inimigos, podem ser sacrificados sem que haja qualquer espécie de constrangimento por partes da população e das agências de criminalização, que simplesmente ignoram as condições insalubres a que estes "inimigos" estão submetidos no cárcere.

A segregação promovida pelo Estado entre o inimigo e o "cidadão de bem", gera uma espécie de "tranquilidade" à população, por acreditar que o inimigo está no lugar que lhe é próprio, como se aquele caminho fosse o seu destino final por consequência de suas ações e de suas condutas, autorizando-se a retirada de seus direitos pela necessidade de neutralizar este mal. O punitivismo subsiste em meio a este caos da pandemia em razão de ser sabido que a prisão não atinge todos, nem mesmo todos que cometem condutas tidas como crimes, até porque, se assim fosse, todos estariam presos, inclusive autoridades do sistema de justiça criminal, já que o processo de criminalização decorre de uma observação dos comportamentos mais visíveis e que interessam ao Estado punir, sem dar atenção à punição de condutas que não sejam de seu interesse. Portanto, pelo fato de a atuação do sistema de justiça criminal não alcançar a todos, faz com que boa parte da população celebre a supressão dos direitos do "outro", bem como legitime o seu massacre.

O que se observa, portanto, é que apesar do elevado número de infectados e de mortos pelo COVID-19, a naturalização da violência é tão grande em relação aos grupos vulnerabilizados, que há não só uma defesa de que os presos não saiam da "estufa" do cárcere neste momento crítico da saúde mundial, mas subsiste uma defesa de que os presos devem ser infectados com o vírus porque seria consequência de seus atos pregressos, o que significa apenas um pretexto para, em mais uma situação, neutralizar aqueles que não interessam à sociedade. No mais, compreende-se que o Estado brasileiro, principalmente em sua organização do Executivo, não está buscando seguir as recomendações dos órgãos internacionais, se mostrando, inclusive, ultrapassado em relação às medidas de prevenção tomadas pelos países vizinhos. Essa resistência de buscar novos modelos e afrouxar a mão punitiva é histórica, já que o rotulamento explica como aquela parcela criminalizada é selecionada para integrar o sistema e, ainda, a forma que continua voltando para ele, como um verdadeiro ciclo retroalimentado pelas nossas estruturas de poder.

Nem mesmo em uma situação de pandemia mundial, decorrente do COVID-19, há qualquer tipo de sensibilização perante aqueles que, há muito, são tratados como meros corpos armazenados em espaços insalubres; estes que, mesmo não sendo contêineres, apresentam condições extremamente maléficas à saúde de cada detento. No cárcere, não é só o vírus que tem o potencial letal, como também diversas outras doenças. Doenças aceitáveis socialmente, que se propagam há décadas, pois aqui se fala sobre um grupo invisível que só possui a proteção formal de seus direitos, sendo tratado como índice. Importa dizer que, em tempos de pandemia, o recorte penitenciário expõe que o acesso à higiene é um privilégio. Sobreviver, também.

Referências

ANDRADE, Vera Regina Pereira de. **A ilusão de segurança jurídica:** do controle da violência à violência do controle penal. Porto Alegre. Livraria do Advogado. 1997.

BARATTA, Alessandro. **Criminologia crítica e crítica do direito penal:** introdução à sociologia do direito penal. 3. ed. Rio de Janeiro: Revan, 2002.

BRASIL. Ministério da Justiça. **Departamento Penitenciário Nacional. Levantamento Nacional de Informações Penitenciárias.** 2019. Disponível em: <http://depen.gov.br/DEPEN/depen/sisdepen/infopen/info pen>. Acesso em 31 de maio de 2020.

BECKER, Howard S. **Outsiders:** estudos de sociologia do desvio. Rio de Janeiro: Zahar, 2008.

COMISSÃO INTERAMERICANA DE DIREITOS HUMANOS. **Pandemic and Human Rights in the Americas**. Disponível em: http://www.oas.org/en/iachr/decisions/pdf/Resolution-1-20-en.pdf. Acesso em 01 de junho de 2020.

DE VITTO, Renato Campos Pinto. **Justiça Criminal, Justiça Restaurativa e Direitos Humanos** in SLAKMON, C., R. De Vitto, e R. Gomes Pinto, org.,. Justiça Restaurativa. Brasília – DF: Ministério da Justiça e Programa das Nações Unidas para o Desenvolvimento – PNUD, Brasília: 2005.

LOMBROSO, Cesare, 1885-1909. **O homem delinqüente**; tradução Sebastião José Roque. - São Paulo: Ícone, 2007.

MARTIN, Luis Garcia. **Sobre la negación de la condición de persona como paradigma del "derecho penal del enemigo"**. Disponível em: http://criminet.ugr.es/redpc. Acesso em 02 jun. 2020.

MBEMBE, Achille. **Necropolítica**. 3. ed. São Paulo: n-1 edições, 2018

MOLINA, Antonio García-Pablos de; GOMES, Luiz Flávio. **Criminologia**. 4. ed. São Paulo: RT, 2002.

SHECAIRA, Sérgio Salomão. **Criminologia**. São Paulo: Ed. RT, 2004.

ZAFFARONI, Eugenio Raúl. **Em busca das penas perdidas:** a perda de legitimidade do sistema penal. Rio de Janeiro: Revan, 1991.

ZAFFARONI, Eugênio Raúl. **O inimigo no direito penal.** Trad. Sergio Lamarão. 2. ed. Rio de Janeiro: Revan, 2007.

ZAFFARONI, Eugenio Raúl; PIERANGELI, José Henrique. **Manual de direito penal brasileiro** – parte geral. São Paulo: Revista dos Tribunais, 1997.

Uma análise republicana da Medida Provisória nº 966 sob o farol da (i)responsabilidade política

WILSON SERAINE DA SILVA NETO

1 A forma de governo república: conceito e características

Pode-se afirmar que um dos objetos de estudo mais antigo do mundo ocidental versa sobre as diversas formas de governo e a tentativa de buscar a melhor, mais pura e menos viciosa. De forma mais geral e resumida, a busca pela melhor forma de governar um país se restringe a discutir três possíveis modelos: a monarquia, a aristocracia e a democracia[1].

A conceituação de república ganha significados e sentidos em vários momentos da história, que se diferenciam e se assemelham entre si. Entretanto, existe algumas características que ajudam a formular o conceito que reflete o que essa forma de governo significa. Precipuamente, há duas importantes concepções que norteiam a conceituação de república: a sua contraposição a monarquia – no qual se deriva as principais características republicanas -; e a significação do termo latim *res publica*, em que exprime o sentido de coisa pública, assunto de interesse do povo, no qual os gregos denominavam *politeia*.

Uma das primeiras aparições do conceito república foi através do filósofo grego, considerado o pai da disciplina história, Heródoto, em sua obra do século V antes de Cristo, História[2]. Nesta obra, dividida em 9 livros, Heródoto conta passagens históricas ocorrido entre os gregos e persas. Essa belíssima obra guarda, em seu Livro III, a narrativa de um debate entre três persas sobre qual seria a melhor forma de governo, tendo o Otanes defendido a democracia, o Megabizo escolhido a oligarquia e, por fim, Dario a monarquia.

Otanes, em defesa da república, critica a monarquia por não

---

[1] Discussão mais profunda e difundida pelo filósofo grego Aristóteles, em sua obra Política.

[2] HERÓDOTO. História. Montecristo Editora, 2012. Tradução do grego por Pierri Henri Larcher (e-book)

dever "confiar a administração do Estado a um único homem, pois o governo monárquico não é nem suave e nem bom"[3], de maneira que questiona como "poderá ser a monarquia uma boa forma de governo, se o monarca faz o que quer, sem prestar contas do seus atos?"[4]. Nesse exato momento da fala de Otanes surge uma das principais características da república e a que mais interessa ao presente trabalho: a responsabilização política. Otanes, ao criticar a figura do monarca que tudo pode sobre qualquer lei e sem sofrer processos ou punição, afirma a virtude da república em haver controle do poder, bem como inaugura o princípio da igualdade como fundamental para essa forma de governo:

> Não se dá o mesmo com o governo democrático, que chamamos de isonomia, que soa como o mais belo de todos os nomes. Neste, não é permitido nenhum dos abusos inerentes ao Estado monárquico. O magistrado é eleito por sorte, e torna-se responsável pelos seus atos administrativos, sendo todas as deliberações tomadas em comum. Sou por conseguinte, pela abolição do governo monárquico e pela instauração do governo democrático, pois todo poder emana do povo.[5]

Posteriormente, Platão, em sua maior obra A República,[6] cria um modelo de Estado utópico e ideal, no qual deveria ser governado pelos mais sábios e instruídos: os filósofos. Na verdade, Platão, desiludido com a democracia ateniense que levou à morte o seu mestre, Sócrates, defende um modelo aristocrático, sendo o único modelo perfeito de Estado, no qual levaria a uma sociedade justa e liberta.

Já Aristóteles, em seu livro Política, cria a tradicional divisão de formas de governo: as puras e as impuras, de maneira que, se o governo for "com vistas ao interesse geral, a constituição é pura e sã, forçosamente; ao contrário, se se governa com vistas ao interesse particular, isto é, ao interesse de um só, ou de vários, ou da multidão,

---

3 HERÓDOTO. História. Livro III, parágrafo 80. Montecristo Editora, 2012 (e-book).

4 Ibid.

5 Ibid.

6 PLATÃO. A república. São Paulo: Lafonte, 2020 (e-book)

a constituição é viciada e corrompida"[7].

Assim, Aristóteles afirma que o governo de um só é puro quando for monarquia e, se corrompido, se transforma em tirania. Quando o governo é exercido por poucos, qualificados e vocacionados, tem sua pureza encontrada na aristocracia, porém, ao ser desvirtuado, encontra-se a oligarquia. Por fim, o governo exercido pela multidão, em que todos governam em benefício de todos, tem seu estado puro na democracia, de modo que, se for deturpado, está-se diante de uma demagogia. Esta última, em verdade, entende-se como república, como explica o professor José Afonso da Silva[8]:

> Alguns autores mencionam esta última como *democracia*, pareceu-nos mais correto chamá-la de *república*, que é a forma que se contrapõe à monarquia e também à aristocracia ainda nos nossos dias. Ademais, seria o equivalente mais próximo da tradução literal do grego *Politia* ou *Politeia*, que não tem correspondentes na língua portuguesa e também porque democracia, para Aristóteles, seria o desvio do governo da maioria.

Não menos importante, o filósofo romano Cícero define o conceito de *res publica*, de modo que a coisa pública, o bem comum da comunidade deve se sobrepor a qualquer tentativa de vantagem pessoal, isto é, os governantes devem governar para todos, visando a concretude do bem comum e não almejando usufruir alguma benesses para si.

Cícero afirma que o povo deve ser compreendido "não como todos os homens de qualquer modo congregado, mas na reunião que tem seu fundamento no consentimento jurídico e na utilidade comum (*non omnis hominum coetus quoquo modo congregatus, sed coetus moltitudinis iuris consenso et utilitatis communione sociatus*)"[9]. Assim, Cícero impõe "como elementos distintivos da República o interesse comum e principalmente, a conformidade com uma lei comum"[10],

---

[7] ARISTÓTELES. Política. Livro II, Capítulo III, parágrafo terceiro. São Paulo: Edipro, 2019

[8] SILVA, José Afonso. Curso de Direito Constitucional Positivo. 42 ed. São Paulo: Malheiros, 2019. p. 104-105.

[9] CÍCERO. Da República. Livro I, XXV. Livro de Domínio Público. (e-book)

[10] BOBBIO, Noberto; MATTEUCCI, Nicola; PASQUINO, Gianfranco. Dicionário de política. Vol 2. 12 ed. Brasília: Editora Universidade de Brasília, 2004. p. 1107-1108.

concepções estas que contrapõe a monarquia.

Faz-se importante, também, trazer a baila o conceito de república feito pelos constitucionalistas que, em verdade, congregam as ideias já desenvolvida em toda a história, destrinchando e acrescentando algumas características, de forma a lapidar o significado de governo republicano.

José Afonso da Silva afirma que república é bem mais que a contraposição à monarquia, de maneira que significa uma forma de governo "designativo de uma coletividade política com características de *res publica*, (...) ou seja: coisa do povo e para o povo, que se opõe a toda forma de tirania"[11]. Ademais, o autor demonstra que o governo republicano é caracterizado pela "eletividade periódica do chefe de Estado", além da "temporalidade dos mandados eletivos e, consequentemente, não vitaliciedade dos cargos públicos", devendo ainda haver "prestação de contas da administração pública"[12]

O constitucionalista português José Joaquim Gomes Canotilho faz uma "densificação da forma republicana de governo"[13], acentuando quais as principais características da república e a sua importância. A primeira é de dimensão jurídico-constitucional, no qual o autor explicita a "radical incompatibilidade de um governo republicano com o princípio monárquico (dimensão antimonárquica) e com os privilégios hereditários e títulos nobiliárquicos (dimensão anti-aristocrática)"[14].

O segundo ponto é a exigência de uma estrutura "político-organizatória garantidora das liberdades cívicas e políticas" na forma de governo republicano, de modo a ter um "arranjo de competências e funções dos órgãos políticos em termo de balanceamento, de freios e contrapesos (check and balances)", no qual se traduz como um "esquema organizatório de controle de poder"[15].

Ademais, Canotilho aponta para existência de dois arranjos necessários em uma forma republicana de governo: primeiro entre a

---

[11] SILVA, José Afonso. Curso de Direito Constitucional Positivo. 42 ed. São Paulo: Malheiros, 2019. p. 104

[12] Ibid., p. 105-106

[13] CANOTILHO, J.J Gomes. Direito Constitucional e Teoria da Constituição. 7 ed. Coimbra: Almedina, 2003. p. 228.

[14] Ibid., 229.

[15] Ibid., 229.

república e a autonomia de corpos territoriais (administração autônoma), podendo ser realizado tanto na forma federativa ou em autonomia regional como autarquias locais[16]; e a existência de uma "legitimação do poder político baseado no povo", já que em um "governo republicano a legitimidade das leis funda-se nos princípios democráticos (sobretudo no princípio democrático representativo)", de maneira que haja a "autodeterminação do povo com o 'governo de leis' e não 'governo de homens'"[17].

O autor relaciona a forma republicana de governo aos "critérios da eletividade, colegialidade, temporariedade e pluralidade", enquanto na monarquia se empregava os "critérios da designação, hierarquia e vitaliciedade"[18]. Ademais, e por fim, a forma republicana de governo se alinha com o princípio da liberdade, consenso e igualdade. Entretanto, é mister mencionar a importância do princípio da igualdade, no qual Canotilho aponta para a ideia de "oportunidade equitativa", no qual se relaciona com o conceito de igualdade formal, de modo que "todos tenham uma oportunidade equitativa de ocupar cargos públicos e de influenciar o resultado das decisões políticas"[19]. Logo, deve-se estar assegurado na forma republicana de governo a liberdade política, independente de qualquer fator social ou econômico, sem haver restrições constitucionais e legais para o exercício individual e coletivo da política.

Dessa forma, iniciando-se em Heródoto e finalizando com Canotilho, fica-se evidenciado o conceito e os principais traços da forma de governo republicano, no qual se contrapõe à monarquia, de maneira que deve ser resguardado o princípio da igualdade formal-política, devendo-se o exercício do poder político obedecer aos critérios de transitoriedade, eletividade, representatividade e, de maior importância para esse trabalho, da responsabilidade política.

2 A Medida Provisória nº 966 e a responsabilização política

---

[16] Ibíd., 229.
[17] Ibíd., 229.
[18] Ibíd., 229.
[19] Ibíd., 230.

A responsabilização política compõe as características da forma republicana de governo, na qual contrapõe com a irresponsabilidade dos monarcas, seja esta uma monarquia absolutista ou constitucional. Nesta existe uma outra autoridade, diferente do Chefe de Estado, que exerce a função de Chefe de Governo, no qual lida com as questões da política e organização interna, geralmente conhecido como Primeiro-Ministro, sendo sobre este que recai a responsabilização política pelos atos governamentais praticados.

Já na monarquia absolutista, em especial as dos séculos XVII e XVIII, não se fala em responsabilidade do rei, uma vez que, sendo este o próprio Estado, exerce as funções do Poder Executivo, Legislativo e Judiciário, sendo seus atos inquestionáveis, prevalecendo a máxima *the King can do not wrong*. No Brasil já prevaleceu a máxima da irresponsabilidade quando na vigência do Império, isentando o Imperador de qualquer responsabilidade no exercício do Poder Moderador, conforme previsão do art. 99 da Constituição Política do Império do Brazil de 1824, no qual "a pessoa do Imperador é inviolável, e Sagrada: Elle não está sujeito a responsabilidade alguma"[20].

Passa-se a fazer uma breve análise sobre a Medida Provisória nº 966, que dispõe sobre a responsabilização dos agentes públicos por ações e omissões relacionados ao combate à pandemia do coronavírus SARS-CoV-2, conjuntamente com as normas constitucionais e infraconstitucionais.

2.1 Medida Provisória nº 966 e o ordenamento jurídico brasileiro

A Constituição da República Federativa do Brasil de 1988, após evolução através das constituições anteriores, expressa em seu art. 37, §6º a prevalência da responsabilidade objetiva do Estado em face dos danos causados a terceiros, de maneira que assenta o direito de regresso contra os agentes públicos causadores, desde que provado o dolo ou culpa[21].

---

[20] Constituição Política do Império do Brazil de 1824. Disponível em: <http://www.planalto.gov.br/ccivil_03/Constituicao/Constituicao24.htm>

[21] Constituição da República Federativa do Brasil de 1988. Disponível em:

A Lei n° 13.655/2018 introduziu na Lei de Introdução às Normas do Direito Brasileiro (LINDB) novos dispositivos, legislando acerca: da clareza normativa; da responsabilização por infração hermenêutica; e da invalidade do ato administrativo[22]. No segundo grupo apontado, insere-se o art. 28 da LINDB, no qual afirma que o "agente público responderá pessoalmente por suas decisões ou opiniões técnicas em caso de dolo ou erro grosseiro"[23]. Esta modalidade última, erro grosseiro, "deve ser entendido como culpa grave, havendo na norma a confirmação da antiga máxima segundo a qual essa se equipara ao dolo (*culpa lato dolus aequiparatur*)"[24].

Nota-se que o LINDB traz um maior protecionismo à atuação dos agentes públicos, de modo que, para responsabilizá-los, deve-se haver um maior lastro probatório de indícios de dolosidade do ato decisório ou emissão de opinião técnica, dificultando a tentativa de responsabilizar o agente. É bem verdade, porém, que uma facilitação em responsabilizar os agentes públicos - em especial os agentes políticos - pode fragilizar a política, de modo a paralisar o agir político e decisório, que, em momentos de emergência no qual se passa o país, prejudica a atuação em prol da sociedade que necessita de ações rápidas e efetivas.

A possibilidade de reprimir ou sancionar as decisões políticas de forma desregrada prejudica o decisor político, causando "insegurança jurídica radical que paralisa a administração e não serve a qualquer interesse público. Na névoa dos nossos dias, essa paralisia não pode ser tolerada pelos seus graves custos humanos, administrativos e econômicos"[25]. Entretanto, não se pode permitir, sob frontal ataque ao princípio republicano, "o objetivo de dar segurança à atuação política dos agentes públicos, em detrimento dos

---

<http://www.planalto.gov.br/ccivil_03/constituicao/constituicao.htm>

[22] TARTUCE, Flávio. Manual de Direito Civil: Volume Único. 9 ed. Rio de Janeiro: Forense; São Paulo: Método, 2019. p. 35-36

[23] Lei de Introdução às Normas do Direito Brasileiro. Disponível em: <http://www.planalto.gov.br/ccivil_03/decreto-lei/del4657compilado.htm>

[24] TARTUCE, Flávio. Manual de Direito Civil: Volume Único. 9 ed. Rio de Janeiro: Forense; São Paulo: Método, 2019. p. 39

[25] MODESTO, Paulo. MP 966 e a responsabilidade dos agentes públicos, 2020. Disponível em: <https://www.conjur.com.br/2020-mai-21/interesse-publico-mp-966-responsabilidade-agentes-publicos>

interesses das vítimas e dos prejudicados pelos seus atos"[26]. Percebe-se, portanto, a tenuidade da linha que separa a responsabilização política da interferência desmedida sobre o agente político em seu ofício de administrar e/ou legislar, causando insegurança jurídica ao meio decisória da sociedade.

A Medida Provisória nº 966 de 13 de maio de 2020[27] surgiu com o escopo de conferir maior segurança jurídica aos atores políticos e demais agentes públicos em suas atuações frente à pandemia do Covid-19, tanto no enfrentamento da emergência de saúde pública, quanto ao combate aos efeitos econômicos e sociais (art. 1º, I, II). Porém, de antemão, o referido dispositivo normativo federal reproduz, em grande parte, o que já está esculpido na LINDB, principalmente em seu art. 28, e no Decreto nº 9.830/2019 que regulamenta esta Lei de Introdução.

O art.1º, §1º da MP copia o que já consta no art. 12, §6º, do Decreto nº 9.830, acerca do fato da responsabilização pela opinião técnica não se estender de forma automática ao decisor. Da mesma forma, o art. 1º, §2º da MP transcreve o art. 12, §2º do Decreto citado, no qual afirma que o mero nexo de causalidade entre a conduta e o resultado danoso não implica responsabilização do agente público. Já o art. 2º da MP reproduz o que consta no art. 12, §1º do decreto regulamentador da LINDB, que consiste na explicação do que seja o erro grosseiro, que se entende como o erro manifesto, evidente e inescusável praticado com culpa grave, caracterizado por ação ou omissão com elevado grau de negligência, imprudência ou imperícia.

Por fim, o último artigo da Medida Provisória nº 966 elenca os fatos que devem ser levados em consideração para a aferição do erro grosseiro, nos quais são: os obstáculos e as dificuldades reais do agente público; a complexidade da matéria e das atribuições exercidas pelo agente público (replica do art. 12, §4º do Decreto nº 9.830); a circunstância de incompletude de informações na situação de urgência ou emergência; as circunstâncias práticas que houverem

---

[26] TARTUCE, Flávio. Manual de Direito Civil: Volume Único. 9 ed. Rio de Janeiro: Forense; São Paulo: Método, 2019. p. 40

[27] Medida Provisória nº 966 de 13 de maio de 2020. Disponível em: <http://www.planalto.gov.br/ccivil_03/_Ato2019-2022/2020/Mpv/mpv966.htm>

imposto, limitado ou condicionado a ação ou a omissão do agente público; e o contexto de incerteza acerca das medidas mais adequadas para enfrentamento da pandemia da covid-19 e das suas consequências, inclusive as econômicas.

Percebe-se, portanto, que a Medida Provisória replica a maior parte do seu texto com o intuito de assegurar o protecionismo aos políticos que já havia sido conferido por intermédio da LINDB e do seu decreto regulamentador. Portanto, "talvez no afã de proteger o bom administrador público, reforça ou repete aquilo que não precisava reforçar ou repetir, apenas causando insegurança jurídica, justamente o que busca combater"[28].

2.2 Julgamento do Supremo Tribunal Federal acerca da Medida Provisória nº 966

De imediato, a publicação da Medida Provisória inaugurou inúmeros debates quanto a sua constitucionalidade, além das reais intenções por de trás do documento normativo, no qual se indagava a utilização deste pelos políticos como uma égide das possíveis medidas adotadas no enfrentamento à pandemia. A questão logo chegou ao Supremo Tribunal Federal (STF) através de sete Ações Direta de Inconstitucionalidade (ADI'S 6421, 6422, 6424, 6425, 6427, 6428 e 6431), na qual afirmavam que a Medida Provisória atentava contra o art. 37, §6º d CF/88, além de implicar em anistia ou salvo-conduto para atuação dos políticos na condução das medidas de enfrentamento à pandemia.

Por maioria dos votos, os ministros do STF acompanharam o relator Ministro Luís Roberto Barroso de maneira a conceder parcialmente medida cautelar. A tese firmada foi fundamentada pela cientificidade na qual as decisões políticas devem possuir, devendo sempre estarem pautadas em estudos e critérios científicos. O voto do Ministro fixou seguinte tese:

> 1. Configura erro grosseiro o ato administrativo que ensejar violação ao direito à vida, à saúde ou ao meio ambiente equilibrado, por inobservância: (i) as normas e critérios científicos e técnicos; ou (ii)

---

[28] GIAMUNDO NETO, Giuseppe. A desnecessária Medida Provisória nº 966. 2020. Disponível em: <https://www.jota.info/opiniao-e-analise/artigos/a-desnecessaria-medida-provisoria-no-966-15052020>

dos princípios constitucionais da precaução e da prevenção. 2. A autoridade a quem compete decidir deve exigir que as opiniões técnicas em que baseará sua decisão tratem expressamente: (i) das normas e critérios científicos e técnicos aplicáveis à matéria, tal como estabelecidos por organizações e entidades médicas e sanitárias internacional e nacionalmente reconhecidas; (ii) da observância dos princípios constitucionais da precaução e da prevenção, sobe pena de se tornarem corresponsáveis por eventuais violações à direitos[29].

Dessa maneira, ficou entendido que ignorar dados, estudos e critérios científicos na adoção de medidas de enfrentamento à pandemia configura erro grosseiro, de modo que, o político que agir dessa maneira deverá ser responsabilizado, assim como quem emitiu parecer ou opinião técnica que embasou a decisão. Entretanto, deve-se olhar para isso de forma cuidadosa e considerando demais fatores, como o momento da decisão proferida. Isto porque, como a pandemia é novidade no meio acadêmico e científico, as medidas e estudos produzidos não determina uma exatidão no que seja mais eficiente ou seguro a se fazer.

Talvez, somente após seis meses do surgimento da doença é que se esteja tendo maior exatidão em quais medicamentos, medidas e procedimentos devem ser adotados, levando em conta a questão da segurança e eficiência no combate à Covid-19. De outro modo, há medidas, comprovadas cientificamente, que são efetivas contra a doença, sendo a principal delas, o distanciamento (isolamento) social[30].

---

[29] STF. MEDIDA CAUTELAR NA ADI 6421. Relator: Ministro Luís Roberto Barroso. DJ: 25/02/2020. Disponível em: < http://stf.jus.br/portal/diarioJustica/verDiarioProcesso.asp?numDj=137&dataPublicacaoDj=&incidente=5912273&codCapitulo=2&numMateria=12&codMateria=3>

[30] Disponível em: < https://g1.globo.com/jornal-nacional/noticia/2020/03/30/oms-reforca-que-medidas-de-isolamento-social-sao-a-melhor-alternativa-contra-o-coronavirus.ghtml

Disponível em: <https://science.sciencemag.org/content/368/6493/860>

3 Princípio republicano da responsabilidade política e a Medida Provisória nº 966

A gestão pública republicana pauta-se sobre dois pontos que se convergem, estando de um lado o agir político para melhor atender a população, praticando políticas públicas para concretizar o interesse geral de toda a coletividade, e do outro lado, a responsabilização política pelo mau uso da coisa pública, principalmente em casos em que favorece o próprio interesse em detrimento do bem comum.

Dessa forma, os órgãos fiscalizadores e, principalmente, a sociedade devem sempre estar vigilantes quanto a condução da coisa pública, de forma que a legislação deve conferir segurança jurídica aos políticos e agentes públicos para uma melhor e eficiente gestão e atuação, de modo que se preserve a atuação dos bons administradores e puna e combata os maus gestores. Ministro Luís Roberto Barros, no voto acerta da constitucionalidade da Medida Provisória nº 966 alerta que "há duas coisas muito ruins para a administração pública e o bem comum: de um lado, administradores incorretos e, de outro, administradores corretos que têm medo de decidir o que precisa ser decidido, por temer de retaliações futuras"[31].

A responsabilização política tratada na MP 966 abre espaço para discussão acerca do seu propósito, se é regulamentar a atuação dos agentes públicos no combate à pandemia, ou uma maneira de blindar e proteger tais agentes de eventuais decisões e atuações incorretas. A referida Medida Provisória levantou novamente a questão da possibilidade de uma lei – LINDB e seu decreto regulamentador – restringir o sentido dado pelo art. 37, §6º da CF/88, no qual afirma que o agente público responde aos danos causados a terceiros se ficar comprovado dolo ou culpa. Entretanto, percebe-se que a legislação infraconstitucional trata a culpa como erro grosseiro, de modo que dificulta a responsabilização política.

O advento da Medida Provisória traz a discussão de se o

---

[31] STF. MEDIDA CAUTELAR NA ADI 6421. Relator: Ministro Luís Roberto Barroso. DJ: 25/02/2020. Disponível em: < http://stf.jus.br/portal/diarioJustica/verDiarioProcesso.asp?numDj=137 &dataPublicacaoDj=&incidente=5912273&codCapitulo=2&numMateria =12&codMateria=3>

documento normativo veio a dificultar a imposição de responsabilidade sobre os agentes políticos. Giuseppe Giamundo Neto afirma que a norma "parece querer blindar ações políticas que foram ou serão tomadas nos campos econômicos e sociais", tendo em vista que se verifica a "limitação da responsabilização às esferas civil e administrativa em caso de dolo ou erro grosseiro, diferenciando seu texto da LINDB, que permite todo tipo de responsabilização em tais casos", uma vez que a "interpretação literal do dispositivo pode conduzir ao afastamento da responsabilização *criminal* do agente público em caso de dolo ou erro grosseiro. Algo impensável"[32].

Por outro lado, o professor Paulo Modesto assenta que a "MP 966 introduz normas interpretativas e, caso venha a ser convertida, terá caráter de lei interpretativa", uma vez que "densifica o Art. 28 da LINDB para assegurar maior segurança jurídica a agentes que não contam com a cobertura de normas especiais de graduação da culpa". Ademais, "essas disposições não afastam a responsabilidade penal, política ou a responsabilidade por improbidade de qualquer agente público", de maneira que "nenhum agente de má-fé deixará de ser responsabilizado na esfera política, penal ou por improbidade em razão do art. 28 da LINDB ou dos Arts. 2º e 3º da MP 966/2020"[33].

Assim, a responsabilidade política, um dos princípios mor da forma republicana de governo, deve ser sempre preservado e observado na feitura das leis, de forma que, uma restrição e limitação gradual desse princípio pode levar a um fracasso do país quanto república, possibilitando que os agentes públicos, em especial os atores políticos, ajam de forma irresponsável, desvirtuando a finalidade de um Estado republicano que é a persecução do bem comum. Da mesma maneira, um desmedido e excessivo controle e banalização da responsabilização pode levar a uma política exercida de forma receosa e incompleta, em que, nos momentos de urgência, a tomada de decisões seja feita de forma ineficiente ou atrasada em

---

[32] GIAMUNDO NETO, Giuseppe. A desnecessária Medida Provisória nº 966. 2020. Disponível em: <https://www.jota.info/opiniao-e-analise/artigos/a-desnecessaria-medida-provisoria-no-966-15052020

[33] MODESTO, Paulo. MP 966 e a responsabilidade dos agentes públicos, 2020. Disponível em: <https://www.conjur.com.br/2020-mai-21/interesse-publico-mp-966-responsabilidade-agentes-publicos>

relação a necessidade e agilidade que se demanda.

Ação Direta de Inconstitucionalidade 6341 e a aplicação do *presumption against preemption* na garantia de direitos fundamentais no contexto pandêmico

YASMIN YANNAH BEZERRA AZEVÊDO
JULIANA MORAES LEITE
SORAYA MEIRA CAVALCANTI

Em meio ao cenário pandêmico do COVID-19, foi ajuizada a Ação Direta de Inconstitucionalidade (ADI) 6341, que trouxe em seu escopo uma preocupação com a inconstitucionalidade formal decorrente de uma inobservância das competências constitucionais dos entes federados na edição da Lei Federal nº 13.979/2020.

Contrapondo o apresentado nessa ação, o STF decidira priorizar a constitucionalidade material, a partir da aplicação do que foi denominado pelo direito estadunidense como "*presumption against peremption*", garantindo, assim, o direito fundamental à saúde previsto na edição da Lei Federal.

Com esse fulcro, o presente trabalho vem analisar a supramencionada ação e suas repercussões na garantia dos direitos fundamentais pela incorporação da doutrina da preempção na Federação brasileira.

Sabe-se que o Estado Democrático de Direito exige que tal salvaguarda, e demais garantias, estejam consolidadas sobre um seguro arcabouço jurídico constitucional, o qual aborda as devidas competências fundamentais ao cumprimento de suas premissas. A ameaça de invasão de competências entre os entes federados e a União agravam a situação de insegurança jurídica, social e política do País. Nesse sentido, é crucial debruçar-se sobre a discussão em tela, excepcionalmente em um momento de pandemia, ensejador de menor segurança e solidez.

Para a realização deste capítulo, foram realizadas pesquisas bibliográficas nas doutrinas de Direito Brasileiro, nos dispositivos legais que tratam do tema em discussão, e na jurisprudência estadunidense, no período de 26/05/2020 a 01/06/2020.

Em 11 de Março de 2020, a Organização Mundial da Saúde (OMS) considerou a COVID-19 como uma pandemia (OPAS, 2020). Diante deste cenário, o Governo Federal Brasileiro editou a Lei Federal nº 13.979/2020, através da Medida Provisória (MP) n. 926/2020, a qual se tornou objeto da ADI em comento, impugnada pelo Partido Democrático Trabalhista (PDT).

A Ação contrapõe o *caput*, os incisos I, II e VI e os §§ 8º, 9º, 10 e 11 do artigo 3º da Lei Federal (STF, 2020). Em linhas gerais, a preocupação com os dispositivos diz respeito à redução desmedida das competências dos demais entes federados, uma vez que a Lei assegura apenas ao Presidente da República a competência para determinar as atividades essenciais, bem como medidas de isolamento, quarentena e outras restrições. Destaca-se ainda que, em sede de Embargos de Declaração, o então Advogado Geral da União, André Mendonça, levantou a inquietação relacionada à inviabilidade e insegurança gerada, se cada Estado determinar quais são os serviços essenciais.

O Plenário do Supremo Tribunal Federal (STF) apreciou brilhantemente a causa, sob a égide das seguintes premissas: (a) o contexto emergencial não autoriza exceções às tipicidades do Estado Democrático de Direito; (b) as autoridades políticas devem justificar suas ações na área da saúde com observância de parâmetros materiais específicos; (c) as determinações acerca de competências exclusivas ou privativas não podem impedir, diante da inércia do governo federal, que outros entes federativos ajam para a garantia de direitos fundamentais; (d) ainda que a União possua preferência em relação às competências dos demais entes, aplica-se a *"presumption against preemption"*, para que as atribuições dos outros entes não sejam reprimidas; (e) o caput do artigo 198 da Constituição Federal não hierarquiza os entes federados, mas unifica o comando de cada um deles; (f) o exercício competente da União não inferioriza a competência dos demais entes federados na realização de serviços de saúde, principalmente pois, a própria constituição municipaliza esses serviços; (g) o Comitê de Direitos Econômicos e Sociais sublinha, através do Comentário Geral n. 14, que os Estados Partes precisam aderir às determinações da OMS; e (h) o Regulamento Sanitário Internacional, deliberado pela Assembleia Geral da Organização Mundial da Saúde, possui parâmetros regionais para o atendimento mínimo necessário à capacidade de vigilância e resposta, reforçando a salvaguarda da atuação própria dos demais entes. (STF, 2020)

Sob o manto dessas considerações, o Plenário consolidou, por unanimidade, o entendimento de que as medidas tomadas na MP n. 926/2020 não afastam a competência concorrente dos Estados, Distrito Federal e Municípios, resguardando assim, a autonomia destes entes. (STF, 2020)

Nesse diasapão, faz-se necessário para o desenvolvimento da discussão em tela, destacar o direito à saúde como garantia fundamental constitucional, em seguida, o conflito de competência existente para a efetivação de tal direito, e finalmente, o papel da doutrina estadunidense do *presumption against preemption* na efetivação das garantias fundamentais no contexto de pandemia.

A saúde compreende o bem-estar físico, mental e social do indivíduo. Esta, passou a ser vista como direito a partir da Declaração Universal dos Direitos do Homem, pacto personificado pela Organização das Nações Unidas em 1948. (BRANDÃO, 2006)

Posteriormente, esse direito passou a ser objeto de tutela da Organização Mundial da Saúde (OMS) e das Cartas Magnas nacionais, a partir de 1946. Nesse cerne, a Constituição Federal de 1988, destaca-se com maestria, abordando o tema em diversos dispositivos do seu corpo normativo, reservando ainda um capítulo específico para tanto, denominado "Seguridade Social".

A conceituação desse direito é apresentada dentro deste capítulo, na segunda seção, denominada "da saúde", no art. 196 com o seguinte teor:

> Art. 196. A saúde é direito de todos e dever do Estado, garantido mediante políticas sociais e econômicas que visem à redução do risco de doença e de outros agravos e ao acesso universal e igualitário às ações e serviços para sua promoção, proteção e recuperação.

Acrescenta-se ao exposto o fato de que o direito a saúde necessita não apenas de um aparato legislativo vasto para ser assegurado, mas também de um Estado que venha a proferir medidas públicas eficazes que o assegurem.

Destarte, faz-se necessário uma governança que possua esse fulcro, garantindo não apenas este, mas toda a gama de direitos fundamentais que se encontram diretamente correlacionados à saúde do ser humano.

Dessa forma, a saúde passou por uma evolução normativa,

encontrando, no atual estágio, um escopo garantista vasto. Além disso, inferiu-se que essa se encontra diretamente relacionada com o ao bem estar do indivíduo, sendo uma premissa básica do exercício da cidadania do ser humano, além de ser papel do Estado proporcioná-la.

No tocante a isto, uma das argumentações centrais, utilizadas pelo PDT na Ação, foi no sentido de que a redistribuição de poderes de polícia sanitária introduzida pela MP na Lei Federal 13.979/2020 interferiria no regime de cooperação entre os entes federativos, vez que tornou competência da Presidência da República as prerrogativas de isolamento, quarentena, interdição de locomoção, de serviços públicos e atividades essenciais e de circulação. (STF, 2020)

De acordo com o Partido, ao centralizar essa competência à Presidência, esvazia-se a responsabilidade constitucional de estados e municípios para garantir a saúde, dirigir o Sistema Único de Saúde e executar ações de vigilância sanitária e epidemiológica.

Haveria, portanto, uma ofensa ao art. 62, §1º, III, da CRFB, uma vez que, ao dispor sobre a cooperação dos entes federativos, esses dispositivos da Lei 13.979/2020 violariam a exigência do art. 23, parágrafo único, CRFB, além da ofensa à autonomia dos Entes da Federação mencionada.

Quanto à questão de ordem formal (matéria de Lei Complementar), entendeu o Relator:

> Também não vinga o articulado quanto à reserva de lei complementar. Descabe a óptica no sentido de o tema somente poder ser objeto de abordagem e disciplina mediante lei de envergadura maior. Presentes urgência e necessidade de ter-se disciplina geral de abrangência nacional, há de concluir-se que, a tempo e modo, atuou o Presidente da República – Jair Bolsonaro – ao editar a Medida Provisória. O que nela se contém – repita-se à exaustão – não afasta a competência concorrente, em termos de saúde, dos Estados e Municípios. Surge acolhível o que pretendido, sob o ângulo acautelador, no item a.2 da peça inicial, assentando-se, no campo, há de ser reconhecido, simplesmente formal, que a disciplina decorrente da Medida Provisória no 926/2020, no que imprimiu nova redação ao artigo 3o da Lei federal no 9.868/1999, não afasta a tomada de providências normativas e administrativas pelos Estados, Distrito Federal e Municípios.

No Exame das Alegações, em seu Voto, o Min. Edson Fachin

afirma que:

> O presente caso revela muito bem a necessidade de definir urgentemente os contornos das competências dos entes da federação no âmbito do federalismo cooperativo da Constituição Federal. É intuitivo que medidas como o isolamento e a quarentena, que são recomendadas pela Organização Mundias da Saúde, possam ser tomadas por todas as pessoas que tenham competência material para cuidar da saúde, nos termos do art. 23, II, da CRFB e, mais especificamente ainda, do art. 198, I, da CRFB.

Para solver o impasse levantado na lide, sem que incorresse em risco de interferência política do Supremo em quaisquer dos diversos âmbitos no qual poderia voltar-se, entendeu o Ministro que "o caminho mais seguro para a identificação do fundamento constitucional do exercício da competência dos entes federados é, portanto, o que se depreende da própria legislação". Desta feita, analisa-se a Lei 8.080/90, a Lei do SUS:

Com fundamento no art. 59 do ACT, a lei visava dar concretude ao direito à saúde previsto no art. 196, CRFB, o que realizou por meio da municipalização dos serviços de saúde, gerando um comando único dentro de cada ente federado. De acordo com o art. 16 dessa lei, Parágrafo Único:

> "A União poderá executar ações de vigilância epidemiológica e sanitária em circunstâncias especiais, como na ocorrência de agravos inusitados à saúde, que possam escapar do controle da direção estadual do Sistema Único de Saúde (SUS) ou que representem risco de disseminação nacional"

Dessa forma, nos termos da Lei Geral do SUS, tem-se que — decorre da competência própria da União para legislar sobre vigilância epidemiológica, o que, consequentemente, tornaria válida a disposição da Lei 13.979/20 referente ao tema. (BRASIL, 2020)

Todavia, continua o M. Relator: "se é certo que a União pode legislar sobre o tema, o exercício dessa competência deverá sempre resguardar atuação dos demais entes", ou seja, ao tornar competência exclusiva da Presidência dispor, mediante decreto, sobre os serviços considerados essenciais, o §9º, do art. 3º da Lei 13.979/20 tolhe a clarividente competência concorrente que há na matéria.

Neste sentido, compreendendo que "a delegação da competência a um dos poderes do Estado não pode implicar, sob o ângulo material, a hierarquização dos poderes ou das esferas de Governo", entendeu o Ministro pela necessidade de uma interpretação conforme à Constituição, nos termos do seu art. 198, I, estabelecendo que "preservada a atribuição de cada esfera de governo [...], o Presidente da República poderá dispor, mediante decreto, sobre os serviços públicos e atividades essenciais".

Não de modo inaugural, todavia estrategicamente selecionado, a Corte Suprema arcabouça a decisão 6341 no cânone hermenêutico americano, *presumption against preemption*: doutrina que se aplica nos casos de conflitos de competência entre entes federados, implicando uma espécie de presunção em favor da competência dos entes menores que ao central, como forma de melhor atender aos direitos fundamentais e combater o autoritarismo de centralização de poder.

Veja-se, nesse sentido, trecho do voto do Ministro Edson Fachin na ADPF 514 (BRASIL, 2008):

> "Essa deferência ao poder legislativo assume feição especial quando o controle de constitucionalidade é feito em face de norma produzida pelos demais entes da federação. Ela exige que o intérprete não tolha a competência que detêm os entes menores para dispor sobre determinada matéria. Nesse sentido, o cânone da interpretação conforme, a que alude o e. Ministro Gilmar Mendes, deve ser integrado pelo que, na jurisprudência norte-americana, foi chamado de uma presunção a favor da competência dos entes menores da federação (presumption against preemption). Assim, é preciso reconhecer, no âmbito da repartição constitucional de competências federativas, que o Município, desde que possua competência para matéria, detém primazia sobre os temas de interesse local, nos termos do disposto no art. 30, I, da CRFB. De igual modo, Estados e União detêm competência sobre os temas de seus respectivos interesses, nos termos dos parágrafos do art. 24 da CRFB. [...]"

De acordo com esta doutrina da preempção, portanto, a lei federal pode preempcionar a competência dos entes federados de duas formas: expressamente, quando determina através de lei – é como o faz no Artigo 23 da Constituição Federal – ou implicitamente, quando o congresso não se debruça sobre determinada área, e assim os estados presumem suas atribuições, ante o silêncio federal. (SYKES E VANATKO, 2019).

Esta jurisprudência aplica-se, em sua maioria, quando há conflito de preempção – sendo impossível a congruência entre a lei federal e estadual simultaneamente, situação denominada "preempção impossível" -, ou quando a União tenta legislar sobre área em que os estados tradicionalmente legislam em decorrência da presunção ante a preempção implícita da União. (NAAG)

Nesse mesmo sentido, a Corte norte-americana já consolidou que o princípio de *"presumption against preemption"* deve ser acionado em se tratando de regulamentação de proteção à saúde, quando esta é atribuição tradicional do estado, e a legislação federal intende afetá-la. (USA, 1997).

Dessarte, é cristalina a importância desta doutrina do direito americano na salvaguarda de direitos fundamentais, precipuamente no cenário inseguro que uma crise mundial enseja na população, delimitando assim, as competências da União e dos entes federativos com fins de resguardar a segurança jurídica geral do país.

A decisão da ADI 6341 demonstra que a inconstitucionalidade formal não define, por si só, a inconstitucionalidade do texto normativo quando este se encontra materialmente adequado. Dessa forma, a partir da decisão, ficou claro que a análise constitucional, em um aspecto global, não deve repousar meramente sobre a competência formal para lidar com a matéria, mas sobre como cada um dos entes devem agir em meio ao cenário.

Nesse sentido, a aplicação do *presumption against preemption* demonstrou-se essencial na fundamentação do *decisum*, e consequentemente, na garantia do direito fundamental à saúde através da análise de competências e do direito comparado.

Dito isto, resta indubitável que a decisão servirá de parâmetro basilar para assegurar outros direitos fundamentais que possam vir a ser privados pela completa inação da federação, tendo em vista que a escusa da responsabilidade, por meros aspectos formais, não é mais aceitável.

É certo que as competências definidas pela Carta Magna não perdem seu valor a partir da decisão, nem dão espaço a desordem. Mas, deixam de ter uma roupagem meramente burocrática, passando a ter parâmetros de ação, e não mais máscaras da inércia do Estado.

De tal maneira, os entes federativos passam a ter um único propósito, mediante um único comando, focado em garantir os direitos fundamentais que a carta cidadã apregoa. Afinal, a saúde é um direito de todos e um dever do Estado. Não apenas da União, não privativamente, ou de maneira comum, mas do Estado como um todo – da federação.

Referências

BRANDÃO, Carlos Gomes. **Processo e Tutela Específica do Direito à Saúde**. Cuiabá, 2006. Disponível em: <http://bdjur.stj.gov.br/dspace/handle/2011/9700.>. Último acesso em: 01, jun. 2020.

BRASIL. Constituição (1988). **Constituição da República Federativa do Brasil**. Brasília, DF: 5 de Outubro de 1988.

BRASIL. Lei n° 8.080, de 19 de Setembro de 1990. **Lei do SUS**. Brasília, DF: 19, de Setembro de 1990.

BRASIL. Lei n° 13.979. **Dispõe sobre as medidas para enfrentamento da emergência de saúde pública de importância internacional decorrente do coronavírus responsável pelo surto de 2019.** Brasília, DF: 06 de Fevereiro de 2020

BRASIL. Medida Provisória n° 926. **Altera a Lei n° 13.979, de 6 de fevereiro de 2020, para dispor sobre procedimentos para aquisição de bens, serviços e insumos destinados ao enfrentamento da emergência de saúde pública de importância internacional decorrente do coronavírus.** Brasília, DF: 20 de Março de 2020.

BRASIL. Supremo Tribunal Federal. **Medida Cautelar na Ação Direta de Inconstitucionalidade n° 6.341.** Apelante: Partido Democrático Trabalhista. Apelado: Presidente da República. Relator: Min. Marco Aurélio. 15 de Abril de 2020.

BRASIL, Supremos Tribunal Federal. **Informativo n. 919**. Brasília, DF: 12 de Outubro de 2008. Disponível em: <http://www.stf.jus.br/arquivo/informativo/documento/info rmativo919.htm>. Último acesso em: 01, Jun. 2020.

NAAG, National Association of Attorneys General. **The Presumption Against Preemption Strikes Back: The Lessons Of Altria Group v. Good and Wyeth v. Levine.** Disponível em: <https://www.naag.org/publications/naagazette/volume-3-number-3/the-presumption-against-preemption-strikes-back-the-lessons-of-altria-group-v.-good-and-wyeth-v.-levine.php>. Último acesso em: 01, Jun. 2020.

OPAS. Organização Pan-Americana de Saúde. **Folha Informativa – COVID-19**. Disponível em: https://www.paho.org/bra/index.php?option=com_content&

view=article&id=6101:covid19&Itemid=875. Último acesso em: 01, jun. 2020.

SILVA, Leyla Pereira. **Direito à saúde e o princípio da reserva do possível** – Brasília. Disponível em: https://www.stf.jus.br/arquivo/cms/processoAudienciaPublic aSaude/anexo/DIREITO_A_SAUDE_por_Leny.pdf>. Último acesso em: 01, jun. 2020.

STF, Supremo Tribunal Federal. **Coronavírus: PDT questiona MP que redistribui poderes de polícia sanitária**. 23 de Março de 2020. Disponível em: <http://www.stf.jus.br/portal/cms/verNoticiaDetalhe.asp?idC onteudo=439960>. Último acesso em: 01 Jun. 2020.

SYKES, Jay B. VANATKO, Nicole. **Federal Preemption: A Legal Primer**. Washington, DC: Congressional Research Service, 2019.

USA, United States Supreme Court. **De Buono v. NYSA-ILA Medical and Clinical Services Fund, 520 U.S. 806**. Washington, DC: 02 de Junho de 1997. Disponível em: <https://supreme.justia.com/cases/federal/us/520/806/>. Último acesso em: 01, Jun. 2020.